Kishor Sridhar

Alles hört auf mein Kommando

»Papa, ich möchte nicht erwachsen sein. Ein Kind bin ich nur ein paar Jahre, erwachsen bin ich aber ein Leben lang.«

Anait (Ania) – 11 Jahre

Für Ania, Kalyan und Alyosha

Ich wünsche Euch, dass Ihr ein Leben lang das Kind in Euch bewahrt und dass Ihr stets die Fähigkeit behaltet, Euch zu freuen, zu staunen, zu träumen und auf Eure Gefühle zu hören.

Kishor Sridhar

Alles hört auf mein Kommando

Sich durchsetzen in 50 konkreten Alltagsfällen

Bibliografische Information der Deutschen Nationalbibliothek:
Die Deutsche Nationalbibliothek verzeichnet diese Publikation in der Deutschen National-
bibliografie; detaillierte bibliografische Daten sind im Internet über **http://d-nb.de** abrufbar.

Für Fragen und Anregungen:
lektorat@redline-verlag.de

1. Auflage 2015

© 2015 by Redline Verlag, ein Imprint der Münchner Verlagsgruppe GmbH
Nymphenburger Straße 86
D-80636 München
Tel.: 089 651285-0
Fax: 089 652096

Redaktion: Ulrike Kroneck, Melle-Buer
Umschlaggestaltung: Kristin Hoffmann, München
Umschlagabbildung: iStockphoto.com, shutterstock.com
Bildbearbeitung: Pamela Machleidt, München
Satz: Carsten Klein, München
Druck: Konrad Triltsch GmbH, Ochsenfurt
Printed in Germany

ISBN Print 978-3-86881-594-8
ISBN E-Book (PDF) 978-3-86414-739-5
ISBN E-Book (EPUB, Mobi) 978-3-86414-738-8

Weitere Informationen zum Verlag finden Sie unter
www.redline-verlag.de

Inhalt

Das Wichtigste zum Start

Reden wir Klartext: In diesem Buch geht es darum, Ihre Mitmenschen zu beeinflussen. Aber oft gleicht das Leben einem Irrenhaus und die lieben Mitmenschen können einem den letzten Nerv rauben. Man redet sich den Mund fusselig, alle wissen, dass man eigentlich recht hat, aber jeder macht, was er will, keiner, was er sollte. Bis man am liebsten losbrüllen würde: »Achtung! Alles hört auf mein Kommando!«

Zwar heißt dieses Buch *Alles hört auf mein Kommando* – aber es geht nicht darum, andere herumzukommandieren. Denn das Leben ist zum Glück kein Kasernenhof und wir wollen unsere Mitmenschen ja nicht zu Befehlsempfängern machen, sondern dazu bringen, dass sie Dinge aus Überzeugung machen. Wer da an die Vernunft seiner Mitmenschen glaubt, ist schon geliefert. Denn selbst wenn wir überzeugt davon sind, rational zu handeln, spielen irrationale Motive die größte Rolle und entscheiden darüber, ob wir etwas tun oder nicht tun.

Die Kommandos finden unterbewusst und schleichend in den Köpfen Ihrer Mitmenschen statt. Der Titel hat jedoch Ihre Neugierde geweckt. Ich habe Sie bereits ein wenig beeinflusst. Die Grundlage der positiven Beeinflussung liegt aber darin, dass die Erwartungen auch erfüllt werden. Und das werde ich im Laufe des Buchs tun.

In den letzten Jahrzehnten hat die Psychologie zahlreiche Effekte nachgewiesen, die unser Handeln und Denken beeinflussen. Wer diese Effekte subtil nutzt, kommt wirklich zum Erfolg. Jedoch sind die wenigsten Psychologen auch Praktiker, weshalb es eine große

Lücke zwischen Theorie und praktischer Umsetzung gibt. Dass dies ein Thema ist, das viele Menschen berührt, hatten bereits der Erfolg meines letzten Buchs *Wie Sie andere dazu bringen, das zu tun, was Sie wollen* und die vielen Leserbriefe gezeigt. Trotz der in dem Buch zahlreich aufgeführten Praxisbeispiele wurde ich in Radiointerviews, Leserbriefen und in meinen Vorträgen und Coachings zu vielen noch konkreteren Problemen aus Beruf und Privatleben befragt und wie diese zu lösen seien. So reifte der Entschluss, die 50 häufigsten Alltagssituationen aufzugreifen und konkrete Lösungen in diesem Buch zusammenzufassen. Es ist sozusagen das noch praktischere Praxishandbuch der Menschenbeeinflussung für den Alltag und ist für all diejenigen gedacht, die weniger Psychologietheorie, sondern eher konkrete Lösungen für den Alltag suchen.

Sie können das Buch in einem durchlesen, was ich empfehle, da die Kapitel und Techniken aufeinander aufbauen. Es ist aber auch als Nachschlagewerk konzipiert, wann immer Sie in eine entsprechende Situation kommen, haben Sie gleich konkrete Tipps an der Hand.

In meinen zahlreichen Unternehmenscoachings und persönlichen Trainings habe ich sehr oft die Erfahrung gemacht, dass die Hürde in der Beeinflussung selten bei den anderen, sondern meistens bei denen liegt, die eigentlich beeinflussen möchten, weil sie sich einfach nicht trauen oder Skrupel haben. Nun stelle ich Ihnen eine direkte Frage, bitte beantworten Sie diese ehrlich! Haben Sie jemals einen Menschen, der Ihnen wirklich nahesteht oder -stand, also den oder die Sie wirklich aus tiefstem Herzen gernhaben, bewusst und gezielt manipuliert? Wie gesagt, seien Sie ehrlich und überlegen Sie ganz genau. Nicht? Wirklich noch nie? Hatten Sie denn niemals ein erstes Date? Bestimmt sogar! Und haben Sie dort nicht versucht, sich von Ihrer besten Seite zu zeigen? Sie werden sich kaum über Schnarchprobleme und Ihre Problemzonen oder Herpesanfälle ausgelassen haben. (Wenn doch, dann kann dies einer der Gründe sein, wieso es nicht mit dem ersten Date geklappt hat.) Menschenbeeinflussung bedeutet nicht, dass man lügt, sondern lediglich, dass man den anderen dort anspricht, wo er am empfänglichsten für eine Sache ist. Und Herpesanfälle gehören bestimmt nicht dazu.

Wer anderen Menschen Kommandos in den Kopf einpflanzen will, sollte Empathie besitzen und die Techniken der Verhaltenspsychologie nutzen. Denn dann finden die Kommandos nur noch in Ihrem Kopf statt, die Menschen werden von sich aus das tun, was Sie wollen.

»Beeinflussung heißt, sich nicht darauf zu fokussieren, was man selbst will, sondern was der andere will.«

Bleiben wir noch mal beim ersten Date. Es ist ein gutes Szenario, das wir uns immer vor Augen führen sollten, wenn wir versuchen, jemand anderen zu überzeugen. Beim ersten Date geht es ja nicht darum, unseren Schwarm davon zu überzeugen, dass unsere negativen Eigenschaften im Grunde äußerst liebenswert und positiv sind. Das klappt nur in den seltensten Fällen, und da muss schon sehr viel Verliebtheit eine Rolle spielen, um die Verdauungsprobleme des anderen »süß« zu finden. Es geht darum, diejenigen Attribute, die der oder die andere attraktiv findet, zu betonen und von den negativen abzulenken. Dieser Taktik verdanken wir den Fortbestand der Menschheit und natürlich auch den Erfolg der Mode- und Kosmetikindustrie.

Attraktivität liegt aber im Auge des Betrachters. Anders ausgedrückt, wir sollten nur das betonen, was der andere attraktiv findet, und nicht das, was man selbst attraktiv findet. So manch eine Modesünde erklärt sich aus diesem Missverständnis. Nun geht es im Beruf, bei Bekannten und auch später im Beziehungsalltag natürlich nicht nur um Attraktivität. Wir sollten jedoch stets darauf achten, dass wir das betonen und jene Argumente verwenden, die den anderen interessieren, für die der andere am empfänglichsten ist. Hierfür müssen wir uns in die Perspektive unseres Gegenübers hineinversetzen. Deshalb bin ich überzeugt davon, dass jemand, der Menschen wirklich beeinflussen kann, auch viel menschenfreundlicher ist. Man muss einfühlsam sein, und das ist eine der ersten Tugenden für ein besseres Miteinander, unabhängig davon, ob man den anderen Menschen mag oder nicht. Entsprechend wird in jedem Kapitel erst die Sicht der anderen betrachtet, bevor dann auf die Lösungsmethoden eingegangen wird.

Um seine Mitmenschen zu verstehen, braucht man kein empathisches Genie zu sein. Im Laufe meiner Arbeit und basierend auf zahlreichen psychologischen Studien habe ich hierfür meine Motivformel entwickelt, die sich in allen zwischenmenschlichen Situationen und Entscheidungen bewährt.

Diese Formel ist überraschend einfach, aber zugleich auch sehr ernüchternd, da sie den Großteil unseres Handelns auf vier Motive zurückführt. Egal ob wir uns entscheiden, etwas zu kaufen, für einen Kollegen etwas zu tun, ob wir planen, die Arbeitsstelle zu wechseln, der Chef etwas von seinen Angestellten will oder unser Partner einen bestimmten Urlaubsplan boykottiert. Unsere Entscheidungen werden stets von diesen vier Motiven beeinflusst:

$$Ego + Gier + Angst + Bequemlichkeit = Motiv$$

Ich habe Ihnen nicht zu viel versprochen, es ist wirklich ein nüchternes Bild, aber das heißt nicht, dass Menschen nicht zugleich wundervoll sein können. Schauen wir uns die Formel etwas genauer an. Mit Ego ist nicht unbedingt Egoismus, sondern das eigene Selbstwertgefühl gemeint. Gier wiederum ist das simple Gefühl, etwas haben zu wollen. Angst hingegen heißt nicht, dass wir vor Panik zittern und schwitzen, es ist aber dieses unterschwellige und beklemmende Gefühl der Unsicherheit. Bequemlichkeit schließlich ist unsere Neigung, den kürzesten und unbeschwertesten Weg zu gehen. Wie gesagt, spielen je nach Situation andere Motive eine dominante Rolle, meist sind es zwei Motive, die unseren Willen zu handeln prägen und nicht selten dazu führen, dass es dann nur beim Willen bleibt. Nehmen wir mal ein ganz alltägliches Beispiel. Wieso werden Deos gekauft? Ganz einfach, weil man Angst hat zu stinken. Aber wenn uns die Deomarke außerdem verspricht, dass wir für das Geschlecht unserer persönlichen Präferenz auch noch unwiderstehlich sind, steigt dadurch unser Selbstwertgefühl und wir kaufen gleich eine teurere Marke. Kaum ein Deo hätte Erfolg mit einer Zero-Stink-Formel. Ein anderes Beispiel: Bringen meine Kollegen ein sachliches Argument nach dem anderen auf den Tisch, wieso mein Umstrukturierungsprojekt nicht funktionieren wird, sind die Gründe meist weniger sachlich, sondern haben nicht selten mit Bequemlichkeit zu tun, gepaart mit der Angst zu scheitern. Weigert sich mein Partner, mit mir in den Kulturaulaub nach Frankreich zu fahren, so liegt das meist weniger daran, dass es zu teuer ist, sondern vielmehr an der Angst, zum Beispiel wegen mangelnder Sprachkenntnisse als Depp und nicht mehr als der Held dazustehen. Denken Sie mal an die Entscheidungen zurück, die Sie in den letzten Wochen getroffen haben, und analysieren Sie, welche der vier Motive wirklich eine Rolle gespielt haben. Machen Sie sich frei von den vermeintlichen Sachargumenten – denn diese spielen erst ganz am Ende einer Entscheidung eine Rolle –, sondern gehen Sie den Dingen wirklich auf den Grund. Sie werden über sich selbst erstaunt sein. Nun ist die Erkenntnis, dass wir ziemlich irrational entscheiden und handeln, nicht gerade erbaulich. Unsachlich, also unvernünftig sind immer nur die anderen. Wir selbst hingegen sind immer vernünftig. Genauso empfinden es Ihre Mitmenschen. Die sehen sich auch immer als vernünftig und schütteln über die Unvernunft der anderen entsetzt den Kopf. Lassen Sie Ihre Mitmenschen ruhig in dem Glauben, dass sie sachlich seien, nutzen Sie aber die Techniken der Verhaltenspsychologie, um jene Motive abzuschwächen, die Ihrer Sache entgegenstehen, und stärken Sie das Motiv, das Ihr Anliegen voranbringt.

Wie können Sie dieses Buch nun am besten nutzen? Wie gesagt ist es einerseits als Ratgeber für den Alltag gedacht. Alle Themen stammen von Lesern wie Ihnen aus der Praxis für die Praxis, sind also quasi erfolgserprobt. Am besten, Sie lesen dieses Buch in Ruhe von Anfang bis Ende durch. Nicht jedes Thema mag für Sie aktuell sein und natürlich gibt es im Alltag mehr als 50 herausfordernde Situationen, aber oft entdeckt man beim Lesen ähnliche Situationen und hat dann gleich die richtige Methode zur Hand, um diese zu lösen. Außerdem hilft es, eine komplett andere Denkweise zu erlangen. Wenn Sie aber einmal das Grundprinzip verinnerlicht haben und die verschiedenen Techniken beherrschen, werden Sie auf beliebige verschiedene Herausforderungen im Alltag passend reagieren können.

Später können Sie das Buch dann zum Nachschlagen nutzen. Wenn Sie vor einem menschlichen Problem stehen, dann können Sie einfach nachlesen, wie anderen in dieser oder einer vergleichbaren Situation geholfen wurde. Im Grunde machen meine Mitarbeiter und ich dies nicht anders. Wir haben unsere interne Liste mit Fällen und wenn wir mal wieder vor einer Herausforderung stehen, schauen wir selbst noch mal nach, welche Techniken am besten wirken. Man hört selbst nie auf, zu lernen und sich stets zu verbessern.

1. Erziehen Sie Ihren Chef

Nutzen wir aber nun doch gleich die vier Motive, um zu sehen, wie man seinen Chef oder seine Chefin erzieht. Sie sind selbständig und haben deswegen gar keinen Chef? Da irren Sie sich aber. Denn dann sind Ihre Kunden oder Ihr Lebenspartner Ihr Chef. Es lohnt sich also in jedem Fall zu verstehen, wie man den Chef in seinem Leben erziehen kann. Und wenn Sie selbst Vorgesetzter sind, sollten Sie unbedingt das nachfolgende Kapitel lesen, denn dann lernen Sie die Sichtweise Ihrer Angestellten kennen, die auch dieses Buch gelesen haben. Es geht mir nur darum, Chancengleichheit herzustellen.

Lernen Sie Ihren Chef besser kennen, als er sich selbst kennt

Vorgesetzte sind auch nur Menschen und werden genauso in ihrem Handeln und Denken von den vier Motiven Ego, Gier, Unsicherheit und Bequemlichkeit angetrieben wie jeder andere. Übrigens spielen Emotionen interessanterweise eine deutlich größere Rolle, je höher man in der Hierarchie ist. Denn dort sind Ego, aber auch Gier, die Angst zu verlieren, und auch die Neigung, es sich möglichst bequem zu machen, sehr stark verbreitet. Dies ist eine Aussage, die Sie vielleicht nicht sonderlich überraschen wird.

Die Sicht des Chefs

Wie jeder Mensch erliegen aber auch Vorgesetzte dem Vernunftsirrtum. Das kennt man aus jeder normalen Beziehung. »*Sei doch mal endlich vernünftig*«, ruft man verzweifelt aus und ist dabei selbst nicht viel besser. Genauso halten die meisten Vorgesetzten alle anderen für unvernünftig, bevorzugt ihre Mitarbeiter und die Kunden, nur sie selbst haben den rationalen Durchblick. Um ein Missverständnis gleich auszuräumen: Weibliche und männliche Führungskräfte nehmen sich nichts in puncto Emotionalität. Der einzige Unterschied zwischen den beiden Geschlechtern ist, dass Männer vehementer auf ihren logischen Verstand pochen und sogar daran glauben, während Frauen eher dazu neigen, sich einzugestehen, eben keine Roboter zu sein, sondern schlichtweg Menschen, aber mit steigender Hierarchiestufe immer mehr versuchen, dies zu leugnen. Wenn ich also nun die maskuline Form verwende, so mache ich dies nur, weil es sich einfacher liest. Dies gilt im Übrigen für das ganze Buch. Egal welches Geschlecht, Mensch bleibt nun mal Mensch.

Was Ihnen jedoch einen deutlichen Vorsprung im Berufsalltag bringt: wenn Sie besser als Ihr Chef wissen, wer er wirklich ist und welche Motive seine Entscheidungen antreiben. Das ist genau der Vorsprung, den Sie brauchen, um im Büroalltag immer ganz vorne mitzuspielen.

Lösung: Vier-Motive-Methode – Hochstapler-Syndrom

Um Entscheidungen und Handlungen Ihres Vorgesetzten zu beeinflussen, müssen Sie wissen, welche der vier Motive bei ihm oder ihr dominieren. Da meist zwei Motive das Denken und Handeln motivieren, ergeben sich daraus verschiedene Cheftypen, denen sich fast alle Chefs zuordnen lassen. Wenn Sie einmal wissen, mit welchem Vorgesetzten Sie es zu tun haben, macht es diesen nicht nur menschlicher, auch wird es Ihnen leichterfallen, mit ihm umzugehen und ihn nicht immer ernster zu nehmen als notwendig.

In der nachfolgenden Tabelle sind die am weitesten verbreiteten Cheftypen aufgelistet. Lesen Sie sich jetzt mal die jeweiligen Beschreibungen durch und überlegen Sie, welche Ihren Vorgesetzten am treffendsten charakterisiert. Sie wissen dann auch, was Ihr Chef wirklich liebt und was er zutiefst verabscheut. Mir ist klar, dass die Eigenschaften jeden Cheftyp eher negativ erscheinen lassen, das ist aber bewusst so gewählt, denn wir wollen ja unseren Chef erziehen und dafür müssen wir die Schwachpunkte erkennen. Dennoch steckt in jedem Schlechten auch viel Positives.

Cheftyp	Beschreibung	Liebt/Verabscheut
Der egogetriebene Gewinner	Ist extrem stark leistungs- und ergebnisorientiert, aber wenig empfänglich für emotionale Aspekte. Bewertet alles nach einer internen Gewinn-und-Verlust-Rechnung. Klassischer Overperformer, für den Menschen eher Leistungsfaktoren sind. Entscheidungsstark.	Liebt: • Fakten, Zahlen und Berichte • Erfolgsgeschichten • Menschen, die ihn voranbringen • Herausforderungen • Sich selbst reden zu hören Verabscheut: • Menschen mit Emotionen • Sozialkompetenz • Zu viele Worte • Verluste und alles, was seinen messbaren Erfolg bedroht • Nachhaltiges Denken
Der egogetriebene Bequeme	Liebt es, im Mittelpunkt zu stehen und bewundert zu werden. Gibt gerne Verantwortung und Arbeit ab, vor allem wenn es kritisch wird, schmückt sich bei Erfolg gerne mit fremden Federn. Ist aber auch das ideale Aushängeschild für ein Unternehmen. Ist hervorragend vernetzt und nach außen hin sehr beliebt.	Liebt: • Anerkennung • Die große Bühne • Lobpreisungen • Show • Aufgaben zu delegieren Verabscheut: • Details und lange Berichte • Komplexe Zusammenhänge • Misserfolge und Herausforderungen • Arbeit

Cheftyp	Beschreibung	Liebt/Verabscheut
Der egogetriebene Unsichere	Will mehr, als er kann. Er wirkt überfordert und fehlplatziert und sucht öfters Rat bei seinen Mitarbeitern, aber am liebsten heimlich. Trifft selten Entscheidungen allein.	Liebt: • Mitarbeiter, die ihm Informationen zuspielen und ihn im Hintergrund unterstützen • Erfolge und Projekte ohne Risiko • Einfache Zusammenhänge • Beweise und Tests Verabscheut: • Risiken und Entscheidungen • Herausforderungen • Schnelles Handeln • Reden vor vielen Menschen
Der gewinnmaximierende Bequeme	Erkennt Chancen und Möglichkeiten, die ihn schnell voranbringen, und nutzt diese. Setzt nicht auf Arbeitszeit, sondern auf Erfolg. Geht den Weg des geringsten Widerstands.	Liebt: • Alles, was ihm einen schnellen Erfolg verspricht • Einfache Berichte und einfache Lösungen • Besprechungen und den Plausch mit anderen Verabscheut: • Details und komplexe Zusammenhänge • Intensive Diskussionen und Meinungsbildungsprozesse • Herausforderungen
Der unsichere Bequeme	Wirkt ein wenig wie der nette Kerl von nebenan. Möchte kein Risiko eingehen und geliebt werden. Geht Konflikten aus dem Weg, sagt deswegen auch ungern offen seine Meinung und wirkt deswegen trotz aller Nettigkeit manchmal ein wenig unehrlich.	Liebt: • Den Plausch mit den Kollegen • Firmenfeiern • Komplimente • Teamarbeit • Anderen mit Rat zur Seite zu stehen • Team-Building-Prozesse Verabscheut: • Konflikte, Kritik zu äußern • Probleme und Schwierigkeiten • Herausforderungen

Cheftyp	Beschreibung	Liebt/Verabscheut
Der unsichere Gierige	Ist im Wesentlichen gesteuert durch die Angst vor Verlust. Überall sieht er einen Haken und hat das Gefühl, dass etwas seinen Erfolg torpediert. Erscheint deswegen oft unberechenbar. Kann sehr nett und plötzlich sehr aufbrausend sein, weil er Angst bekommt. Sieht in allem eher das Problem als die Chance.	Liebt: • Sichere Gewinne • Absicherungen für das Risiko • Kleine und sichere Geschäfte • Überschaubare Projekte und Zahlen Verabscheut: • Entscheidungen und Risiken • Große Projekte und große Teams • Längerfristige Planungen

Und, haben Sie Ihren Vorgesetzten wiedergefunden? Manchmal ist er auch eine Mischung aus beiden Typen. Diese Übung hilft Ihnen dabei zu erkennen, was Ihr Chef mag und was er verabscheut. Wenn Sie mal das Gefühl gehabt haben, nicht zu ihm vorgedrungen zu sein, dann kann es sein, dass Sie einfach das angesprochen haben, was er verabscheut. Wie gesagt, Sie können diese Übung auch nutzen, wenn Ihr Kunde Ihr Chef ist. Wir selbst nehmen diese Liste regelmäßig zur Hand, um uns ein Bild von unserem neuen Großkunden zu machen und um zu verstehen, was er liebt und was er nicht mag. Das macht das Leben sehr viel leichter.

Klar sind Vorgesetzte gewissermaßen Autoritäten, gerade deswegen scheuen viele davor zurück, ihren Chef beeinflussen zu wollen. Aber das ist ein Irrtum. Es ist eine bekannte Erkenntnis in der Psychologie (aber leider nicht unter Angestellten), dass die meisten Chefs unter dem Hochstapler-Syndrom leiden. Viele Chefs schleppen das Gefühl mit sich herum, sie hätten ihren Aufstieg gar nicht verdient. Diese Unsicherheit überspielen sie durch betont autoritäres Auftreten. Ihre Chance: Machen Sie Ihrem Chef deutlich, dass Sie ihn respektieren. Wenn er Ihnen nichts mehr beweisen muss, wird er für Ihre Vorschläge und Wünsche deutlich offener. Wie das genau geht, schauen wir uns in den nachfolgenden Kapiteln an.

Steigern Sie die Zuverlässigkeit und Pünktlichkeit Ihres Chefs

Wenn Sie einmal die Motive, die Ihren Vorgesetzten antreiben, erkannt haben, wird es Ihnen auch viel leichter fallen, ihn dazu zu bringen, Dinge so umzusetzen, wie Sie es brauchen. Auch wenn Vorgesetzte konkrete Anforderungen an Ihre Leistung haben, hapert es leider bei ihnen selbst oft. Nicht selten sind sie selbst das Nadelöhr. Sie brauchen eine Rückmeldung, warten auf eine Freigabe und nichts passiert. Dann plötzlich auf den letzten Drücker bekommen Sie endlich das, was Sie benötigen, und Sie müssen nun die Zeit aufholen, wirbeln durch das Büro und sitzen bis spätabends, um die Aufgabe noch fristgerecht fertigzustellen. Es sei denn, Sie würden gleich Ihren Chef dazu bringen, pünktlicher und zuverlässiger zu sein.

Die Sicht des Chefs

Chefs sind auch nur Menschen und egal wie effizient sie zu arbeiten meinen, sie kommen in der Arbeitsflut regelmäßig ins Straucheln. Wie jeder Mensch priorisieren sie die Aufgaben und arbeiten das Wichtigste als Erstes ab. Wichtig ist dabei, was ihnen nützt – oder Schaden von ihnen abwendet. Alles andere kommt danach. Wie gesagt, sie sind nicht anders als alle anderen Menschen. Hinzu kommt, dass viele Anfragen ihrer Mitarbeiter Entscheidungen verlangen. Wer glaubt, dass ein Entscheider wirklich gerne entscheidet, glaubt auch, dass Erdbeerjoghurt aus Erdbeeren besteht. Entschuldigen Sie bitte, falls ich nun eine Illusion zerstört habe. Und selbst wenn Ihr Vorgesetzter zu den wenigen Entscheidungsstarken gehört, dann sollten Sie immer bedenken, dass Entscheidungen für den menschlichen Verstand sehr mühsam und anstrengend sind. Entsprechend wird das entschieden, was wichtig ist, man haushaltet eben mit seinen Ressourcen und alles andere wird dann bearbeitet, wenn man Lust und Zeit hat. Sie müssen also Ihr Anliegen wichtig und interessant machen, damit es vorrangig bearbeitet wird.

Lösung: Heldenmethode – Motivansprache

Wie gesagt handeln und entscheiden alle Menschen eher auf der unterbewussten und der emotionalen Ebene. Also sollten Sie auch auf dieser Ebene Ihren Chef motivieren zu handeln. Hier eignet sich wundervoll die Heldenmethode. Im Grunde unseres Herzens wollen wir alle Helden sein, wenn auch nur Helden des Alltags. Wir versuchen Rollen auszufüllen und diesen gerecht zu werden, umso mehr, wenn ein Vorgesetzter insgeheim unter dem Hochstapler-Syndrom leidet. Genau diese Chance bieten Sie mit der Heldenmethode. Sie haben ja bereits identifiziert, welche Motive Ihren Chef antreiben. Andererseits haben Sie ein gewisses Gespür dafür entwickelt, wer er gerne in den Augen anderer sein möchte. Bieten Sie ihm nun diese Chance.

Wenn Ihr Vorgesetzter sich für ein Zahlengenie hält, dann stärken Sie sein Ego dahingehend und machen Sie ihn damit zu einem »Helden«. So können Sie Ihren Satz einleiten mit folgenden Worten: »*Sie sind ja ein absolutes Zahlengenie, deswegen würde ich Sie bitten, mal die Kostenaufstellung zu prüfen.*« Sie erklären ihn zum Helden und er wird liebend gerne darauf anspringen, diese Heldenrolle zu erfüllen. Wie hilft das aber weiter, wenn Sie die Pünktlichkeit und Zuverlässigkeit Ihres Chefs steigern möchten? Exakt mit der gleichen Methode: »*Da Sie ja Wert auf Pünktlichkeit legen, habe ich Ihnen den Bericht bereits einen Tag früher fertiggestellt...*« Damit haben Sie den Pünktlichkeitshelden angesprochen, nur um Ihr eigenes Anliegen dann geschickt unterzubringen: »*Würden Sie mir bitte bis morgen um zwölf Uhr Ihre Kommentare dazu geben?*« Jetzt wird er liebend gerne dem Heldenstatus gerecht werden. Was ist aber, wenn er als notorisch unpünktlich bekannt ist? Dann wirkt diese Methode wie ein Witz auf seine Kosten. Vielleicht hat er aber ein anderes Bild von sich. So ist er vielleicht der große Teamplayer. Dann formulieren Sie Ihr Anliegen einfach um. »*Ich weiß, dass Sie auf Teamwork Wert legen. Damit das Team den Bericht rechtzeitig erhält, habe ich Ihnen diesen bereits einen Tag früher fertiggestellt. Würden Sie mir bitte bis morgen um zwölf Uhr Ihre Kommentare dazu geben?*« Nun weiß er, dass er, wenn er sich nicht pünktlich zurückmeldet, dem Team und somit seinem Heldenstatus schadet. Achten Sie also immer darauf, welcher Held Ihr Chef gerne sein möchte.

Für die Heldenmethode ist es also wichtig, die Motive, die Ihren Vorgesetzten antreiben, zu kennen, also zu wissen, welcher Typ er ist. Über die Heldenmethode hinaus sollten Sie diese konkret bei Ihrem Anliegen ansprechen. Was Ihr Cheftyp liebt oder verabscheut, haben wir ja bereits im vorherigen Kapitel gesehen. Bringen Sie seinen Nutzen, etwas fristgerecht abzugeben, typgerecht auf den Punkt.

Wenn Ihr Chef der unsichere Gierige ist, können Sie als weiterer Grund nach der Heldenmethode nachschieben: »*Damit wir den Auftrag nicht an die Konkurrenz verlieren.*« Denn er hat Angst, einen Fehler zu machen und dadurch etwas zu verlieren. Dem gewinnmaximierenden Bequemen sollten Sie hingegen vermitteln, wie einfach die Arbeit ist und welche Probleme sie löst. »*Das geht recht schnell und wir haben die Sache unkompliziert vom Tisch.*« Das motiviert gleich viel mehr. Dem egogetriebenen Bequemen können Sie hingegen zeigen, wie sein Ansehen davon profitiert: »*Damit haben wir dann gleich die positiven Ergebnisse, die Sie in der nächsten Geschäftsführersitzung präsentieren können.*« Das ist ein Quick Win für Ihren Chef. Indem er Ihnen pünktlich die Informationen gibt, die Sie benötigen, kann er mal wieder in einer großen Runde sich selbst gut darstellen.

Die Kombination aus Heldenmethode und Motivansprache hat schon die härtesten Fälle weichgekocht und wie bei allen psychologischen Methoden werden sie Ihnen immer leichter und instinktiver von der Hand gehen. Zudem gibt es noch einen interessanten Nebeneffekt. Da Sie die Aufgaben so präsentieren, wie Ihr Chef es mag, hat er das Gefühl, dass Sie ihn verstehen. Sie wirken gleich viel kompetenter und werden zu einem zuverlässigen Partner.

> Übrigens, wenn Sie noch mehr Tipps haben wollen, wie Sie die Heldenmethode wirkungsvoll in alle anderen Alltagssituationen bis hin zum Privatleben einbinden können, dann laden Sie sich einfach mein kostenloses Video herunter, das ich extra für die Leser dieses Buchs erstellt habe: *www.sridhar.de/heldenmethode.*

So setzen Sie die Erwartungen Ihres Chefs richtig um

Ihre Leistung mag überragend sein, aber das heißt noch lange nicht, dass Ihr Vorgesetzter diese wirklich schätzt. Und selbst wenn Sie immer überdurchschnittliche Leistungen bringen: Sollten Sie nur einmal stolpern, dann sind Sie der Versager des Unternehmens! Tatsache ist: Wer die Messlatte hoch setzt, der setzt auch die Erwartungen hoch. Wer diese dann einmal unterschreitet, hat gleich verloren. Fragen Sie mal Bayern München. Kaum mal keinen Triple geholt, heißt es gleich: Krise und Umbau! Erfolg bedeutet: Erwartung und Leistung geschickt steuern!

Die Sicht des Chefs

Menschen beurteilen nicht nach absoluten Kriterien, sondern immer relativ. Wir brauchen sogenannte Vergleichsanker. Ein hübsches Gesicht gewinnt deutlich an Attraktivität, wenn es von durchschnittlich aussehenden Personen umgeben ist. Deswegen empfehle ich Bekannten auf Partnersuche, immer mit Freunden auf die Pirsch zu gehen, die optisch weniger hermachen. Das steigert die Erfolgschancen drastisch! Nun lässt sich über Attraktivität durchaus streiten, aber selbst bei der Arbeit, wo eigentlich klar messbare Kennzahlen vorliegen (oder vorliegen sollten!), benötigen wir einen Vergleichsanker, um Leistung beurteilen zu können. In den letzten Jahren habe ich unzählige Teambewertungen in Unternehmen, die ich beraten habe, begleitet. Anhand von Mitarbeiterbefragungen wurden auch das Teamklima und die Leistung des unmittelbaren Vorgesetzten eines jeden Teams bewertet. In jedem Unternehmen gibt es regelrechte Überflieger, aber auch unterdurchschnittliche Teams und eine große, graue Masse an Mittelmaß. In den Führungsetagen zeigte sich jedoch immer das gleiche Bewertungsmuster.

Die Unternehmensführung schaute sich die Werte genau an und dann startete ein interner Verbesserungsprozess. Nach einem Jahr wurde dann erneut gemessen. Dann trat das klassische Phänomen auf: Wurden im ersten Jahr noch die Überflieger gefeiert, sah dies nach der zweiten Befragungswelle komplett anders aus. Topteams, die nur leicht nachgelassen hatten, wurden plötzlich kritisch beäugt, selbst wenn sie noch immer in der oberen Liga spielten. Der Abstieg drohte! Schlechte und mittelmäßige Teams hingegen, die sich verbessert hatten, wurden hochgelobt, selbst wenn sie sich noch immer im Mittelfeld bewegten. Nun kann man sagen, dass dies ein bewusster Management-Kniff sei. Hellhörig machte mich jedoch, dass die Teamleiter mittelmäßiger Teams häufiger für eine Beförderung oder »höhere Aufgaben« vorgeschlagen wurden als jene, die konstant oben mitspielten.

Noch deutlicher wurde dieser Effekt, wenn man die Entwicklung über mehrere Jahre beobachtete. Teams, die sich Jahr für Jahr verbesserten, wurden höher geschätzt als jene, die ständig in der oberen Liga mitspielten. Menschen haben nun mal eine innere Sympathie für Aufsteiger, aber vom geschäftlichen Standpunkt aus gesehen sollten uns eigentlich diejenigen begeistern, die permanent eine hohe Leistung bringen. Um diesem Phänomen weiter auf den Grund zu gehen, haben wir 80 Führungskräften in den verschiedensten Unternehmen vier Profile von fiktiven Vertriebsmitarbeitern vorgelegt. Alter, Geschlecht, Aussehen oder Name dieser Mitarbeiter wurden nicht genannt, um Verzerrungen zu vermeiden. Auch die Ausbildungsprofile waren identisch, jedoch unterschieden sich die fiktiven Vertriebsmitarbeiter in ihren Verkaufserfolgen.

Der schlechteste brachte jedes Jahr Verkäufe von 150.000 Euro zustande. Der mittlere hatte im ersten Jahr Verkäufe im Wert von 100.000 Euro vorzuweisen, diese stiegen aber kontinuierlich um 25.000 Euro pro Jahr bis zum Schluss auf 200.000 Euro. Der dritte Mitarbeiter fuhr jedes Jahr die identische Summe von 175.000 Euro ein, während der vierte Mitarbeiter zwischen 100.000 Euro und 200.000 Euro fluktuierte. In der Tabelle können Sie sich selbst ein Bild von der Leistung der Verkäufer machen. Betrachten wir nun die Ergebnisse jedes Mitarbeiters über alle Jahre, dann haben Mitarbeiter A, B und D einen identischen Umsatz von insgesamt je 750.000 Euro erwirtschaftet. Während Mitarbeiter C mit 875.000 Euro Umsatz der beste Verkäufer war, also 125.000 Euro mehr eingespielt hatte als die anderen Mitarbeiter.

Jahr	Mitarbeiter A	Mitarbeiter B	Mitarbeiter C	Mitarbeiter D
1	100.000 €	150.000 €	175.000 €	125.000 €
2	125.000 €	150.000 €	175.000 €	100.000 €
3	150.000 €	150.000 €	175.000 €	200.000 €
4	175.000 €	150.000 €	175.000 €	175.000 €
5	200.000 €	150.000 €	175.000 €	150.000 €

Was meinen Sie, wen die meisten Führungskräfte für eine Beförderung zur Leitung eines größeren Verkaufsteams vorgeschlagen hatten? Es war eben nicht der mit dem höchsten Umsatz, also nicht Kandidat C, sondern 61 Prozent hatten Verkäufer A präferiert, der zwar eine durchschnittliche Leistung erbracht hatte, aber eine jährliche Leistungssteigerung vorweisen konnte. Den in der Summe tatsächlich besten Verkäufer hatten lediglich 24 Prozent befördern wollen. Aber spannend war auch, dass Mitarbeiter D deutlich schlechter abgeschnitten hatte in der Gunst als Mitarbeiter A. Wie gesagt, beide hatten identische Zahlen erwirtschaftet, lediglich in einer anderen Reihenfolge.

Im Anschluss baten wir die Führungskräfte, Wörter zu nennen, mit denen sie die Personen beschreiben würden. Sehen Sie mal, welche unterschiedlichen Einschätzungen zustande kamen:

1. Mitarbeiter A (von 61 Prozent präferiert): aufstrebend, ehrgeizig, lernfähig, dynamisch, erfolgsorientiert, zielstrebig
2. Mitarbeiter B (von 6 Prozent präferiert): realistisch, faul, stagnierend, lethargisch, desinteressiert, stabil
3. Mitarbeiter C (von 24 Prozent präferiert): streberhaft, arrogant, ehrgeizig, konsequent, hart
4. Mitarbeiter D (von 9 Prozent präferiert): unruhig, unstetig, kreativ, spontan, lernfähig

Die Höhe und Reihenfolge einiger nüchterner Leistungskennzahlen beeinflussten also nicht nur die Neigung, jemanden als gut oder schlecht zu bewerten, sondern sie wirkten sich auch auf die Wahrnehmung der charakterlichen Eigenschaften der Menschen selbst aus.

Lösung: Relative Bewertung setzen

Wir sehen also, dass es bei der Wahrnehmung und Bewertung von Leistungen selten mit »rechten Dingen« zugeht.

Drei wichtige psychologische Effekte spielen hinein, die Sie ganz konkret für sich nutzen sollten.

1. Vorgesetzte bewerten (wie alle Menschen) nicht absolut, sondern immer im Zusammenhang.
Machen Sie mal folgenden Versuch: Decken Sie in der Tabelle alle Zeilen bis auf die des ersten Jahres zu. Betrachten Sie nun nur das erste Jahr. Es ergibt sich schon ein komplett anderes Bild. Dann wäre Mitarbeiter C ein klarer Gewinnertyp gewesen und Mitarbeiter A hätte hingegen kaum eine Chance gehabt. Hier bewerten wir nicht mehr im Zeitverlauf, aber dennoch relativ. Denn wir wissen nicht, ob 175.000 Euro viel oder wenig sind. Das wissen wir nur aus einem Vergleich mit den anderen Mitarbeitern. Betrachtet man aber alle Jahre, dann vergleichen wir die Entwicklung eines Mitarbeiters. Hat er sich verbessert, verschlechtert oder stagniert er? Wir haben eine zusätzliche Dimension bekommen– und schon ergibt sich ein ganz anderes Bild. Ihrem Vorgesetzten geht es da nicht anders.

2. Menschen präferieren Dynamik gegenüber Stagnation.
Anders ausgedrückt: Immer nur auf hohem Niveau zu spielen, wird weniger positiv bewertet. Wer sich aber stetig steigert, wird als erfolgreich wahrgenommen, selbst wenn in der Summe das Gleiche rauskommt. Dies sollte allen Spätstartern Mut machen. Sollten Sie einen schlechten Einstand im Unternehmen gehabt haben, dann machen Sie sich nichts draus. Wenn Sie sich verbessern, werden Sie sogar besser wahrgenommen, als wenn Sie von Anfang an Bestleistung gebracht hätten!

3. Wir neigen dazu, Entwicklungen aus der Vergangenheit linear fortzuschreiben.

Unser Verstand glaubt: Wer in den letzten Jahren stetig gewachsen ist, wächst auch in der Zukunft weiter. Dass solche Annahmen kompletter Unsinn sind, zeigt sich schon, wenn man die alten Prognosen von Börsengurus und Zukunftsforschern betrachtet. Sie beobachten die Prozesse der Vergangenheit und entwickeln daraus ihre Zukunftsmodelle, von denen 90 Prozent ohnehin nicht eintreffen. Da bietet jedes Würfelspiel mehr Treffsicherheit. Dieses Phänomen schauen wir uns später noch genauer an.

Daraus ergeben sich aber für Angestellte einige Konsequenzen. Ich weiß, ich mache mir jetzt viele Feinde bei Vorgesetzten:

1. Versuchen Sie nicht, von Anfang an Spitzenleistung zu bringen, denn dann haben Sie keinen Spielraum nach oben. Starten Sie leicht über dem Durchschnitt und entwickeln Sie sich dann offensichtlich stets ein wenig weiter. Die meisten Angestellten machen leider genau das Gegenteil. Sie starten am Anfang mit vollem Turbo durch, um dann später nachzulassen. Dosieren Sie also Ihr Engagement und bremsen Sie sich am Anfang ein wenig, denn sonst haben Sie bereits zu Beginn Ihr Pulver verschossen und können keine Steigerung mehr vorweisen.

2. Nach einiger Zeit wird man von Ihrem ständigen Leistungszuwachs ausgehen. Diejenigen, die Kandidat A ausgewählt hatten, gaben übrigens an, im sechsten Jahr einen Umsatz von 225.000 Euro zu erwarten. Sie schrieben die Erfolge der Vergangenheit einfach fort. Sobald Sie ein Muster vermeiden, lässt sich Ihre Leistungssteigerung nicht mehr vorhersehen. Sorgen Sie also für Überraschungen. Jeden Sonntag frische Brötchen schätzt der Lebenspartner weniger, als wenn Sie ihn in unregelmäßigen Abständen alle paar Wochen plötzlich mit Brötchen überraschen.

3. »Verkaufen« Sie Ihre Leistungssteigerung gut. Die Brötchen am Sonntagstisch haben einen höheren Wert, wenn man ganz

nebenbei erwähnt, dass man durch den Regen gestapft ist und beim Bäcker einen riesigen Streit vom Zaun gebrochen hat, weil die Lieblingsbrötchen ausgegangen waren – bis er endlich nachgab und neue backte. Wie man seine Leistung so verkauft, dass der Chef sie auch wirklich anerkennt, betrachten wir im nächsten Kapitel.

Bringen Sie Ihren Chef dazu, Ihre Leistungen richtig zu würdigen

Manchmal reicht es nicht aus, nur eine ordentliche Steigerung hinzulegen. Man müht sich ab, bringt stets bessere Leistungen als zuvor, aber wird dennoch vom Chef ignoriert. Und dann gibt es diese Kollegen, die für Selbstverständlichkeiten gelobt werden und deren eher durchschnittliche Leistung als die Offenbarung des Jahrzehnts gefeiert wird. Fakt ist, Ihre Leistungen sind ein Produkt und wie jedes Produkt müssen Sie dieses auch vermarkten.

Die Sicht des Chefs

Im letzten Kapitel haben wir bereits gesehen, dass Leistung nur im Verhältnis zu anderen Personen oder zur Vergangenheit wahrgenommen wird. In den seltensten Fällen schaut Ihnen der Chef aber permanent bei der Arbeit zu. Wenn Sie dann etwas Besonderes erbracht haben, fällt dies nicht weiter auf oder wird abgenickt und geht in der Hektik des Alltags unter. Das ist nur menschlich. Ihnen ist es bestimmt auch schon mal passiert, dass Ihr Partner eine nette Überraschung für Sie hatte oder die Kinder mit einer guten Note nach Hause kamen und Sie nur müde nickten; falls Sie es überhaupt bemerkten und sich nicht gleich dem nächsten Thema zuwandten. Entsprechend groß war dann der Ärger oder die Enttäuschung bei Ihren Lieben. Nicht anders schaut es im Berufsalltag aus. Wenn Sie also wollen, dass Ihr Chef Ihre Leistung richtig würdigt, sollten Sie ein wenig nachhelfen. Sie müssen Ihre Leistung in Szene setzen und aktiv vermarkten.

Lösung: Dramaturgieeffekt und Linearitätsirrtum

Besonders wichtig ist dabei der Dramaturgieeffekt. Je größer die wahrgenommene Anstrengung, umso höher wird das Erreichte bewertet. Kennen Sie Alan Eustace? Wahrscheinlich nicht, aber wenn ich den Namen Felix Baumgartner nenne, dann klingelt schon eher etwas. Felix Baumgartner vollbrachte am 14. Oktober 2012 aus rund 34,4 Kilometer Höhe, also der Stratosphäre, den höchsten Fallschirmsprung, den ein Mensch je gewagt hatte. Das Marketing seines Extremsprungs war brillant, das jahrelange Training war ausführlich von Reportern begleitet worden, den Sprung selbst konnte man live im Internet verfolgen. Der Countdown tickte, man hörte die technischen Anweisungen über Funk und den immer schneller werdenden Atem des Extremspringers. Man spürte förmlich selbst die Anstrengung, und als Baumgartner einige Sekunden nicht zu hören war, spekulierten die Reporter aufgeregt, ob er nicht während des Sprungs ohnmächtig geworden sei. Nach seiner triumphalen Landung wurde Baumgartner dann monatelang mit diversen Auszeichnungen und Ehrungen überhäuft, unter anderem mit dem als Sport-Oscar bekannten Laureus World Sports Award für den Action-Sportler des Jahres und mit einem Bambi.

Nun mag der Bambi nichts Besonderes mehr sein, seit ein von seiner deutschen Mutter aufgezogener Gangsta-Rapper namens Bushido einen Integrationsbambi dafür bekam, dass er seine Muttersprache beherrscht – und Tom Cruise einen Mut-Bambi dafür, dass er so mutig war, einen Hollywood-Kassenschlager zu drehen. Ebenso wenig aussagekräftig war der an Felix Baumgartner verliehene Millenniumsbambi. Denn rund zwei Jahre später, am 24. Oktober 2014, sprang nämlich der eingangs erwähnte Alan Eustace aus einer Höhe von 41,4 Kilometer mit einem Fallschirm ab. Er übertraf Baumgartners Rekord um rund sieben Kilometer! Alan Eustace war dabei alles andere als der Prototyp eines Extremsportlers, sondern ein grauhaariger, etwas streberhaft wirkender 57-jähriger Google-Manager und promovierter Informatiker. Zwar gab es einige kurze Pressemeldungen zu diesem Sprung, aber das war es auch schon. Sportler des Jahres? Ein Senioren-Bambi? Nichts dergleichen! Nun war das auch gar nicht Alan Eustaces Ziel gewesen. Er hatte bewusst auf jegliches Marketing verzichtet, weil er seinen Sprung als wissenschaftliches Experiment und nicht als Show sah. Aber dieses Beispiel zeigt sehr eindrucksvoll, wie unterschiedlich hervorragende Leistungen bewertet werden. Baumgartners zweifellos erstaunliche Leistung jubelte die Presse als Sprung des Jahrtausends hoch, während Alan Eustaces noch gewagterer Sprung eher nebenbei zur Kenntnis genommen wurde.

Wir sehen also, dass die faktische Leistung allein nicht zählt, sondern das Marketing entscheidend ist. Die nüchterne Wahrheit ist aber, dass Sie nicht die Vermarktung der eigentlichen erbrachten Leistung weiterbringt, sondern vor allem das Marketing Ihrer Anstrengung! Es zählt also weniger, was Sie wirklich geschafft haben, sondern vor allem, wie sehr Sie sich angestrengt haben. Dies hat sich in einem Versuch bestätigt, den wir unter 80 Führungskräften durchgeführt haben. Diese baten wir, über die Höhe des jeweiligen Bonus für zwei von uns erdachte Logistikmitarbeiter zu befinden. Beide Mitarbeiter waren männlich und 35 Jahre, und sie hatten binnen eines Monats jeweils 3.000 Pakete à 40 Kilogramm auf einen Lkw verladen. Nun kam der Kniff: Während wir den ersten Mitarbeiter als durchtrainierten Mann mit 90 Kilogramm vorstellten, war der zweite Mitarbeiter untrainiert und wog zarte 60 Kilogramm. 40 Führungskräfte bekamen das Profil des durchtrainierten Mitarbeiters und die anderen 40 Führungskräfte das Profil des untrainierten Mitarbeiters. Wir baten die Führungskräfte, dem jeweiligen Mitarbeiter einen Bonus zu gewähren. Jede Führungskraft konnte einen beliebigen Betrag zwischen null und 2.000 Euro abgestuft in 100-Euro-Schritten vergeben. Nun hatten wir schon eine Vermutung, welche Tendenz sich abzeichnen würde, das Ergebnis überraschte aber selbst uns. Während der durchtrainierte 90-Kilogramm-Mann einen durchschnittlichen Bonus von 1.200 Euro erhielt, bekam der untrainierte Mitarbeiter 1.700 Euro zugesprochen! Beide Mitarbeiter hatten aber das gleiche Ergebnis erzielt, demnach hätte der Bonus eigentlich bei beiden in etwa gleich ausfallen müssen. Dieser Versuch zeigt wieder einmal, dass nicht das Ergebnis allein bewertet wird, sondern stets auch die Mühe, die dazu geführt hat.

Im Berufsalltag gibt es meist Kennzahlen und vorgegebene Ziele, die man erreichen muss. Die Leistung wird also durchaus wahrgenommen, aber was eigentlich in die Bewertung einfließt, nämlich die Anstrengung, geht unter. Deswegen sollten Sie nicht das Ergebnis, sondern vor allem den Weg dorthin im richtigen Licht erscheinen lassen. Und dafür müssen Sie Vermarkter in eigener Sache werden. Rücken Sie die Beschwerlichkeit des Wegs in das richtige Licht. Es kommt lediglich darauf an, dass Sie Ihre Leistung entsprechend verpacken und den richtigen Spannungsbogen aufbauen.

Wie die perfekte Marketingstory ausschaut und wie Sie sogar ganz gezielt Kollegen dafür einspannen können, Ihre Geschichten zu erzählen, schauen wir uns im nächsten Kapitel an.

Bringen Sie Ihre Kollegen dazu, Sie bei Ihrem Chef anzupreisen

Wir haben gesehen, dass oft mehr zählt, für überdurchschnittlich gut gehalten zu werden, als überdurchschnittlich gut zu sein. Verstehen Sie mich nicht falsch. Ich will Ihnen jetzt keine Methode vermitteln, mit der Sie bei unterdurchschnittlicher Leistung überdurchschnittlich punkten können. Es geht aber darum, dass Sie die Anerkennung, die Sie verdienen, auch bekommen – und dafür brauchen Sie manchmal die Hilfe Ihrer Kollegen.

Die Sicht des Chefs

Der Erfolg der anderen ist immer eine Bedrohung für einen selbst. Gerade deswegen wirkt es äußerst unangenehm, wenn jemand wie ein Gorilla wild auf seine Brust trommelnd durchs Büro springt. Also erzählen Sie niemals den Kollegen, wie toll Sie sind. Heben Sie sich das für das Mitarbeitergespräch beim Chef auf. Geht man aber die Leistungsvermarktung zu subtil an, gehen die eigenen Erfolge leicht unter. Psychologische Studien haben nämlich gezeigt, dass schlechte Nachrichten und Leistungen im Schnitt viermal stärker im Gehirn hängen bleiben als positive Nachrichten. Also müssen Sie deutlich mehr positive Nachrichten streuen, um manche Fehltritte zu überschatten.

Lösung: Die niederländische Admiralsmethode

Äußerst wirksam, wenn man sich einen guten Ruf aufbauen will, ist die sogenannte niederländische Admiralsmethode. Zwei niederländische Kadetten hatten sich vor rund 100 Jahren zu Beginn ihrer Karriere gegenseitig geschworen, nur Gutes übereinander zu erzählen. Wenn sie also bei einer Party waren oder mit Kameraden zusammensaßen, berichteten sie jeweils die Erfolge des anderen und lobten dessen Fähigkeiten, vor allem dann, wenn der andere nicht anwesend war. Dies gab der Karriere der beiden Kadetten einen enormen Auftrieb, denn die Zuhörer verbreiteten die Geschichten weiter und nach einiger Zeit wurden beide die jüngsten Admiräle der niederländischen Marine. Inwieweit dies eine Legende ist oder der Wahrheit entspricht, lässt sich nicht exakt nachprüfen. Ebenso können wir davon ausgehen, dass die beiden Kameraden auch ansonsten recht gute Leistungen erbracht haben müssen, aber das Marketing gab ihrer Karriere erst den richtigen Schwung. Die enorme Wirksamkeit des gegenseitigen Empfehlens wurde seitdem immer wieder in zahlreichen Versuchen nachgewiesen und hat unter dem Begriff Dutch Admiral's Effect, also niederländische Admiralsmethode, Einzug in die Psychologie gehalten. Dieser Effekt wird gerne auch in der Werbung eingesetzt, wo bezahlte Schauspieler begeisterte Kunden mimen und erzählen, wie lecker eine Schokoschnitte schmecke oder wie weiß ein Waschmittel wasche. Wir alle wissen, dass sie von dem Unternehmen bezahlt wurden, und dennoch wirkt dieser Empfehlungseffekt. Denn wenn man selbst erklärt, wie gut man ist, ist es Werbung, wenn andere es sagen, ist es Empfehlung und Letzteres liebt unsere Psyche.

Nutzen Sie diesen Effekt gezielt für Ihre Karriere! Suchen Sie sich einen Partner im Unternehmen, jemanden, der wie Sie denkt und sich nach der Anerkennung seiner Leistung sehnt. Es sollte nicht unbedingt Ihr bester Freund bei der Arbeit sein, mit dem oder der Sie auch privat um die Häuser ziehen. Die Kollegen würden wissen, dass solch eine Meinung sehr stark voreingenommen ist. Bevor Sie aber gar keinen Partner finden, gehen Sie lieber mit dem Freund oder der Freundin einen Pakt ein. Denn selbst dann hat die Empfehlung eine Wirkung, weil sie ja nicht von Ihnen persönlich kommt. Wie gesagt, wir wissen ja, dass die Typen in der Werbung von dem Unternehmen bezahlt werden, brav das Produkt zu loben, und dennoch funktioniert es.

Sobald Sie einen solchen vertrauensvollen Admiralspartner gefunden haben, geht es los. Machen Sie den ersten Schritt und erzählen Sie Kollegen bei der nächsten Gelegenheit, was Ihr geheimer Partner besonders gut gemacht hat. Am besten eignen sich die kleinen Kaffeepausen oder das gemeinsame Mittagessen. Denken Sie immer daran, dass Menschen sich Geschichten besser merken als nackte Fakten. Wenn Sie also kurz anmerken: »*Der Meier hat einen super*

Job gemacht beim Kunden. Der Kunde war absolut begeistert«, dann bleibt zwar durchaus etwas hängen und zwar irgendwas mit *Meier* und *Kunde*, aber das war es auch schon. Deswegen sollten Sie solche Dinge immer in eine kleine Geschichte einflechten. Bei Geschichten können wir uns an die Standardregeln von Hollywoodfilmen halten, die meistens das gleiche Muster haben. (Außer es sind Tragödien, aber wir wollen ja keine Tragödien schildern.) Das nachfolgende Muster sollten Sie immer verwenden, egal ob Sie die Geschichte Ihres Admiralspartners zum Besten geben oder in eigener Sache unterwegs sind:

➤ Menschen haben ein Problem, sie leiden und oder werden bedroht.

➤ Der erste Rettungsversuch weckt viel Hoffnung, scheitert aber. Es folgt noch mehr Verzweiflung.

➤ Dann kommt dem Helden die Erleuchtung. Er arbeitet mit einem tollen Team zusammen und rettet die Situation!

➤ Happy End: Alle sind erleichtert und glücklich!

Sie finden das kitschig? Ist aber sehr wirksam, wenn Sie es in die Praxis umsetzen, und darauf kommt es an. Schauen wir uns mal ein konkretes Beispiel an, wie solch eine Heldengeschichte aussehen kann:

»Wisst ihr, was neulich passiert ist? Da rief doch der Kunde Schlüter an und war stinksauer, weil die Lieferung nicht pünktlich kam. Der wollte den gesamten Auftrag kündigen. Das wären 200.000 Euro gewesen. Mensch, war der geladen.« (Problembeschreibung)

»Wir haben dann versucht, ihn zu beruhigen, und ihm einen Kulanzrabatt von zehn Prozent angeboten. Aber anstatt dass er nun Ruhe gab,

wurde er noch wütender und meinte, wir würden ihn einfach abspeisen wollen.« (Erster Lösungsversuch scheitert)

»Dann kam der Michael Müller auf eine Idee. Er wusste, dass ein anderer Kunde genau das Produkt retour geben wollte. Der Müller hat sich dann mit der Frau Meier von der Logistik zusammengesetzt und die haben es tatsächlich geschafft, die Retoure direkt zum Kunden Schlüter umzuleiten.« (Held löst Problem im Team)

»Der Herr Schlüter war vielleicht glücklich! Der hat sich danach sogar noch dafür entschuldigt, dass er so aufbrausend war! Der Michael Müller kann echt schnell reagieren in Krisensituationen und wie die Frau Meier dann noch mitgezogen hat. Einfach klasse!« (Happy End)

So einfach und dennoch wirksam kann eine Story sein. Ganz wichtig ist, dass Sie den Helden im Team darstellen. In den USA wird der allein kämpfende Superheld zwar geliebt, in Deutschland gilt unsere Sympathie jedoch eher dem Teamplayer.

Hier noch ein paar weitere Tipps für die niederländische Admiralsmethode:

➤ Berichten Sie Ihrem Partner jedes Mal, wenn Sie Positives von ihm erzählt haben. Gerade zu Beginn Ihres Paktes ist das wichtig. So spornen Sie ihn an, auch selbst aktiv zu werden, und die Aktion verläuft nicht im Sande.

➤ Identifizieren Sie Multiplikatoren und Personen, die dem Chef nahestehen. Damit sorgen Sie dafür, dass die guten Nachrichten sich schnell verbreiten und die richtigen Personen erreichen.

➤ Halten Sie die Anekdoten kurz, maximal 5 Minuten. Sonst rennen die Leute bald weg, wenn Sie mal wieder mit einer Geschichte von Herrn Müller anfangen.

Und wenn Sie keinen Admiralspartner für Ihre Aktion gefunden haben? Dann starten Sie dennoch durch. Wenn Sie immer einen Kollegen als Helden der Anekdote haben, dem Sie zur Seite standen oder in dessen Team Sie waren, färbt der Erfolg auch auf Sie ab, ohne dass Sie angeberisch wirken, denn schließlich loben Sie ja den Kollegen und nicht sich selbst. Wer aber im Dunstkreis des Erfolgs steht, wird selbst als erfolgreich angesehen.

Eignet sich auch:

➤ Wenn Sie im Verein aufsteigen wollen.

➤ Wenn Sie selbständig sind und mehr Kunden gewinnen wollen. Dann machen Sie einen Pakt mit einem Partnerunternehmen, das nicht im direkten Wettbewerb mit Ihnen steht, aber die gleiche Kundenzielgruppe hat.

Nehmen Sie Ihrem Chef den Kontrollwahn und holen Sie sich mehr Freiraum

Vertrauen ist gut, Kontrolle ist besser? Wenn Sie einen Chef haben, der das zum Lebensprinzip erhoben hat und Ihnen gewaltig auf den Nerv geht, dann können Sie sich mit einigen einfachen Schritten mehr Freiheit verschaffen und gleichzeitig Ihrem Vorgesetzten das wohlige Gefühl der scheinbaren Kontrolle lassen – also eine klassische Win-win-Situation.

Die Sicht des Chefs

Tatsächlich sagt das Maß der Kontrolle viel mehr aus über die Unsicherheit dessen, der kontrolliert, als über die Fähigkeiten desjenigen, der kontrolliert wird. Souveräne, selbstsichere Führungskräfte haben ihre Abteilung so strukturiert und so gute Mitarbeiter aufgebaut, dass sie erst gar nicht permanent kontrollieren müssen. Die hohe Kunst der Führung ist es, ein solches Team aufgebaut zu haben, das man eigentlich gar nicht mehr führen muss. Dennoch juckt es den meisten in den Fingern zu kontrollieren, denn niemand ist gegen die Krankheit der Kontrollillusion immun. Selbst Sie nicht!

Haben Sie eine Glückskrawatte, einen Erfolgsstift oder ein Parfum, das Sie immer dann verwenden, wenn Sie einen schwierigen Termin haben? Klar ist das unsinnig, es vermittelt einem jedoch dieses süße Gefühl der Sicherheit, etwas getan zu haben für den eigenen Erfolg, also eine Situation beeinflussen zu können.

Selbst wer keine solchen Glücksbringer hat, versucht durch sein Handeln Kontrolle über eine unkontrollierbare Situation zu bekommen. Was machen junge Eltern, wenn der kleine Wonneproppen ein wenig müder scheint als normal? Fieber messen! Je häufiger, umso besser. Dabei ist es völlig irrelevant, ob das Fieberthermometer 37,8 oder 38,5 Grad anzeigt. Im Grunde gibt es nur zwei relevante Temperaturstufen, nämlich Fieber – dann kann man entscheiden, etwas dagegen zu tun, oder einfach abwarten – und extremes Fieber, dann heißt es ab zum Arzt! Alles dazwischen ist völlig unerheblich. Dennoch wird eifrig gemessen. Logisch ist das Verhalten der Eltern nicht. Häufiges Fiebermessen hat aber dennoch eine therapeutische Wirkung – es beruhigt nämlich die Eltern. Das Kind wird dadurch allenfalls genervt.

In Unternehmen ist das nicht anders. Hat der Vorgesetzte irgendwie ein ungutes Gefühl, und das muss gar nichts mit Ihnen zu tun haben, misst er Fieber, also kontrolliert er Sie, und zwar je häufiger, umso besser, und geht Ihnen gewaltig auf den Nerv. Wenn Sie ihn jetzt nicht kontrollieren lassen, dann wird er noch nervöser und für dieses Gefühl macht er Sie verantwortlich. Sie können also nur verlieren. Außer Sie geben ihm einfach ein paar ausgewählte Häppchen und er gibt Ruhe!

Lösung: Nutzen Sie den Effekt der Kontrollillusion für sich

Im Arbeitsalltag ist es also wie beim Fiebermessen. Die eigentlichen Informationen sind eher zweitrangig. Viel wichtiger ist dem Vorgesetzten das Gefühl, er habe alles im Griff – also die Illusion, alles unter Kontrolle zu haben.

Vorab können Sie natürlich wieder unsere Allzweckwaffe anwenden, die Heldenmethode. Erwähnen Sie mal beiläufig, wie sehr Sie es schätzen, dass Ihr Chef seinen Mitarbeitern den notwendigen Freiraum gibt und eben kein Kontrollfanatiker ist. Loben Sie ihn für seine Weitsicht und seinen modernen Führungsstil. Schaden kann es nicht, auch wenn die Heldenmethode in diesem Fall nicht so wirksam ist wie sonst. Denn das Bedürfnis nach Kontrolle ist ein sehr starkes Motiv. Sie können aber genau das machen, was man tun würde, wenn man zu Hause einen Kuchen backt, aber die Kleinkinder drängeln und mitmachen wollen. Die Zwerge bekommen ein wenig Teig zum Spielen und haben das Gefühl, dass auch sie eifrig Kuchen backen. Man hält sie so geschickt von den kritischen Dingen fern, wo sie nur Chaos stiften. Zum Schluss dürfen sie auch die Schokostreusel auf dem Kuchen verteilen und erzählen dann ganz stolz, dass sie den Kuchen allein gebacken hätten.

Bei Vorgesetzten ist es natürlich etwas komplexer, aber dennoch recht leicht zu bewerkstelligen. Wenn Sie Ihrem Chef ein paar Krümel zuwerfen, mit denen er rumspielen darf, dann haben Sie Ihre Ruhe. Dafür müssen Sie ihm aber jene Dinge zuwerfen, die ihm Spaß machen!

Reflektieren Sie also noch mal, mit welchem Chef Sie es zu tun haben. Wenn Sie nun die Kernmotive »füttern«, hat Ihr Chef das zum Spielen, was ihn bewegt. Wir haben uns ja bereits die Cheftypen angeschaut. Wir können diese aber noch genauer untersuchen und herausfinden, welches Motiv dominiert.

Wenn das **Ego** dominiert, findet Ihr Chef Selbstbestätigung in der Kontrolle, weil er sich gerne reden hört und gerne allen zeigen möchte, dass er schlauer und erfahrener ist als alle anderen. Er sucht einfach ein Publikum und das sind dann gezwungenermaßen Sie! Klare Anzeichen: Er springt relativ schnell auf ein Thema an und breitet sich dann in epischer Länge darüber aus, egal wie wichtig das Thema wirklich ist.

Einer meiner Vorgesetzten war solch ein Fall. Er nutzte Projektbesprechungen dazu, allen anderen zu zeigen, wie schlau er sei. Interessanterweise sprang er immer auf die Formatierungen von Berichten an. Also bot ich ihm die Plattform. Ich baute mit Absicht hier und da einen Formatierungsfehler ein. Wenn er nicht darauf ansprang, half ich ein wenig nach. So fragte ich ihn, ob in dem Fall runde oder eckige Aufzählungszeichen besser seien. Dann konnte er wundervoll darüber dozieren. Wo war der Vorteil für mich? Er brauchte diese Arbeitskontrolle für sein Ego. Dadurch, dass ich ihm einen für mich unwichtigen Happen zuwarf, diskutierten wir ein Thema, das mich emotional nicht berührte. So hatte ich mehr Freiraum bei dem, was mich wirklich bewegte, nämlich bei den inhaltlichen Aspekten des Berichts.

Hier ein paar weitere Beispiele, wie Sie auf die verschiedensten Egos reagieren können:

➤ Ihre Chefin ist stolz auf ihr gutes Rechen- und Zahlenvermögen: Zeigen Sie ihr eine Statistik, die Sie erstellt haben, und fragen Sie sie nach ihrer Meinung.

➤ Ihr Chef gibt gerne mit seiner guten Menschenkenntnis an: Fragen Sie ihn, wie man den Kunden besser überzeugen kann. Sie bekommen sogar noch ein paar gute Tipps, aber Ihre eigentliche Arbeit bleibt davon unberührt, und Sie müssen nicht wieder alles aufs Neue umbauen.

➤ Ihr Chef erzählt gerne Anekdoten von seinen vergangenen Erfolgen. Also bitten Sie ihn um ein konkretes Beispiel aus der Vergangenheit. Er freut sich, erzählen zu dürfen, und vergisst darüber, Ihre eigentliche Arbeit zu kontrollieren, hat aber das Gefühl, mitgewirkt zu haben.

Wichtig ist, dass Sie auf alle Fälle von dem ablenken, was Ihnen wirklich am Herzen liegt, und Sie Ihren Vorgesetzten auf das lenken, was ihm am Herzen liegt. So schaffen Sie sich emotionalen Freiraum.

Vielleicht dominiert auch die **Gier**, und Ihr Chef braucht gar nicht das Publikum, sondern mischt sich permanent ein, weil er einfach sichergehen möchte, dass er das Maximum aus Ihrer Leistung rausholt, da er zum Beispiel ein egogetriebener Gewinner ist. Fokussieren Sie dann ganz gezielt nur auf das, was ihm einen Mehrwert bringt. Zum Beispiel bei einem Angebot nur auf die Preise. Wenn Sie Ihrem Chef Kunden-E-Mails weiterleiten, dann nur jene, wo es um konkrete Werte und um die größten Kunden geht. Aber hier eben auch nur, wenn er Gewinn darin sieht. Übrigens können Sie auch hier das Motiv ganz offen für sich nutzen. Wenn Sie den Eindruck haben, dass er sich zu oft bei Ihnen einmischt, dann sagen Sie ihm das ruhig: »*Ich weiß, Sie möchten da noch tiefer einsteigen, aber bei mir warten noch fünf weitere potenzielle Kunden.*« Damit sprechen Sie seine Sprache. Zeit ist Geld und er wird sich kürzer fassen. Auch wenn er das mit hoher Wahrscheinlichkeit nicht zugeben wird. Oft wird er auch leicht verärgert reagieren: »*Was wichtig ist, entscheide immer noch ich.*« Lassen Sie sich nicht davon irritieren. Wer Menschen erfolgreich beeinflusst, der weiß, dass es selten um die erste Reaktion geht, sondern um die

Saat, die man erfolgreich gepflanzt hat. Unterbewusst weiß er nun, dass jedes Kontrollieren etwas kostet! Er wird beginnen, sich zurückzuhalten, auch wenn er nach außen hin etwas anderes behauptet.

Wenn jedoch **Angst oder Unsicherheit** das primäre Motiv ist, dann sucht Ihr Chef nach Problemen, um diese beseitigen zu können. Instinktiv fühlt er, dass überall ein Haken ist, und er wird so lange bei Ihnen rumstochern, bis er diesen gefunden hat und beseitigen kann. Erst dann hat er seinen Frieden und weiß, dass alles gut läuft. Deswegen sollten Sie gerade solche Chefs immer wieder von sich aus auf dem Laufenden halten. Schicken Sie regelmäßig per E-Mail ein paar Infos oder einen Statusbericht, dass alles gut laufe, oder sprechen Sie ihn in der Kaffeeküche darauf an. Solange er das Gefühl hat, über alles informiert zu sein, wird er Ihnen nicht auf den Geist gehen. Wenn Sie aber mal ein Problem haben, dann kommen Sie von sich aus auf ihn zu und bieten Sie ihm gleich zwei Lösungsalternativen an. Wer nämlich Angst vor Problemen hat, will sie zwar wissen, aber sich eigentlich gar nicht damit auseinandersetzen. Wenn Sie gleich die Lösung mitliefern, wird er Ihnen dankbar sein. Das einzige Ziel ist, ihn in Sicherheit zu wiegen. Solange er weiß, dass Sie ihn informieren, wenn es ein Problem gibt, wird er Sie in Ruhe lassen, denn: *No news are good news.*

Natürlich kann Ihr Chef Ihnen einfach aus Bequemlichkeit auf den Keks gehen. Denn solange er Sie nervt, kann er seine eigene Arbeit aufschieben und das mit einem guten Grund. So kommt es von einer Besprechung zur nächsten und wenn er eine E-Mail oder einen Bericht von Ihnen erhält, wird er Sie gleich wieder anrufen und aufhalten oder am besten wieder ein Meeting einberufen, nur weil er zu bequem ist, sich in die Thematik selbst einzulesen. Was bei Ihnen als Kontrollwahn ankommt, ist eigentlich nichts anderes als die Faulheit des Chefs. Ich habe in Unternehmen zahlreiche solcher »Führungskräfte« erlebt, die dann am Ende der Woche immer ganz erschöpft von den ganzen Meetings waren. Die wirksamste Methode ist in diesem Fall, sein Leben dadurch deutlich unbequemer zu machen, dass er Sie kontrolliert, als wenn er Sie nicht kontrolliert! Am besten funktioniert dies, indem Sie ihn mit Informationen überfluten. Jedes Mal wenn er Sie zu einem Projekt fragt, nehmen Sie sich Zeit und texten ihn zu und zwar ohne Punkt und Komma. Er wird schnell lernen, Sie besser nicht zu fragen, und wird einen großen Bogen um Sie machen, wenn es um das Projekt geht.

Sie sehen also, wie Sie mit ein bisschen Fantasie jedem Cheftyp seine Krümel zum Spielen geben können oder wie im letzten Fall das Spiel selbst als völlig langweilig erscheinen lassen. Manchmal dauert es ein paar Wochen, aber spätestens dann haben Sie Ihren Chef dazu gebracht, Sie in Ruhe zu lassen, und zwar weil er so glücklicher ist.

So bekommen Sie größere Budgets und mehr Urlaub

Sie wollen mehr Geld für ein Projekt oder für Ihr Budget rausschlagen oder einen längeren Urlaub als gewöhnlich? Dann kann es passieren, dass Sie sehr schnell auf eine große Mauer der Ablehnung stoßen, denn Vorgesetzte sind notorische Neinsager. Wenn Sie selbst auch eine Führungsposition haben, dann werden Sie beide Seiten der Medaille kennen.

Die Sicht des Chefs

Wer einmal eine Führungsposition eingenommen hat, der weiß, dass man sich fast täglich mit den Wünschen von Mitarbeitern rumschlagen muss. Andererseits hat man selbst nur begrenzte Möglichkeiten zur Verfügung. Der Vorgesetzte kann nicht jeden Urlaubswunsch genehmigen, sonst wäre das Unternehmen in der Sommerzeit leer, und ebenso wenig kann er Budgets nach Belieben erhöhen, denn auch hier gibt es Grenzen. Ich habe Mitarbeiter erlebt, die plötzlich in eine Führungsrolle kamen, sich aber darin noch nicht eingefunden hatten. Sie solidarisierten sich emotional mit ihren Mitarbeitern und wollten mehr Kumpels als Chefs sein. Nach wenigen Monaten holte sie aber die Realität ein. Ihre Ressourcen waren genauso erschöpft wie sie selbst. Sie fühlten sich ausgenutzt und alles drohte über ihnen zusammenzustürzen. Oft hilft da nur noch eine 180-Grad-Wendung, und plötzlich heißt es: »*Du warst früher so nett und kaum bist du aufgestiegen, bist du eiskalt und abgehoben.*« Jedes Unternehmen besteht aus Menschen und ist von Menschen für Menschen gemacht. Aber jede Person hat ihre Rolle auszufüllen und gute Vorgesetzte müssen eben auch gute Neinsager sein. Was jedoch noch lange nicht heißt, dass Sie diese nicht dennoch zu einem *Ja* bewegen können.

Bei jedem Anliegen, mit dem Sie an Ihren Vorgesetzten herantreten, stellt er sich unbewusst die folgenden drei Fragen:

1. Was bringt es mir, dem Team und dem Unternehmen?
2. Welche Nachteile entstehen mir?
3. Wie kann ich das Anliegen zu meinen Gunsten nutzen?

Wenn Sie diese drei Fragen zufriedenstellend beantworten können, haben Sie schon so gut wie gewonnen.

Lösung: Begründungsfaktor – Tür-ins-Gesicht-Methode-Optionsverschiebung

Wie immer, wenn Sie etwas wollen, sollten Sie sich auf das konzentrieren, was der andere will beziehungsweise was es dem anderen bringt. Andererseits sollten Sie nicht mit den Nachteilen hinter dem Berg halten. Denn diese bekommt der andere sowieso früher oder später selbst heraus. Wenn Ihr Vorgesetzter diese von sich aus entdeckt, dann erhöht dies die Wahrscheinlichkeit, dass er Ihr Anliegen ablehnt. Fallen ihm die Nachteile sogar erst auf, nachdem er bereits zugestimmt hat, dann fühlt er sich hintergangen und über den Tisch gezogen. Das bedeutet also, dass Sie einerseits die Vorteile deutlich betonen, aber auch die Nachteile nicht unerwähnt lassen sollten. Viele sträuben sich, auf die Nachteile einzugehen, aber da diese ohnehin früher oder später auffallen, ist es besser, wenn Sie auch die Nachteilargumentation im Griff haben und diese zu Ihren Gunsten drehen, indem Sie auch gleich konkrete Lösungen anbieten. Dass Sie mit einer ausgewogenen Argumentation sogar besser als mit einer einseitigen fahren, sehen wir später noch, wenn es darum geht, Kollegen zu überzeugen.

Natürlich müssen Sie nicht den Teufelsanwalt spielen. Sie können Ihre Argumente deutlich mehr ausschmücken und die Gegenargumente eher am Rande erwähnen und gleich wieder entkräften. Aber selbst wenn Sie so vorgehen, ist der innere Reflex, eine Bitte abzulehnen, sehr ausgeprägt, da erfolgreiche Führungskräfte eben diesen Neinsager-Instinkt haben. Wenn Sie nun »nur« Ihre Bitte vortragen, dann geben Sie Ihrem Vorgesetzten zwei Optionen, nämlich zuzustimmen oder abzulehnen. Damit ist die Wahrscheinlichkeit sehr groß, dass Sie einen Korb kassieren.

Also versucht man erneut, mit allen Argumenten eine Zustimmung zu erreichen, aber der Neinsager-Instinkt ist oft stärker! Anstatt gegen diese Neigung anzukämpfen, sollten Sie sogar bewusst eine ideale Steilvorlage für ein *Nein* anbieten. Wenn dann dieser Nein-Hunger einmal gesättigt ist, haben Sie deutlich höhere Chancen, eine Zustimmung für Ihr eigentliches Anliegen zu bekommen. Das klingt vielleicht absurd. Ist aber äußerst wirksam, wenn Sie die Tür-ins-Gesicht-Methode anwenden, im Übrigen eine meiner Lieblingsmethoden, weil sie so universell einsetzbar ist.

Bei dieser Technik lassen Sie sich absichtlich die Tür vor der Nase zuschlagen, um dann ein zweites Mal an derselben Stelle mit einer leicht abgespeckten Variante Ihrer Bitte aufzuwarten. Sie forcieren geradezu eine erste Ablehnung. Damit ist der Neinsager-Reflex befriedigt und schon steigen die Chancen bei der zweiten Bitte auf ein *Ja* deutlich! Weshalb Ihr eigentliches Anliegen in der zweiten Bitte enthalten ist.

Wollen Sie zum Beispiel am Freitag um 15 Uhr nach Hause gehen, dann fragen Sie: »*Kann ich am Freitag um* **zwölf Uhr** *nach Hause gehen? Ich muss etwas Familiäres klären.*« Wenn Sie dann eine Ablehnung erhalten, dann legen Sie nach: »*O.k., ich verstehe, aber dann wäre es doch zumindest möglich, dass ich um 15 Uhr gehe.*« Ihr Vorgesetzter wird nun mit hoher Wahrscheinlichkeit zustimmen.

Die Tür-ins-Gesicht-Methode vereint verschiedene psychologische Effekte. So nutzen Sie einerseits die Rahmung. Sie lassen die zweite Option als ein geringeres Übel erscheinen, weil der erste Vorschlag deutlich schlechter war. Diesen Effekt kennen wir aus dem Supermarkt. Man platziert teure Markenprodukte und direkt daneben die etwas günstigere Eigenmarke. Diese wirkt nur deswegen so günstig, weil man den Vergleich zu dem höherpreisigen Produkt hat. Kaum einer bemerkt, wenn er der Supermarkt beide Preise anhebt, die Eigenmarke wirkt immer noch günstig.

Ferner nutzt die Tür-ins-Gesicht-Methode den Effekt des Nehmens und Gebens. Die Psychologen nennen dies Reziprozität. Wer etwas bekommt, ist eher bereit, etwas zu geben. Da Sie durch die erste Option eine Ablehnung forciert haben, haben Sie Ihrem Gegenüber ein Zugeständnis gemacht, ihm also gefühlt etwas gegeben, nun ist dessen Bereitschaft, Ihnen in der nächsten Runde ein Zugeständnis zu machen, deutlich höher.

Viele fühlen sich bei der Tür-ins-Gesicht-Methode etwas unwohl. Denn wir sind es gewohnt, bei unseren Bitten aus Bescheidenheit etwas tiefer zu stapeln. Damit tun Sie sich aber keinen Gefallen. Machen Sie sich also frei von falscher Bescheidenheit, auch wenn sich das am Anfang etwas seltsam anfühlt. Nicht nur bekommen Sie dadurch eher das, was Sie wollen. Sie werden auch nicht selten überrascht sein, dass bereits Ihrer ersten Antwort zugestimmt wird, Sie also viel mehr bekommen, als Sie eigentlich vorgehabt hatten. Und selbst wenn nicht, bekommen Sie mit deutlich höherer Wahrscheinlichkeit das, was Sie ohnehin wollten, da es sich in der zweiten Bitte verbirgt.

Wie gesagt sollte man aber dennoch nicht mit den Nachteilen hinter dem Berg halten. Solange Sie hierfür auch konkrete Lösungen anbieten, haben Sie die Situation im Griff. Schauen wir uns in einem weiteren Beispiel an, wie Sie die Tür-ins-Gesicht-Methode optimal verwenden können, wenn Sie einen längeren Urlaub aushandeln wollen, und wie Sie zugleich mit den Nachteilen umgehen.

»Ich würde diesmal vier Wochen Urlaub nehmen wollen. Mir ist klar, dass dies viel ist, aber dafür bin ich dann in der Hochsaison, wenn Sie mich brauchen, komplett da, und das auch noch ausgeruht und voller Elan.« – Sie stapeln nicht nur hoch, sondern betonen auch noch die Vorteile für Ihren Vorgesetzten.

Nun sprechen Sie offen die Nachteile an und bieten gleich Lösungen.

»Weil vier Wochen eine ganze Menge sind, habe ich schon mit den Kollegen gesprochen und dafür gesorgt, dass keine Arbeit liegen bleibt und eine erstklassige Urlaubsübergabe erfolgen wird.«

Allein schon durch diesen Ansatz wird es schwerfallen, Ihren Antrag abzulehnen. Falls doch, dann ist das kein Verlust, denn eigentlich wollten Sie ja »nur« drei Wochen Urlaub. Jetzt ziehen Sie den vermeintlichen Plan B aus dem Hut.

»O.k., das kann ich verstehen. Ich würde Ihnen dann entgegenkommen und meinen Urlaub auf drei Wochen kürzen.« Ist Ihnen aufgefallen,

dass Sie bei der zweiten Option nun gar nicht mehr als Bittsteller auftreten? Sie kommen jetzt entgegen und bieten eine Lösung. Ihr Vorgesetzter fühlt sich nach seiner ersten Ablehnung seinerseits in einer Bringschuld Ihnen nun ein Zugeständnis zu machen.

Eine andere Variante der Tür-ins-Gesicht-Methode ist die Optionsverschiebung. Sie packen gleich beide Optionen auf den Tisch, wägen Vor- und Nachteile ab. Dadurch schließen Sie die Option des *Nein* wieder komplett aus. Nehmen wir mal an, Sie wollen ein um 20.000 Euro höheres Budget für Ihr Marketingteam herausschlagen.

»Wir haben das im Team ganz genau durchgerechnet und wir bräuchten eine Budgeterhöhung für unsere Marketingaktivitäten, damit können wir rund zehn Prozent mehr potenzielle Kunden erreichen, was bei einer Kundengewinnungsrate von nur fünf Prozent rund 250.000 Euro mehr Ertrag bedeuten würde.« Sie zeigen wieder klar die Vorteile. Nun bringen Sie wieder die Nachteile ins Spiel: *»Uns ist klar, dass dies auch ein gewisses Risiko ist. Deswegen haben wir klare Kriterien festgelegt, anhand denen wir die Wirksamkeit der Marketingaktivitäten messen können. Wir würden das Budget also nicht einfach blind ausgeben, sondern an klaren Faktoren festmachen.«* Und schon haben Sie das Risiko minimiert.

Nun machen Sie es wie ein Politiker und setzen einfach voraus, dass eine Marketingbudget-Erhöhung alternativlos ist. Reden Sie also nicht über das *Ob*, sondern über das *Wie*: *»Wir haben zwei Konzepte erarbeitet. Entweder eine Erhöhung von 40.000 Euro, was uns 500.000 Euro mehr Ertrag bringen würde, wenn alles gutgeht, aber natürlich auch etwas mehr Risiko hätte, oder 20.000 Euro mehr Budget, das brächte uns 250.000 Euro mehr Ertrag bei deutlich geringerem Risiko. Was würden Sie präferieren?«*

Ist Ihnen etwas aufgefallen? Nicht nur gibt es *Nein* als Option gar nicht mehr, sondern Sie haben in diesen letzten drei Sätzen noch viele weitere kleine psychologische Hebel angesetzt:

1. Sie reden im Plural, also von *wir*. Damit signalisieren Sie, dass Sie eine Mehrheit sind. Am besten wirkt dies, wenn Sie keine Namen nennen. Überlassen Sie es der Fantasie des anderen, wie viele Personen sich hinter *wir* verstecken. Natürlich sollten Sie wirklich zumindest einen anderen mit im Boot haben, denn wenn die explizite Frage kommt, wer denn *wir* sei, dann sollten Sie schon ehrlich antworten können.

2. Sie beginnen natürlich mit der größeren Option und betonen auch klar das große Risiko. Während bei der kleineren Option das Risiko deutlich geringer ist. Damit suggerieren Sie nicht mehr eine Entscheidung zwischen 40.000 Euro und 20.000 Euro, sondern zwischen großem und verschwindend kleinem Risiko. Was würden Sie präferieren? Zeigen Sie also nicht nur den Gewinn, sondern auch den möglichen Verlust. Jedoch sollte der Gewinn immer greifbar sein, zum Beispiel in Form von Zahlen, und das Risiko eher vage bleiben. Was man nicht kennt, macht einem weniger Angst.

Welche Variante Sie verwenden, hängt natürlich von der Situation ab und davon, was Ihnen besser liegt. Beide Varianten sind aber absolut wirksam.

Eignet sich auch:

➤ Wenn Sie bei einem Kauf den Preis runterhandeln wollen.

➤ Wenn Sie selbst etwas verkaufen und einen möglichst hohen Preis rausholen wollen.

➤ Wenn Sie Ihren Partner dazu bringen wollen, etwas gemeinsam zu unternehmen, was er oder sie eigentlich nicht mag.

So nimmt Ihnen Ihr Chef Fehler nicht übel

Kaum einer gibt es gerne zu, wenn etwas falsch gelaufen ist. Unser Instinkt rät uns seit unserer Kindheit, uns zu verstecken und Fehler zu vertuschen. Dummerweise ist das weder als Kind noch in der Erwachsenenwelt die beste Idee.

Die Sicht unseres Unterbewusstseins

Wir schieben unangenehme Dinge deswegen hinaus oder versuchen sie gleich ganz unter den Teppich zu kehren, weil wir insgeheim hoffen, dass sich das Problem dann irgendwann von allein löst, was natürlich Unsinn ist. Andererseits sehen wir vermeintliche Katastrophen als viel dramatischer an, als sie in Wahrheit sind und vor allem als es andere sehen. Man hat schlaflose Nächte und wenn es dann rauskommt, passiert bis auf ein Schulterzucken beim Chef vielleicht gar nichts. Es fällt uns einfach sehr schwer, die wirklichen Ausmaße unseres Versäumnisses abzuschätzen, und ebenso schwer fällt es uns, die Reaktion unseres Gegenübers vorherzusagen. Deswegen neigen die meisten Menschen dazu, besonders ängstlich auf eigene Fehler zu reagieren.

Da wir aber mit Angst nicht gut umgehen können und noch schlechter mit eigenen Schwächen, schützt uns unser Unterbewusstsein, indem es die Schuld bei anderen oder bei äußeren Umständen sucht.

Leider kommt dies bei unseren Mitmenschen genau als das rüber, was es ist, nämlich als lahme Ausrede und das Abschieben von Verantwortung. Selbst wenn wir ehrlich und offen ein Problem ansprechen, das wir zu verantworten haben, fallen wir schon nach wenigen Sätzen in das alte Muster zurück: *»Wir haben eine Verzögerung bei der Lieferung. Ehrlich gesagt hätte ich die Bestellung früher tätigen müssen. Nur hatte ich leider so viel mit dem Monatsabschluss zu tun und außer-*

dem hatte ich keine Unterstützung von den Kollegen.« Und trotz eines zuerst ehrlich gemeinten Eingeständnisses, verfällt man in das alte Muster und hat gleich auch noch den Kardinalfehler begangen, anderen Kollegen die Schuld zu geben. Mehr als sämtliche Konsequenzen fürchten wir nun mal, dass unser Ansehen, also unser Ego Schaden nimmt. Selbstachtung ist und bleibt mit das Wichtigste, was wir im Leben haben.

Dabei könnten Sie mit Fehlern so umgehen, dass Sie dafür sogar respektiert werden und die Achtung Ihrer Mitmenschen und somit Ihre Selbstachtung steigt. Und das ist ganz einfach: Zeigen Sie Größe!

Genau das erwartet auch Ihr Vorgesetzter. Die wenigsten Chefs mögen solche kritischen Gespräche. Im Grunde wollen sie nur eins, dass das Problem ausgeräumt wird, und zwar so, dass es nie wieder auftaucht. Genau diesen Eindruck sollten Sie vermitteln.

Lösung: Minimierende Rationalisierung und Kontrollillusion

Wenn Sie mit einem Fehler konfrontiert werden, dann gibt es im Wesentlichen zwei Situationen. Entweder Ihr Chef ist auf etwas gestoßen und spricht Sie direkt darauf an oder Sie selbst gehen in die Offensive und weisen auf ein Versäumnis proaktiv hin. In beiden Fällen sollten Sie als Allererstes den Fehler durch die Technik der minimierenden Rationalisierung auf sein reelles Mindestmaß reduzieren. Das heißt nicht, ein Versäumnis zu verharmlosen, sondern lediglich aus einer vermeintlichen Katastrophe ein greifbares und damit lösbares Problem zu machen.

Sollte Ihr Chef zu denjenigen Menschen gehören, die ihrer Wut freien Lauf lassen oder Sie gar vor versammelter Mannschaft zusammenfalten, dann werden Sie in einer solchen Situation nicht viel gewinnen können. Denn selbst wenn Sie das eigentliche Problem relativieren und es tatsächlich viel kleiner ist als gedacht, wird er dennoch nicht zurückrudern. Denn einerseits ist er völlig emotionsgetrieben und Wut schaltet meist das Denken aus. Andererseits kann er gerade vor versammelter Mannschaft nicht zurückrudern, denn dann müsste er vor mehreren Menschen eingestehen, dass er übertrieben hat. Aus diesem Grund müssen Sie ihn auf ein Terrain führen, auf dem Sie überhaupt eine Chance haben, die Oberhand zu gewinnen. Im Klartext heißt das: Wenn er Sie vor versammelter Mannschaft anfährt, müssen Sie das Gespräch auf eine Vier-Augen-Ebene überführen, denn nur dann kann er ohne Gesichtsverlust zurückrudern, und wenn er wütend ist, müssen Sie diese Wut rausnehmen.

Um einen öffentlichen Anpfiff in eine Vier-Augen-Situation zu überführen, reicht meist ein einfacher Satz. »*Sie haben da bestimmt recht. Ich würde das aber gerne noch im Anschluss mit Ihnen persönlich besprechen, damit mir das nicht wieder passiert.*« Dieser Satz vereint mal wieder gleich drei methodische Kniffe. Sie geben ihm vorläufig recht, eine abgewandelte Variante der Heldenmethode. Sie nehmen sein Anliegen ernst, weswegen Sie es persönlich noch erörtern wollen, und letztlich geben Sie ihm einen Nutzen für das Vier-Augen-Gespräch, nämlich *damit das eben nicht wieder passiert*. Dieser einfache Satz bringt für Sie maximale Wirkung und Sie können dann im späteren Vier-Augen-Gespräch die nachfolgenden Techniken nutzen, um dafür zu sorgen, dass er Ihnen Ihren Fehler gar nicht mehr verübelt.

Um den Wutanfall Ihres Chefs zu bremsen, müssen Sie einfach nur die Eigenarten von Wut konterkarieren. Wer wütend ist, redet schnell und laut. Beides hängt zusammen, also wer laut redet, redet meist schnell, und wer schnell redet, spricht meist laut. Wenn Sie nur eine der beiden Verhaltensweisen ändern, verfliegt bereits die Wut! Auch das geht durch einfache Sätze. Hier einer meiner absoluten Favoriten:

»Ich kann vollkommen verstehen, wie wütend Sie sind, aber könnten Sie bitte etwas langsamer reden, damit ich mir Notizen machen kann und ich den Fehler nicht wieder mache?« Zücken Sie dann einen Stift und machen Sie Anstalten, ernsthaft mitzuschreiben. Sofort wird Ihr Gegenüber langsamer sprechen und ruhiger werden. Natürlich geht die Methode auch ohne Stift: *»Es tut mir sehr leid, dass Sie so wütend sind. Könnten Sie aber bitte etwas langsamer reden. Ich krieg das gar nicht so schnell mit.«* Auch wenn der tobende Chef erst mal genau das Gegenteil macht oder gar lakonisch reagiert, haben Sie sein Verhalten konditioniert. Warten Sie einfach ein paar Sekunden ab und Sie werden sehen, wie sein Wutanfall abklingt und er sich langsam beruhigt.

Wenn Sie noch unsicher sind, dann verwenden Sie diese Methode das nächste Mal, wenn Ihr Lebenspartner Sie wegen etwas anschreit. Brüllen Sie nicht zurück, sondern bitten Sie ihn, ruhiger zu sprechen. Sie werden sehen, wie unglaublich wirksam diese Methode ist.

Damit haben Sie erst mal das Gefühl der Wut gedämpft, aber noch lange nicht das Problem selbst gelöst. Und das Problem ist im Moment gewaltig! Es steht wie ein riesiger Brontosaurus im Raum und macht jede Bewegung unmöglich. Außer Sie nutzen die Methode der Rationalisierung und machen Ihrem Vorgesetzten klar, dass es sich nicht um einen Brontosaurus, sondern um eine kleine Eidechse handelt. Ist zwar immer noch lästig, aber lösbar.

Wenn zum Beispiel in einer Programmierung etwas schiefgegangen ist und Ihr Chef Ihnen völlig aufgelöst die Hölle heißmacht, dann rechtfertigen Sie sich nicht, sondern fragen Sie nach den Auswirkungen des Problems. Versuchen Sie gemeinsam zu verstehen, welche Konsequenzen daraus für Ihren Kunden und Ihr Unternehmen entstehen. Schnell wird so aus einer unüberschaubaren Katastrophe, bei der alle Kunden drohen abzuspringen, nur noch das Problem von zwei Kunden, die davon betroffen sind, von denen wiederum nur ein Kunde etwas gemerkt hat, der aber dennoch den Vertrag nicht kündigen will. Sie machen aus einem Brontosaurus eine Eidechse. Das bedeutet auch, dass Sie nicht sofort in hektischen Aktionismus ausbrechen, sondern ganz klar alles gemeinsam mit dem Vorgesetzten analysieren sollten.

Egal wie aggressiv Ihr Vorgesetzter Sie mit Ihrem Versäumnis konfrontiert: Machen Sie sich unbedingt Notizen. Das mindert nicht nur die Wut, wie wir vorher gesehen haben, sondern unterstreicht auch, dass Sie nichts kleinreden wollen, auch wenn Sie es ja in gewisser Weise gerade tun – sondern Sie vermitteln damit, wie ernst Sie die Sache nehmen. Schreiben wird bereits als Handeln wahrgenommen und Ihr Vorgesetzter versteht, dass Sie etwas unternehmen. Das funktioniert übrigens eher im Beruflichen. (Wenn Ihr Lebenspartner Ihr Chef ist, dann bitte nicht Stift und Notizzettel zücken, wenn er oder sie wütend ist, weil Sie nie den Abwasch machen. Jede Methode muss natürlich zur Situation passen.)

Dabei ergibt sich in der Praxis ein sehr interessanter Effekt. Auch der Chef will, dass das Problem kleiner ist, als es erscheint. Also geht er gerne mit, wenn Sie Schritt für Schritt das Problem analysieren und dadurch verkleinern. Dann kommt es zu einem Punkt, wo er instinktiv bemerkt, dass das Problem viel harmloser ist, als er dachte. Nun tritt eine Wahrnehmungsdissonanz auf, das heißt, die Gefühle und die Realität Ihres Vorgesetzten passen nicht mehr zusammen. Denn unsere instinktiven Gefühle reagieren schneller bei einer Gefahreneinschätzung als unser Verstand, aber während es unser Verstand schneller erkennt, wenn eine Gefahr gebannt ist, brauchen die Gefühle deutlich länger. Das kennen wir, wenn wir mal auf der Autobahn im Augenwinkel eine vermeintliche Bewegung mitbekommen. Sofort schießt das Adrenalin hoch, unser Puls rast und dann begreift unser Verstand, dass es nur ein harmloser Schatten war. Trotzdem zittern wir weiter und fahren erst mal an der nächsten Ausfahrt raus. Weil sich unsere Gefühle weiter im Chaos befinden, platzt es aus uns raus: »*Mensch, das war knapp. Da hätte ja echt was passieren können.*« Was hätte passieren können, was war knapp? Rein gar nichts! Aber wir müssen die Realität mit unseren Gefühlen zusammenbringen, und weil wir die Gefühle nicht im Griff haben, passen wir die wahrgenommene Realität an. Nicht anders geht es dem Chef. Deswegen werden Sie, nachdem Sie das Problem sachlich minimiert haben, dennoch mit ziemlicher Sicherheit so etwas hören wie: »*Ja, das hätte aber auch schiefgehen können.*« Argumentieren Sie nicht gegen dieses Restgefühl an. Es lohnt sich nicht, denn der Verstand Ihres Chefs hat bereits begriffen, dass das Problem gar nicht so groß war, wie es zunächst schien.

Damit haben Sie also erst mal das Problem auf die tatsächliche Größe runtergedampft. Nun sollten Sie nicht den Fehler machen, sich einfach zu entschuldigen und zur Tagesordnung überzugehen. Klingt selbstverständlich? Ist es aber nicht. In vielen Unternehmen kann man genau das beobachten. Selbst wenn die Führungskraft kein Tyrann ist, sorgt allein die Kritik dafür, dass die Mitarbeiter nur mühsam rauspressen: »*Tut mir leid. Ich werde darauf achten, dass das nie wieder vorkommt.*« Selbst wenn Sie es ehrlich meinen, wirkt dies komplett unglaubwürdig und halbherzig. Wer ein Problem hat, will eine Lösung, und diese müssen Sie bieten.

Die US-amerikanische Psychologin Fiona Lee hat eindrucksvoll gezeigt, wie man es richtig macht. Hierfür sollten Teilnehmer in einem Experiment jeweils einen von zwei fiktiven Unternehmensberichten lesen. Beide Berichte enthielten Begründungen der Unternehmen, wieso sie in dem Geschäftsjahr so schlecht abgeschnitten hatten. Während der erste Bericht strategische Fehlentscheidungen als Ursache nannte, verwies der Bericht des zweiten Unternehmens auf äußere, nicht zu beeinflussende Faktoren. Nun würde man meinen, dass ein Unternehmen, das sich selbst die Schuld für schlechtes Abschneiden gibt, weniger gut bei den Lesern des Berichts wegkommt als ein Unternehmen, das nüchtern betrachtet für die Probleme nichts kann. Das Gegenteil war aber der Fall. Das Unternehmen, das die Probleme in den eigenen strategischen Fehlentscheidungen sah, wurde deutlich besser bewertet.

Fiona Lee beließ es aber nicht dabei, sondern untersuchte Hunderte ähnlicher Begründungen von 14 real existierenden Unternehmen. Unternehmen, die die Ursachen für ein schlechtes Abschneiden in eigenen Fehlern sahen, wiesen im folgenden Jahr eine deutlich bessere Entwicklung des Aktienkurses auf als jene, die die Probleme in äußeren Umständen sahen. Ein Aktienkurs sagt nicht unbedingt etwas über die tatsächliche Unternehmensleistung aus, jedoch viel über das Vertrauen in dessen Zukunftsfähigkeit. Fiona Lee folgerte, dass die Anleger ein Unternehmen präferierten, das zwar die Fehler selbst machte, aber darüber die Kontrolle hatte, diese zu beheben – im Gegensatz zu Unternehmen, die wie eine Nussschale den Wogen des Meeres ausgeliefert waren.

Wenn Sie also ein kritisches Gespräch mit Ihrem Chef zu Ihren Gunsten drehen wollen, dann zeigen Sie klar, dass Sie die Ursachen des Versäumnisses abstellen können, Sie also die Kontrolle über die Situation haben. Benennen Sie also nicht nur Ursachen, sondern auch die Wege, wie Sie dafür sorgen, dass das Problem nicht wieder auftaucht. Zwar bedeutet dies oft, dass Sie den Fehler auf Ihre Kappe nehmen, aber das ist besser, als den Eindruck zu erwecken, dass Sie nicht Herr der Lage sind. Wenn Ihnen nicht sofort etwas einfällt, ist das auch kein Problem. Dann sagen Sie einfach, dass Sie sich ein paar Gedanken machen werden und nächste Woche Maßnahmen nennen werden, wie das nicht mehr vorkommt. Wenn Sie diese Zusage dann auch einhalten, wird Ihr Chef Sie mehr schätzen, als er es zuvor getan hat, denn Sie sind nicht nur kritikfähig, sondern auch lösungsorientiert.

Eignet sich auch:

➤ Bei Bewerbungsgesprächen, wenn Sie eine Schwäche einräumen müssen.

➤ Wenn Ihr Lebenspartner Ihnen Vorwürfe macht (dann sollten Sie aber auch wirklich Mühe zeigen, die Situation zu ändern, sonst geht die Sache nach hinten los).

➤ Wenn der Lehrer sich bei Ihnen über Ihr Kind beschwert.

Drehen Sie das Feedback-Gespräch Ihres Chefs zu Ihren Gunsten

Turnusmäßige Mitarbeitergespräche gehören zum grundlegenden Handwerkszeug des Führungsmanagements und sind Segen und Fluch zugleich. Keiner mag sie, weder Vorgesetzte noch Mitarbeiter, aber dennoch müssen sie gemacht werden. Und selbst wenn Sie eine überdurchschnittlich gute Leistung erbracht haben und alle zuvor beschriebenen Methoden angewendet haben, damit diese auch entsprechend wahrgenommen und gewürdigt wird: Mitarbeitergespräche sind selten angenehm, geschweige denn konstruktiv.

Die Sicht des Chefs

Die Grundintention eines Mitarbeitergesprächs ist es, etwas zu verbessern. Da sich aber diejenigen Dinge am leichtesten verbessern lassen, die schlecht sind, dreht sich jedes Mitarbeitergespräch früher oder später um die Verfehlungen und nicht um die guten Leistungen. Hinzu kommt noch, dass in solchen Gesprächen meist auch eine mögliche Gehaltserhöhung angesprochen wird. Ein Vorgesetzter bringt sich immer in eine bessere Verhandlungsposition, wenn er vorher den Mitarbeiter ordentlich kritisiert hat, denn dann fallen die Erwartungen geringer aus. Es ist ein Dilemma von Führungskräften, dass sie nur ein begrenztes Budget zur Verfügung haben, und selbst wenn alle ihre Mitarbeiter Spitzenleistungen erbracht haben, müssen sie Abstufungen machen.

Gerade wegen dieser tendenziell negativen Gesprächsdynamik, die beiden Seiten bewusst ist, entwickelt sich die Eröffnung meist zu einem sehr verkrampften Vorspiel. Man beginnt erst mal mit den positiven Dingen, aber beide Parteien wissen, dass der Hammer noch kommt. Vielleicht meint es Ihr Vorgesetzter wirklich gut mit Ihnen und hat nichts Böses im Sinn, aber damit der arme Mitarbeiter »über sich hinauswachsen« kann, beschäftigt er sich 20 Prozent des Gesprächs mit den positiven Dingen und 80 Prozent mit den negativen. Das ist ein ziemlich solider Richtwert, der in den meisten Mitarbeitergesprächen zu finden ist, unabhängig davon, wie gut oder schlecht jemand wirklich ist. Hinzu kommt, dass wir in Deutschland keine Lobkultur haben. Wir neigen dazu, rumzujammern und zu mäkeln, und das selbst auf höchstem Niveau. Dies kann eine positive Eigenschaft sein, führt sie doch zu ständig optimierten Prozessen und hervorragenden Produkten, für die wir in der ganzen Welt berühmt sind. Im zwischenmenschlichen Bereich ist dies aber ein ziemlicher Rohrkrepierer. Nun könnten Sie mit dieser Erkenntnis ein solches Gespräch auch einfach mental durchwinken. Aber dennoch gehen Sie beide mit negativen Gefühlen aus einem solchen Gespräch raus. Das ist nicht sonderlich angenehm. Außerdem verfestigen sich in der Erinnerung Ihres Vorgesetzten Ihre Verfehlungen, die nun mal jeder hat, und Ihre Errungenschaften gehen unter. Das kann niemals ein optimales Ergebnis sein. Umso ungünstiger ist dies, wenn Sie im Anschluss vielleicht eben doch eine Gehaltserhöhung rausschlagen wollen. Wie soll das noch gelingen, wenn man 80 Prozent der Zeit auf Ihren Verfehlungen rumgeritten ist. Nehmen Sie also das Heft des Handelns in die Hand und drehen Sie das Mitarbeitergespräch zu Ihren Gunsten. Durch die vorherigen Kapitel verfügen Sie bereits über die perfekte Vorbereitung, Kritik und selbst die Wut Ihres Chefs abzufedern. Jetzt geht es in die Feinabstimmung.

SIE LEISTEN ERSTKLASSIGE ARBEIT.
ES IST FÜR MICH NUR ZU TEUER, DAS ZUZUGEBEN!

Lösung: Geleitete Gesprächsdominanz

Eine sehr verbreitete und von Führungstrainern gern gelehrte Methode ist folgende Gesprächseröffnung durch den Vorgesetzten:
»Wie schätzen Sie Ihre Leistung denn ein?« Damit liegt der Ball beim
Angestellten, und das ist ziemlich raffiniert, denn in unserer Gesellschaft gilt es als unhöflich, sich selbst zu loben, weswegen der Mitarbeiter ein paar positive Aspekte nennt, um sich dann schnell und
übereilig in Selbstgeißelung zu üben. Damit bieten Sie eine Steilvorlage, und Ihr Vorgesetzter braucht Sie nur noch zu zitieren und darauf aufbauend zu begründen, wieso Sie keine oder eine geringere
Gehaltserhöhung bekommen als erwartet. Wenn Sie Pech haben,
enthüllen Sie sogar Verfehlungen, von denen Ihr Chef gar nichts

wusste. Sie können also hier nur der Verlierer sein, wenn Sie es nicht geschickt anstellen.

Wenn Ihr Chef also diesen klassischen Einstieg wählen und Ihnen den Ball zuspielen sollte, dann machen Sie das Pflichtprogramm ruhig mit. Jedoch zu Ihren Regeln! Nennen Sie ruhig ausführlich ein paar positive Aspekte. Haben Sie keine Scheu, unbescheiden zu wirken! Ihr Vorgesetzter hat Sie nach der Einschätzung Ihrer Leistung gefragt, also los! Mit falscher Bescheidenheit schaden Sie nur sich selbst und es kommt ohnehin gleich noch die Gelegenheit, sich als selbstkritisch darzustellen. Fassen Sie sich dabei aber nicht zu kurz. Zeigen Sie, wie von Ihren Stärken und Leistungen auch Ihre Kollegen, Ihre Abteilung, Ihr Unternehmen und somit auch Ihr Vorgesetzter profitiert haben, und seien Sie dabei selbstbewusst. Denken Sie auch an die Kniffe, die wir vorher behandelt haben. Reden Sie nicht nur über Leistung, sondern auch über Steigerung und die Mühe, die Sie investiert haben.

Also nicht: »*Ich glaube, ich bin meistens recht pünktlich.*«

Sondern: »*Ich bin immer sehr pünktlich, damit sich meine Kollegen und das Team auf mich verlassen können. Dadurch konnten wir auch einige Kunden überzeugen, so hat zum Beispiel ein Kunde das neulich lobend in einer E-Mail erwähnt.*«

Wir haben hier auch einen weiteren wichtigen Kniff gesehen. Unterfüttern Sie Positives wenn möglich mit Beweisen, Fakten, Daten. Ist Ihre Leistung messbar, zum Beispiel höherer Umsatz, geringere Kundenbeschwerden, schnellere Arbeit? Dann belegen Sie es ruhig, denn damit überzeugen Sie viel mehr. Ziehen Sie auch Kundenzitate heran. Selbst wenn Ihnen ein Kunde mündlich gedankt oder Sie gelobt hat und Sie keinen schriftlichen Beweis haben, erwähnen Sie diese Kundenstimme. Sie stehen ja nicht vor Gericht, wo alles belegt werden muss. Machen Sie diese Kunden aber für Ihren Chef »greifbar«. Das bedeutet, dass Sie Namen nennen sollten, und falls Ihrem Vorgesetzten der Name nichts sagt, dann beschreiben Sie die Person: »*Eine ältere Dame, so um die 70 Jahre, war ganz begeistert…* « Denken Sie auch an die Hollywoodregeln des Storytelling. Diese funktionieren auch hier!

Nennen Sie ruhig drei bis vier Erfolge und positive Eigenschaften. Aber verschießen Sie nicht das ganze Pulver! Behalten Sie rund zwei starke, gute Leistungen für später. Wie wir gleich sehen werden, werden Sie sie noch brauchen!

Jetzt beginnt die Phase, in der Sie auch Ihrem Chef entgegenkommen müssen und zeigen sollten, dass Sie selbstkritisch sind. Nennen Sie nun zwei, maximal drei Verfehlungen. Hier sollten Sie die folgenden Regeln unbedingt einhalten:

1. Nennen Sie nicht einfach eine Schwäche, sondern was Sie verbessern möchten. Vergleichen Sie mal die folgenden beiden Aussagen:
   »*Ich kommuniziere schlecht mit meinem Team.*«
   oder
   »*Ich muss in der Teamkommunikation besser werden.*«
   Was klingt besser? Im ersten Fall sagen Sie, wie schlecht Sie sind, im zweiten Fall sagen Sie, wo Sie planen, etwas zum Besseren zu ändern. Sie signalisieren Aussicht auf Besserung und das wirkt viel positiver.
2. Nun begründen Sie, wieso Sie besser werden wollen. Wenn Sie den Eindruck vermitteln, Sie würden dies nur tun, weil man Sie angeranzt hat, nimmt man Ihnen Ihre Bemühungen nicht ab. Sie wirken egoistisch und unmotiviert. Wenn Sie aber das Team oder das Unternehmen in den Vordergrund stellen, signalisieren Sie Sozialkompetenz und wirklichen Willen zur Veränderung:
   »*Ich will vermeiden, dass meine Kollegen in Zukunft Schwierigkeiten bekommen, nur wegen leicht lösbarer Probleme in der Kommunikati-*

on.« Sie verbessern sich für Ihre Kollegen, weil Sie teamorientiert sind. Alternativ können Sie auch das Interesse der Abteilung, der Kunden, des Unternehmens oder des Chefs betonen.

Ist Ihnen noch etwas aufgefallen an der Formulierung? Im zweiten Teil sagen Sie nicht »*nur weil ICH schlecht kommuniziere*« sondern Sie verallgemeinern den Fehler und schaffen somit unbewusst Distanz zu sich und der Schwäche, obwohl Sie die Schwäche zugeben. Das ist ein sehr wirksamer Kniff und ein alter Politikertrick, der aber fast immer funktioniert. Wenn ein Politiker mal einen Fehler einräumen muss, weil dieser zu offensichtlich ist, dann sagt er nie: »*Ich habe einen Fehler gemacht.*« Sollte er diesen Satz doch mal sagen, dann nur als Einleitung für einen Rücktritt. Sie wollen ja nicht zurücktreten, also machen Sie es wie Politiker. Diese reden bei persönlichen Fehlern nämlich eher davon, dass *man* die Situation falsch eingeschätzt habe oder *wir* einem Irrtum erlegen seien. Natürlich können Sie das Wort *ich* nicht gänzlich vermeiden, sonst klingen Sie seltsam gekünstelt. Aber Sie sollten es auch nicht bei der Schwächenanalyse überbetonen, sondern die genannten Alternativen nutzen. Anders sieht es hingegen bei der Lösung aus, die Sie danach Ihrem Vorgesetzten beschreiben. Denn Lösungen anzubieten ist eine Stärke, und zwar IHRE Stärke!

Das klingt dann zum Beispiel so: »*Tatsächlich ist das eine Schwäche. Ich habe mir dazu jedoch einige Gedanken gemacht und habe folgende Lösungen gefunden, wie ich dafür sorge, dass das nicht mehr vorkommt.*« Oder: »*Ich weiß, dass ich daran arbeiten muss. Deswegen habe ich mich auch mit meinen Kollegen zusammengesetzt und bereits Folgendes umgesetzt.*«

3. Sie haben sich nun optimal kooperativ, teamfähig und einsichtig gezeigt, dennoch kann Ihr Chef in Versuchung geraten, auf Ihren Verfehlungen rumzureiten. Also ist es höchste Zeit für einen positiven Abschluss. Wie gesagt sollten Sie ja zu Beginn nicht gleich alle guten Leistungen verschießen, sondern einige in der Hinterhand behalten. Diese spielen Sie jetzt aus. Tun Sie so, als ob sie Ihnen gerade erst eingefallen sind: »*Ach so, da fällt mir*

noch etwas Positives ein. Wie konnte ich das nur vorhin vergessen.« Und los geht es. Erzählen Sie ruhig ein wenig. Nutzen Sie wieder das Storytelling und binden Sie auch die Leistung der Kollegen mit ein. Lassen Sie sich auch nicht vom Kurs abbringen, wenn Ihr Chef etwas genervt oder irritiert schaut. Sie haben ihn von seinem Weg abgebracht und das irritiert jeden. Sie müssen von Ihren Schwächen ablenken und ihn wieder in positive Gefilde bringen, um einen positiven Abschuss zu finden. Da lohnt es sich, ein wenig Irritation in Kauf zu nehmen.

Wenn Sie das Gespräch wieder auf eine positive Ebene gebracht haben, wird es nun für Ihren Vorgesetzten relativ schwierig sein, Sie komplett schlechtzureden. Nun könnten Sie sich damit zufriedengeben und wenn das Gespräch beginnt, sich um die Gehaltserhöhung zu drehen, aus einer soliden Position starten.

Aber wer wirklich Menschen beeinflussen will, gibt sich damit nicht zufrieden. Denn es gibt einen Weg, mit dem Sie sich eine noch bessere Position erarbeiten. Bisher hat der Chef immer die Fragen gestellt und die Gesprächsführung gehabt. Nun drehen Sie den Spieß doch einfach mal um! Sie glauben, das funktioniert nicht? Und wie das funktioniert! Wenn Ihr Chef Sie permanent gefragt hat, was Sie planen, um das Unternehmen voranzutreiben, denn darum geht es bei solchen Gesprächen ja, dann stellen Sie ihm die Frage, was er die nächsten Monate plant. Dabei treten Sie natürlich nicht wie ein Großinquisitor auf, sondern mehr wie ein wohlwollender Partner, man könnte auch sagen, wie ein Arzt oder Psychologe.

Wieso das funktioniert, ist ganz einfach, denn auch der Chef hat seine Sorgen und Nöte. Selbst wenn er der Inhaber des Unternehmens ist, hat er Pläne und damit sind nicht die üblichen Plattitüden gemeint, die am Anfang eines Mitarbeitergesprächs vom Stapel gelassen werden, wie *Umsatzsteigerung* und *Marktanteile* oder *Qualitätsoffensive*.

Um bei dem Beispiel des Arztes oder Psychologen zu bleiben, verhalten Sie sich genauso und stellen Sie ernst gemeinte Fragen:

1. *Was sind denn genau die Pläne für das nächste Jahr?*
2. *Wo sehen Sie die größten Herausforderungen und Prioritäten?*
3. *Wie kann ich Sie dabei unterstützen?*

Es ist immer wieder erstaunlich zu beobachten, wie offen die Antworten nach einem anfänglichen Zögern kommen. Denn einerseits sind Chefs auch nur Menschen und viele sind ganz dankbar, wenn man etwas genauer nachfragt. Außerdem haben Sie sich durch diesen Ansatz annähernd auf die gleiche Stufe gebracht. Sie vermitteln Ihrem Chef, dass Sie seine Sicht verstehen, und er hat das Gefühl, in Ihnen einen Partner im Geiste zu haben.

Jetzt kommt aber der eigentliche Kniff. Machen Sie nun Vorschläge, wie er seine Zusammenarbeit mit Ihnen verbessern kann, damit Sie gemeinsam das Ziel erreichen. Mit ein wenig Fingerspitzengefühl kommen Sie schnell ans Ziel:

»Könnten Sie mir häufiger Informationen geben, dann kann ich da auch schneller drauf reagieren, so dass wir die Fehlerquote senken.«

Oder:

»Da liegt ja eine Menge vor uns. Wenn Sie mir Einblick in die Schichtpläne geben, kann ich das mit den Mitarbeitern besser einplanen.«

Vielen fehlt es hier an Mut, aber Erfolg ist mit den Mutigen. Eigentlich brauchen Sie gar keinen Mut, denn Sie werden nichts verlieren, aber mit Sicherheit eine Menge gewinnen! Denn endlich hat Ihr Chef mal einen Mitdenker und nicht nur einen Mitarbeiter. An der Spitze ist es immer einsam und da tut es gut, wenn man das Gefühl hat, jemanden an seiner Seite zu haben. Außerdem haben Sie Ihren

Chef damit auf Ihre Ebene gezogen. Er fühlt sich zwar nicht kritisiert, weiß aber gleichzeitig, dass er nicht unfehlbar ist. Deswegen werden Sie nicht gleich die besten Freunde, aber Sie haben eine gemeinsame Basis. Eine ideale Ausgangssituation für die Zukunft!

Eignet sich auch:

➤ Bei einem Gespräch mit einem großen Kunden oder dem Vorstand eines Kundenunternehmens.

➤ Bei dem Versuch, der Beziehung zu den Schwiegereltern einen Neustart zu verpassen (auch wenn das deutlich unangenehmer sein kann als ein Gespräch mit dem Vorgesetzten).

➤ Bei einem klärenden Gespräch mit dem besten Freund oder der besten Freundin.

Steigern Sie Ihre Chancen bei der Gehaltserhöhung

Auch wenn Sie ein gutes Mitarbeitergespräch geführt haben, führt das nicht automatisch zu den von Ihnen gewünschten Gehaltserhöhungen, denn diese fallen selten wie Regen vom Himmel. Und selbst wenn spontan Ihr Gehalt angehoben werden sollte, dann können Sie davon ausgehen, dass dieses nicht so hoch ausfällt, wie es eigentlich möglich gewesen wäre. Wer nicht selbst seine Gehaltserhöhung vorantreibt, ist letztlich so oder so der Dumme. Natürlich ist das ein unangenehmes Thema, nicht nur weil man Angst vor einer Ablehnung hat, sondern auch weil man in solch einem Fall befürchtet, dass dann die Beziehung belastet ist. Gespräche rund um die Gehaltserhöhung verlaufen selten gut, denn einer bleibt meist gefrustet zurück. Entweder Sie oder Ihr Chef. Selbst wenn er Ihre Forderungen ordentlich gedrückt hat, fühlt er sich nicht wohl, denn er weiß, dass er Sie vor den Kopf gestoßen hat, und befürchtet nun, dass Ihre Leistung in den Keller geht. Aber das sollte kein Hindernis sein, denn was ist besser, dass Sie sich gut fühlen – oder Ihr Chef?

Die Sicht des Chefs

Eben weil solche Gespräche Ihrem Vorgesetzten genauso unangenehm sind wie Ihnen, neigt er dazu, der Sache aus dem Weg zu gehen. Schließlich muss er sein begrenztes Budget verteidigen, von dem Sie nun ein größeres Stück abhaben wollen. Hinzu kommt noch die Sorge, dass sich Ihre Gehaltserhöhung bei den Kollegen rumsprechen könnte, selbst wenn Sie noch so verschwiegen sind. Je mehr Sie bekommen, umso mehr wollen die anderen. Das beruhigt nicht gerade.

Und selbst wenn Ihnen bei absoluter Betrachtung Ihrer Leistung eine Gehaltserhöhung zustünde, wird Ihr Vorgesetzter Sie mit anderen Kollegen vergleichen. Er wird jeden Grund suchen, wieso Sie keine oder eine geringere Erhöhung als Ihr Kollege verdient haben, nur um sich selbst gegenüber seine Ablehnung zu rechtfertigen. Sitzt er dann in dem Gespräch mit dem anderen Kollegen, so dreht sich der Spieß und er findet alle möglichen Gründe, wieso dieser schlechter ist, nur um das Gehalt möglichst wenig zu erhöhen.

Bitte verstehen Sie mich nicht falsch. Ich kritisiere nicht das Verhalten des Vorgesetzten. Sie sitzen nur an gegenüberliegenden Seiten des Tischs.

Was Sie vermeiden sollten

Oft kommen Angestellte auf die Idee, Ihre Gehaltforderungen mit persönlichen Situationen zu rechtfertigen. Der Partner habe seine Arbeit verloren, man habe sich getrennt oder die Betreuungskosten der Kinder seien so hoch. Natürlich gibt es menschlich schlimme Situationen, aber viele Vorgesetzte reagieren sehr allergisch auf solche Gründe, so verständnisvoll Ihr Chef oder Ihre Chefin sonst auch sein mag. Im Prinzip betreibt man mit dieser Tränendrüsentaktik emotionale Erpressung, und wer lässt sich schon gerne erpressen? Selbst wenn Sie damit zum Ziel kommen sollten, ist dies ein Pyrrhussieg. Denn langfristig dominieren in der Wahrnehmung Ihres Vorgesetzten nicht mehr Ihre Leistungen, sondern Ihre privaten Probleme. Eine denkbar schlechte Situation, denn Sie punkten nur noch über den Mitleidsbonus.

Auch sollten Sie niemals den Rat sogenannter Experten befolgen, aufzuführen, was man alles mehr geleistet habe, und dies als Argumentation für mehr Gehalt heranzuziehen. Was als Erstes logisch erscheint, schadet Ihnen in Wirklichkeit. Das zeigt ein interessantes Experiment zu diesem Thema.

Hierfür luden wir 60 Studenten ein und sagten ihnen, dass sie die Tätigkeit einer Hilfskraft überwachen sollten, um dann nach der Hälfte der erbrachten Zeit die Leistungen der Hilfskräfte durch Bonuszahlungen zu steigern. Hierfür hatte jeder Student 50 Euro zur Verfügung und war für drei Hilfskräfte verantwortlich. Den Studenten wurde mitgeteilt, dass die Hilfskräfte pro Stunde zwölf Euro erhielten und pro Stunde mindestens 100 Umschläge mit Prospekten und Anschreiben zu befüllen hatten. Jede Hilfskraft wurde jeweils nacheinander von 20 Studenten beobachtet. Um jegliche Kommunikation zu unterbinden, saßen die Studenten einzeln hinter einem Einwegspiegel getrennt von denjenigen, die sie zu beaufsichtigen hatten. Die vermeintlichen Hilfskräfte waren natürlich von uns explizit instruiert worden. Eine Hilfskraft sollte exakt 100 Umschläge in der ersten Stunde fertigstellen, die zweite Hilfskraft wiederum 140 Umschläge und die dritte Hilfskraft schließlich 100 Umschläge. Nach der ersten Stunde wurde eine kurze Pause eingelegt und die vermeintlichen Hilfskräfte wurden von einem unabhängigen

Moderator gefragt, ob sie glaubten, dass sie an ihre maximale Leistungsgrenze gelangt seien, oder ob sie durch eine finanzielle Motivation, über deren Höhe der beobachtende Student entscheiden sollte, noch schneller arbeiten würden. Die Studenten konnten die Antworten der Hilfskräfte hören und dann entscheiden, ob und wie viel sie von ihrem Budget in Höhe von 50 Euro zur Leistungssteigerung abgeben würden. Wie gesagt waren die Hilfskräfte genau von uns instruiert, was sie zu antworten hatten.

Die erste Hilfskraft mit den 100 Umschlägen verneinte entsprechend und erklärte, dass die Arbeit anstrengend sei und sie mit einem finanziellen Leistungsanreiz in ausreichender Höhe allenfalls nochmals die 100 Umschläge schaffen würde.

Die zweite Hilfskraft gab an, dass sie mit 140 Umschlägen das Maximum erreicht hätte, was ohnehin über dem Schnitt läge, und ihr somit eine zusätzliche Bezahlung zustünde, sie aber ihre Leistung danach nicht weiter steigern könnte.

Die dritte Hilfskraft, die wie die erste Hilfskraft ebenfalls genau die Erwartung von 100 Umschlägen erfüllt hatte, erklärte hingegen, dass sie durchaus bei einem entsprechenden Anreiz 140 Umschläge befüllen würde.

Was meinen Sie, wer den höchsten Bonus als Anreiz bekam? Die Studenten gaben der ersten Hilfskraft im Schnitt zwei Euro. Die zweite hingegen, deren Leistung bereits überdurchschnittlich war, bekam im Schnitt vier Euro. Klar, sie hatte ja auch mehr geleistet. Die dritte Hilfskraft aber bekam ganze sieben Euro! Und das, obwohl im Schnitt die mittlere Hilfskraft durch ihre dauerhaft hohe Leistung mehr geleistet hatte. Der Grund dahinter ist simpel. Es ging ja um einen Leistungsanreiz. Bereits erbrachte Leistungen galten schon als bezahlt. Aber eine Leistungssteigerung musste wiederum vergütet werden. Anders ausgedrückt: Wir bezahlen lieber für das, was wir noch bekommen, als für das, was war. Deswegen ist die Zahlungs-moral bei Anzahlungen höher als nach Erhalt einer Ware.

Wenn Sie also Ihre vergangene Leistung betonen, dann sind Sie wie die zweite Hilfskraft. Sie werden weniger bekommen, als wenn Sie den Fokus des Vorgesetzten auf Ihre zukünftige Leistung setzen.

Lösung: Optionsverschiebung – Rahmung – Verbindlichkeit schaffen

Mit diesem Wissen können Sie Ihre perfekte Strategie für eine Gehaltserhöhung ableiten:

Die Vorbereitung

Natürlich ist es hilfreich, Ihre Leistungen und Erfolge der Vergangenheit klar aufzulisten. Auch hier gilt wieder, machen Sie Ihre Leistung messbar. Zeigen Sie den klaren Mehrwert. Aber wir haben gesehen, dass das allein nicht wirklich reicht. Setzen Sie sich deswegen konkrete Ziele für das kommende Jahr. Diese sollten ebenfalls einen klaren Mehrwert für Ihren Arbeitgeber bieten. Also nicht einfach ein paar Fortbildungsseminare nennen, an denen man teilnehmen möchte, sondern was Sie konkret beabsichtigen, wie Sie anstreben, dieses zu erreichen, und was es dem Arbeitgeber bringt. So vorbereitet können Sie in das eigentliche Gespräch gehen.

Der richtige Zeitpunkt

Zahlreiche Studien zeigen, dass unser innerer Widerstand, und somit die Bereitschaft, gegen etwas anzukämpfen, am geringsten ist, nachdem, zeitlich gesehen, ein Drittel der zu erbringenden Leistung hinter uns liegt, und später, wenn zwei Drittel erbracht sind. Dies gilt natürlich nur, wenn wir die Leistung oder Arbeitszeit abschätzen können. Konkret ausgedrückt heißt das, die Widerstandskräfte Ihres Chefs sind am geringsten gegen circa 10:30 Uhr und 15 Uhr.

Natürlich abhängig von seiner Arbeitszeit an dem Tag. Sie sollten also dafür sorgen, dass Ihr Mitarbeitergespräch in etwa um diese Punkte des geringsten Widerstands herum stattfindet. Ebenso sollten Sie darauf achten, dass nicht unmittelbar danach Ihr Vorgesetzter einen wichtigen Termin hat. Das wird nämlich gerne als Entschuldigung genutzt, um einer unangenehmen Gesprächssituation zu entkommen und den Termin vorzeitig abzubrechen.

Sollte ferner unmittelbar vor Ihnen ein Kollege dran sein, von dem Sie wissen, dass er oder sie deutlich besser ist als Sie und eine deutlich bessere Leistung erbracht hat, dann ist das auch ungünstig für Sie. Denken Sie an den Rahmungseffekt! Sie können nur schlechter dastehen!

Mir ist klar, dass dies viele Punkte sind, die es zu beachten gilt, aber wenn Sie etwas erreichen wollen, dann sollten Sie auch bedacht vorgehen und etwas mehr Mühe in die Planung stecken. Es zahlt sich in barem Geld aus!

Wenn Sie also einen ungünstigen Zeitpunkt erwischt haben, dann bringen Sie ruhig den Mut auf, einen für Sie besseren Termin vorzuschlagen. Gründe gibt es genug: Arbeitsflut, Unwohlsein, Kundengespräche. Lieber eine Entschuldigung vorschieben als falsche Termintreue an den Tag legen, denn diese würden Sie teuer bezahlen.

Die Gesprächsstrategie
Wenn das Thema der Gehaltserhöhung im Rahmen eines Mitarbeitergesprächs stattfindet, kennen Sie ja schon die Techniken, wie Sie dem Gespräch eine positive Wendung geben. Fassen Sie, wie zuvor beschrieben, noch mal alle Ihre positiven Leistungen zusammen, bevor Sie Ihre Forderungen stellen. Betonen Sie dann, was Sie in den nächsten zwölf Monaten planen, wo der Nutzen für Ihr Unternehmen und besonders für Ihren Vorgesetzen ist. Ganz wichtig! Was Ihrem Unternehmen etwas bringt, muss nicht unbedingt Ihrem Chef

etwas bringen. Betrachten Sie also den Nutzen aus seiner Sicht, insbesondere unter der Beachtung, welcher Cheftyp er ist. Und nun steigen Sie mit dem ein, was Sie eigentlich wollen.

Ihre Forderung
Absolut wichtig ist eine elegante Einleitung. Wer losstammelt oder sich entschuldigt und demütig ist, hat keine Chance zu überzeugen. Am einfachsten und wirkungsvollsten ist die folgende Formulierung: »*Jetzt kommen wir zu dem für uns beide unangenehmen Teil.*« Bringen Sie diesen Satz ruhig humorvoll rüber. Es ist ein scherzhafter Einstieg, mit dem Sie die Situation auflockern und zeigen, dass Sie beide im Grunde in einem Boot sitzen. Sie haben damit gleich die Fronten aufgelöst.

Jetzt geht es ans Eingemachte. Niemals – und ich betone, *absolut niemals* – sollten Sie danach fragen, ob Sie eine Gehaltserhöhung bekommen können. Denn dann verhandeln Sie zwischen den Optionen *Ja* und *Nein*. Setzen Sie Ihr Anrecht auf eine Gehaltserhöhung voraus, Sie haben dieses ja bereits vorher gut begründet, denn dann geht es nur noch um das *Wieviel*. Aber das Prinzip sollten Sie ja inzwischen kennen.

Fragen Sie also nicht: »*Könnte ich eine Gehaltserhöhung haben?*« Oder: »*Wäre es möglich, mein Gehalt zu erhöhen?*« Da kitzelt das Nein doch schon auf der Zunge und wenn der Chef etwas diplomatischer ist, dann vertröstet er Sie: »*Dieses Jahr nicht, aber nächstes Jahr werden wir sehen.*«

Sondern starten Sie besser wie folgt: »*Ich würde gerne über meine neue Gehaltshöhe ab kommendem Jahr reden.*« Oder: »*Welche Gehaltserhöhung stellen Sie sich für mich vor?*«

Sie setzen voraus, dass Ihnen eine Gehaltserhöhung zusteht, und wollen nur noch über die Höhe reden. Nun wird es viel schwieriger für Ihren Chef sein, Ihre Forderung komplett auszuschlagen. Und selbst wenn, dann ist es ein sehr schwaches Nein, was Sie schnell zerbröseln können, wenn Sie einfach noch mal Ihre beabsichtigten Leistungen für die Zukunft betonen.

Nun kommt aber die Gretchenfrage: Sollen Sie Ihre Forderung als Erstes nennen oder warten Sie, bis der Chef seine Vorstellung nennt? In der Praxis erübrigt sich die Frage meist von selbst. Wenn Sie in einem Unternehmen arbeiten, wo es eine Kultur der Gehaltserhöhung gibt, dann gibt es auch meist interne Berechnungsgrundlagen und er wird einen Vorschlag auf den Tisch legen. Wenn es das nicht gibt oder der Chef allgemein unsicher ist, dann wird er den Ball an Sie zurückspielen: *»Was haben Sie sich denn so vorgestellt?«* Nun kennen wir ja bereits die Tür-ins-Gesicht-Methode. Sie sollten also niemals sagen, was Sie sich wirklich vorgestellt haben. Seien Sie unbescheiden und stocken Sie ordentlich auf. Natürlich so, dass es noch realistisch ist. Wollen Sie zum Beispiel 200 Euro mehr im Monat, dann fordern Sie also ruhig 400 Euro. Erfahrungsgemäß landet man meist um die 50 Prozent unter dem, was ursprünglich gefordert wurde, weil das Gerechtigkeitsempfinden uns sagt, dass beide gleichermaßen nachgeben müssen.

Ich weiß, viele haben Scheu davor, eine hohe Zahl zu nennen, aber wer nichts kostet, ist auch nichts wert, und solange Sie realistische Werte nennen, verübelt es Ihnen auch niemand.

Nun heißt es nicht sofort nachgeben. Wenn der Chef das Gesicht verzieht, nicht sofort zurückrudern. *»Na ja, mit der Hälfte wäre ich auch zufrieden.«* Lügen Sie doch nicht! Im Grunde Ihres Herzens wären Sie nämlich überhaupt nicht zufrieden! Selbst wenn Ihr Ziel bei der Hälfte liegt, wären Sie mit mehr zufrieden! Lassen Sie sich auch nicht verunsichern, wenn Ihr Chef nun Ihre vermeintlichen Fehlleistungen ins Feld führt oder beginnt, über die finanziellen Schwierigkeiten der Firma zu lamentieren. Kommen Sie ihm aber entgegen, indem Sie ihm nun den Ball zuspielen: *»Was stellen Sie sich* *denn vor?*« Damit locken Sie ihn nun aus der Deckung. Selbst wenn er sagt: »*Eigentlich gar keine Erhöhung*«, ist das ein Gewinn, denn nach einem *Eigentlich* folgt ein *Aber* und das können Sie nun einfordern: »*Aber was wäre machbar?*«

Vorsicht: Verhandlungsalzheimer
Was machen wir, wenn wir uns nicht entscheiden können oder wollen? Dann vertagen wir die Entscheidung! Auch Ihr Chef wird das versuchen. Er müsse noch mal drüber nachdenken oder die Budgetzahlen noch mal prüfen und würde sich dann etwas überlegen. Darauf können Sie lange warten, denn nun setzt Verhandlungsalzheimer ein. Er wird Sie vergessen, er wird vergessen, was besprochen worden war und was Ihre geforderte Gehaltshöhe war. Lassen Sie ihm durchaus die Zeit, die er zum Nachdenken braucht, aber klären Sie im Gespräch gleich ab, wann Sie sich wieder zusammensetzen werden. Wenn er schon keine Entscheidung getroffen hat, dann ringen Sie ihm einen Termin ab. Maximal zwei Wochen, dann muss eine Entscheidung stehen. Sagen Sie ruhig, dass Sie Planungssicherheit wollen und nicht möchten, dass alles in Vergessenheit gerät. Er wird Ihnen dann einen Termin oder zumindest einen Zeitpunkt nennen.

Nun heißt es weiter dem Verhandlungsalzheimer vorbeugen. Also zurück an den Computer, ob im Büro oder zu Hause, und das Gespräch noch mal zusammenfassen. Bedanken Sie sich nett für das Meeting, beschreiben Sie noch mal Ihre guten Leistungen und Absichten für das nächste Jahr und was der Verhandlungsstand war. Eine solche E-Mail muss und sollte gar nicht lang sein. Hier mal ein Beispiel:

Sehr geehrter Herr Meier,

besten Dank noch mal für das nette Gespräch. [Auch wenn es nicht nett war, drücken Sie damit Sympathie aus und in seiner Erinnerung wird es dann netter sein, als es tatsächlich war.]

Ich freue mich, dass Sie gesehen haben, dass ich im letzten Jahr 22 Prozent mehr Sachfälle bearbeitet habe und im nächsten Jahr eine weitere Steigerung um zwölf Prozent anstrebe. [Nicht Sie behaupten, sondern er hat gesehen! Hat er ja auch, weil Sie es ihm gezeigt haben, aber durch diese Formulierung drehen Sie es so, als wäre es seine Erkenntnis.]

Ich danke Ihnen, dass wir über die neue Höhe meines Gehalts reden konnten, und habe mir wie besprochen den 23. Mai für eine Rückmeldung vorgemerkt. [Formulierungen wie *wir konnten reden* und *wie besprochen* signalisieren Gemeinsamkeit. Sie ziehen Ihren Vorgesetzten damit weiter auf Ihre Seite und signalisieren einen Konsens. Er muss ja jetzt nur noch eine Zahl nennen.]

Wenn Sie noch Fragen haben, geben Sie mir einfach Bescheid.

Beste Grüße

Das war es schon. Übrigens können Sie in Ihrer E-Mail auch die Heldenmethode anwenden und so das Pflichtgefühl Ihres Chefs stärken, wie das geht, wissen Sie ja bereits. Damit steigern Sie die Chance, dass er pünktlich in Ihrem Sinne antwortet. Auf alle Fälle heißt es jetzt sich nicht abwimmeln lassen, sondern dranbleiben, dann wird die Entscheidung zu Ihren Gunsten fallen.

Mit diesen Techniken werden Sie nicht nur die Chance auf mehr Gehalt, sondern auch dessen Höhe drastisch steigern. Übrigens, wenn Sie selbst Mitarbeiter haben, deren Gehaltserhöhung Sie festlegen, dann zeige ich Ihnen später Techniken, wie Sie Forderungen nach Gehalterhöhungen erfolgreich drücken können. Das Kapitel sollten Sie sich als Angestellter auch unbedingt durchlesen. Aber dass wissen Sie ja bereits, mir geht es um Chancengleichheit.

2. Überleben im Dschungel der Kollegen und Angestellten

Die lieben Kollegen können Fluch und Segen zugleich sein. Wenn man es jedoch richtig anstellt, dann spart man sich den üblichen Bürofrust, kommt schneller ans Ziel und die Zusammenarbeit macht deutlich mehr Spaß. Sind Sie selbst Führungskraft? Dann wissen Sie inzwischen aus dem letzten Kapitel, wie Ihre Mitarbeiter Sie beeinflussen können, aber auch dieses Kapitel wird Ihnen weiterhelfen. Denn jeder muss früher oder später mal im Team arbeiten und dann ist es sehr hilfreich, wenn man ein paar Kniffe parat hat, um im Kollegen-Dschungel zu überleben.

Treiben Sie Ihren Kollegen uferlose Besprechungsorgien aus

Die meisten Besprechungen sind nichts weiter als Ego-Shows und Zeitdiebstahl. Verstehen Sie mich nicht falsch! Ich verdamme Besprechungen nicht grundsätzlich. Das persönliche Gespräch macht durchaus Sinn und oftmals würde man mit ein paar persönlichen Worten binnen weniger Minuten mehr erreichen als in unendlichen SMS- und E-Mail-Ketten. Dennoch neigen viele dazu, Besprechungen quasi zu missbrauchen, und durch die Telefonkonferenzen hat uns die Technik ein weiteres Besprechungsmonstrum geschaffen. Wer wirklich produktiv sein will, sollte wissen, wie er Besprechungsorgien minimieren kann.

Die Sicht der Kollegen

Unter Besprechungsteilnehmern gibt es drei Lager: diejenigen, die komplett davon genervt sind, aber den Frust für sich behalten, dann die große Mehrheit, die es als notwendiges Übel hinnimmt, und letztlich natürlich die begeisterten Besprechungsfans. Diese letzte Gruppe liebt Besprechungen, aus einem oder mehreren der folgenden Gründe:

➤ Besprechungen sind für sie eine Plattform, um sich und ihre Leistungen zur Schau zu stellen. Sie hören sich einfach gerne reden und bei Besprechungen kann niemand wegrennen.

➤ Sie vermeiden gerne Arbeit und jede Besprechung bietet eine willkommene Ausrede, nicht ihren eigentlichen Aufgaben nachgehen zu müssen. Wenn sie dann am Ende der Woche nichts geschafft haben, dann jammern sie stolz: »*Unglaublich, ein Meeting nach dem andern, da kommt man ja zu nichts.*«

➤ Sie haben Angst, allein Entscheidungen zu treffen, und wollen deshalb immer die Mehrheit hinter sich haben beziehungsweise diese Verantwortung an die Teilnehmer einer Besprechung delegieren.

➤ Sie können eigene Versäumnisse »wegquatschen« – wenn man etwas nicht umgesetzt hat, fällt es schwer, eine reumütige E-Mail an alle zu schicken. Da eignen sich Besprechungen besser. Es wird lamentiert, Gründe werden angeführt, mangelnde Informationen genannt und schon ist das eigene Versagen sauber und mit wundervollen Worten verdeckt worden.

Auch wenn es in Besprechungen fast immer diese Gruppe gibt, die Besprechungen liebt, ist es interessant, dass Sie im Arbeitsalltag kaum jemanden finden werden, der das offen zugibt.

Lösung: Handlungsorientierung – Fokussierung

Selbst eine Besprechungsagenda, die eigentlich bei jeder Besprechung vorhanden sein sollte, bedeutet noch lange nicht, dass die Besprechung auch wirklich einen Mehrwert bietet. Wir alle kennen Montagsmeetings oder den modisch klingenden Jour fixe. Was sagen diese aus, außer dass man sich am Montag trifft oder einen festen Besprechungstag hat? Das ist so, als ob Sie im Kiosk ein Buch mit dem Titel *Lesebuch* sehen ohne weitere Titelangabe. Von der Sache her mag das zwar richtig sein, aber der Kaufanreiz ist minimal. Entscheidend ist ein aussagekräftiger Titel. Nicht anders ist es bei Besprechungen. Wenn sich der Begriff Montagsmeeting in Ihrem Unternehmen etabliert hat, dann bleiben Sie von mir aus dabei. Aber versehen Sie diesen immer mit einem Untertitel. Dieser kann auch gerne jede Woche wechseln. Fernsehtalkshows haben auch immer den gleichen Titel, aber der Untertitel bannt die Zuschauer an den Fernseher. Arbeiten Sie entsprechend jede Woche mit Untertiteln, zum Beispiel *Montagsmeeting: Aktuelle Verkaufserfolge und Maßnahmen zur Steigerung,* und die darauffolgende Woche heißt es *Montagsmeeting: Maßnahmen zur Verbesserung der Servicequalität.* Verwenden Sie Action-Titel, also solche, die bereits im Namen zeigen, dass es nicht um einen Rückblick oder allgemeinen Meinungsaustausch geht, sondern um konkrete Handlungen. Natürlich können dann in einer solchen Besprechung auch andere Themen erörtert werden, es gibt aber einen klaren, handlungsdominierenden Fokus.

Entsprechend sollte jeder Besprechungspunkt mit den folgenden Festlegungen enden: Wer macht, was, wann, wie! Sicher ist das nun keine sonderlich überraschende psychologische Methode, aber dennoch finde ich in fast jedem Unternehmen genau diesen Fehler! Gerne heißt es dann: »*Wie und bis wann wir das umsetzen, werden wir dann noch bei einem gesonderten Termin besprechen.*« Das ist aber schlichtweg der Code für »*Das werden wir nie umsetzen.*«

Die vorherigen beiden Tipps steigern bereits den Wert von Besprechungen deutlich. Dennoch können Besprechungen Zeitfresser sein. Mit den nachfolgenden Kniffen reduzieren Sie die Besprechungszeiten deutlich.

Zeitlich limitieren

Setzen Sie ein klares Zeitlimit von maximal 45 Minuten. Alles, was länger dauert, ist Zeitverschwendung. Unsere Konzentration sinkt danach erheblich. Außerdem sind 45 Minuten für alle Beteiligten leichter abzuschätzen und sie halten sich auch entsprechend kürzer in den Ausführungen. Zeit ist wie Geld. Mit 100 Euro können wir besser umgehen als mit 100.000 Euro.

Streichen Sie den Tagesordnungspunkt »Sonstiges«

Besprechungen sollten immer eine Agenda haben. Denn dann hat man einen Fahrplan. Lassen Sie nur diejenigen Tagesordnungspunkte zu, die wirklich konkret sind und zum Thema passen. Alles andere bietet Besprechungsfanatikern die Chance, noch mal ein paar Themen zu diskutieren. Streichen Sie unbedingt den Tagesordnungspunkt *Sonstiges*. Er bietet eine willkommene Plattform für Vielredner! Wer was zu sagen hat, kann Ihnen den Tagesordnungspunkt ja vorher schicken.

Handys und Tablets aus

Machen Sie es zur Bedingung oder regen Sie es beim Vorgesetzten an, dass alle Handys und Tablets während der Besprechung aus bleiben. 45 Minuten kann jeder ohne Handy überleben. Wer ständig auf sein Gerät starrt, kann nicht richtig zuhören, und dann kön-

2. Überleben im Dschungel der Kollegen und Angestellten

nen Sie alles wiederholen, Diskussionen schleppen sich hin und im Zweifel kommt das gleiche Thema später wieder auf, nur weil einer nicht mitbekommen hat, dass es schon mal besprochen worden war.

Machen Sie aus einem Meeting kein Café

Getränke und Gebäck strahlen Gelassenheit und Gemütlichkeit aus. Das ist zwar nett gemeint, Sie führen aber eine Besprechung und kein Café! Streichen Sie solche Dinge einfach, dadurch geben Sie der Besprechung den Arbeitscharakter zurück. Was meinen Sie, wieso bei Polizeiverhören weder Kaffee, Wasser noch Kekse serviert werden? Weil man schnell zum Punkt kommen will. Nun sind Besprechungen keine Verhöre, aber dennoch wollen auch Sie schnell zum Punkt kommen.

Stehkonvente

Wer steht, konzentriert sich besser, und da Leute nicht gerne stehen, fassen sie sich auch kürzer. Suchen Sie einfach deswegen mal einen Raum, wo es keine Tische und Stühle gibt. Oder lassen Sie mal alle Tische beiseiteräumen. Sie können es aber noch direkter machen und ganz offen sagen, dass Besprechungen im Stehen deutlich kürzer sind. Sie werden erstaunt sein, wie viele darauf dankbar anspringen.

Machen Sie eine Besprechung »teuer«

Wir kommen nun zu meiner absoluten Lieblingsmethode, um die Dauer von Besprechungen zu verkürzen. Man rechnet einfach mal Zeit in Geld um. Mit dieser Methode konnte ich als Berufsanfänger, als es noch die D-Mark gab, einen Überraschungserfolg verbuchen, der bis heute immer wieder wundervoll funktioniert. Als ich mal im Meeting wieder genervt auf die Uhr schaute und mein Chef mich verärgert fragte, ob ich wegmüsse, erwiderte ich etwas flapsig: »*Eigentlich nicht, Sie bezahlen mich ja dafür, dass ich hier bin. Ich kann das nur nicht mit meinem Gewissen vereinbaren. Hier sitzen seit zwei Stunden acht Leute, die im Durchschnitt 100 DM kosten. Das heißt, wir haben inzwischen 1.600 DM verbrannt und sind keinen Schritt weitergekommen. Ich finde es schade um Ihr Geld.*« Dies wurde schnell ein geflügeltes Wort und seitdem waren die Besprechungen deutlich kürzer und ergebnisorientierter. Sie müssen diesen Spruch nicht unbedingt in der Besprechung anwenden. Auch vorher oder bei einem Küchengespräch mit den Kollegen oder dem Chef tut er seine Wirkung. Sobald wir Dinge messbar machen, erkennen wir ihren Wert, und Sie wissen ja, wie stark die Verlustängste sind. Niemand verliert gerne Geld.

Und hier noch ein kleiner Gedankenanstoß an die Wirtschaft. Wenn wir die Zeit von Besprechungen in allen deutschen Betrieben im Jahresmittel um nur fünf Prozent senken und diese Zeit in produktive Arbeitszeit verwandeln könnten, würden wir unser Bruttoinlandsprodukt locker um fünf Prozent im Jahr steigern. Solch eine Steigerung der Wirtschaftsleistung bewirkt keine Steuererleichterung, keine Subvention und kein Kostensparprogramm in Unternehmen. Denken Sie mal drüber nach!

WENN WIR DIE DAUER VON BESPRECHUNGEN IN FIRMEN GESETZLICH AUF
EINE STUNDE BEGRENZEN, STEIGT DAS WIRTSCHAFTSWACHSTUM
UM 25 PROZENT AN.

So schlucken Mitarbeiter unbequeme Wahrheiten

Wer eine unbequeme Wahrheit vermitteln will, macht sich immer
Feinde. Nun könnte man das mit einem guten Nervenkostüm hin-
nehmen, wenn es denn der Wahrheitsfindung dienen würde. Jedoch
wird die Wahrheit anderer meist nicht angenommen. Schon der
amerikanische Schriftsteller Mark Twain hatte dies erkannt:

»Wie lange es dauert, bis ein Teil der Welt die nützlichen Ideen eines
anderen Teils übernimmt, nimmt einen wunder und ist unerklärlich.
Diese Form der Dummheit ist auf keine Gemeinschaft, keine Nation be-
schränkt; sie ist universell. Tatsache ist, dass die Menschen nicht nur sehr

lange brauchen, bis sie nützliche Ideen übernehmen – manchmal beharren sie auch hartnäckig darauf, sie ganz zu verschmähen.«

Die Sicht der Kollegen

Unsere naturgegebene Selbstüberschätzung führt dazu, dass wir unsere Leistung und unser Wissen deutlich höher schätzen als das unserer Mitmenschen. Der Prophet gilt nun mal nichts im eigenen Land. Wir neigen dazu, gute Ratschläge als schmerzhaft zu empfinden und letztlich zu verwerfen und selbst deutlich schlechtere Lösungen zu präferieren, solange wir diese selbst oder in unserem Team erarbeitet haben. Dieses Phänomen wird in der Psychologie das Not-Invented-Here-Syndrom, also das Nicht-hier-erfunden-Syndrom genannt. Die negativen Auswirkungen machen vielen Unternehmen zu schaffen, die ein Innovationsprogramm starten. Sobald Verbesserungsvorschläge aus einer anderen Abteilung kommen, sinkt die Wahrscheinlichkeit der Akzeptanz dramatisch.

Diese Problematik hat bereits Ende der 1960er-Jahre die US-Raumfahrtbehörde NASA erkannt. Als Gegenmaßnahme wurden bei der NASA spezielle Stellen geschaffen und mit Personen besetzt, die keiner Abteilung fest zugeordnet waren. Diese Personen sollten zwischen den Abteilungen pendeln, um Informationen hin und her zu tragen, womit sich die jeweils ausführenden Personen zu keiner Zeit besonders beliebt machten. Darauf kam es aber nicht an. Was zählte, war, dass sie Wissen in die Abteilung impften und dadurch das Gefühl vermitteln sollten, dass dieses nicht von außen, sondern von innerhalb der Abteilung kam.

Nun ist es unwahrscheinlich, dass Sie für die NASA arbeiten und permanent Personen zum Abteilungsimpfen abstellen können. Sie können aber dafür sorgen, dass Ihre Mitmenschen glauben, sie selbst wären auf die Idee gekommen.

Lösung: Museum der Wahrheit und Zweifelinduktion

Die Herausforderung liegt nicht allein darin, das Not-Invented-Here-Syndrom der anderen zu überlisten, sondern auch unser eigenes Ego dabei kleinzuhalten. Wir wollen mit Wissen leuchten und gerne dafür die Lorbeeren bekommen. Leider ist dies oft nur ein Traum, denn in Wahrheit ist Undank der Welt Lohn und Dank erhält man für unbequeme Wahrheiten fast nie. Dennoch möchten wir mit unseren Ideen vor anderen Menschen strahlen. Wenn Sie jedoch darauf verzichten können, Ihrem Ego zu schmeicheln, und es Ihnen wirklich am Herzen liegt, Ihren Mitmenschen zu helfen, dann sind Sie einen Schritt weiter. Gute Lehrer haben dies erkannt. Anstatt ihren Schülern durch ihr Wissen zu imponieren zu versuchen, lassen sie ihre Schützlinge Themen lieber selbst erarbeiten. Die dadurch gewonnenen Erkenntnisse werden psychologisch einerseits bereitwilliger akzeptiert, zusätzlich verfestigt sich das Wissen stärker, da es durch eigenes Nachdenken gewonnen wurde. Nur hat der Lehrer den Heldenstatus als Allwissender dabei eingebüßt.

Genau hier setzt das Museum der Wahrheit an. Bei dieser Technik geht es eben darum, dass Sie nicht Erkenntnis frontal präsentieren, sondern wie in einem Museum lediglich die einzelnen Bilder, die sich dann im Kopf des Betrachters zu einem großen Ganzen zusammensetzen. Sie können sogar bewusst auf eine klassische Präsentation verzichten und stattdessen ein Museum der Wahrheit generieren. Wie gut das funktioniert, zeigt der Fall bei dem Vorstand einer österreichischen Bank vor einigen Jahren. Unser Auftrag war es, Defizite in den verschiedenen Serviceabteilungen in der Kundenarbeit zu ermitteln und Verbesserungsvorschläge zu machen. Einige Wochen intensiver Analysen brachten zum Teil erschütternde Ergebnisse zum Vorschein. Uns wurde schnell klar, dass wir in einer Präsentation bei einigen relevanten Vorstandsmitgliedern auf eine eisige Mauer stoßen würden. Nun konnten wir damit leben, uns unbeliebt zu machen, aber nicht damit, dass die Erkenntnisse nicht akzeptiert werden würden. Also musste das Museum der Wahrheit her. Hierfür luden wir alle Vorstandsmitglieder und Abteilungsleiter ein. Anstatt nun eine nervige Präsentation mit unzähligen PowerPoint-Slides zu starten, hatten wir die Grafiken und Charts an den Wänden aufgehängt, wie Bilder in einem Museum eben. Die Namen der Abteilungen auf den Charts waren anonymisiert worden, so dass niemand wusste, wer sich hinter den verschiedenen Ergebnissen verbarg. Wir achteten sorgfältig darauf, dass wir keine Schlussfolgerungen an den Wänden aufhängten, sondern nur Charts mit den aufbereiteten Daten. Also so, wie beim Arzt diverse Fieberkurven, Blutdruckwerte und CT-Bilder an der Wand hängen, die Diagnose jedoch verborgen bleibt.

Nun teilten wir die Teilnehmer in drei Gruppen auf und baten sie, aufmerksam durch das Museum zu gehen und sich zu notieren, was ihnen auffiel. Danach sollten sie sich in Gruppen zusammenfinden, das Beobachtete gemeinsam erörtern und selbst Schlussfolgerungen ziehen, um dann im Anschluss uns die Ergebnisse zu präsentieren. Wir drehten also den Spieß quasi um!

Die Präsentationen der Teilnehmer waren äußerst spannend. Es wurden ständig Formulierungen verwendet wie »*Wir in unserer Gruppe haben gesehen*« oder »*Wir haben herausgefunden*«. Es handelte sich also nicht mehr um externes, sondern um internes, selbst gewonnenes Wissen. Eine Gruppe der Bankerrunde hob zum Beispiel explizit die mangelnde Kundenzufriedenheit in einer Abteilung hervor und war wahnsinnig stolz darauf, die Erkenntnisse aus den vorliegenden Daten selbst erarbeitet zu haben. Als zum Ende aufgelöst wurde, welche Abteilungen sich hinter den anonymisierten Kürzeln verbargen, war die Überraschung groß, dass die schlechten Kundenzufriedenheitswerte genau bei jener Abteilung auftraten, die in den Verantwortungsbereich des Sprechers der Gruppe fiel. Sie selbst hatten ihre Schwächen aufgedeckt und wir wissen ja, dass Selbsterkenntnis der beste Weg zur Besserung ist.

Im Gegensatz zu einer klassischen Präsentation gab es hier keine Rechtfertigungsversuche, keine Relativierungen und keine negativen Gefühle. Stattdessen wurde gemeinsam nach Lösungen gesucht, denn das Wissen war ja selbst generiert worden und kam gefühlt nicht von außen.

Natürlich haben Sie nicht immer die Gelegenheit, ein solches Museum aufzuziehen. Die Grundprinzipien können Sie aber in vielen Alltagssituationen des Meinungsbildungsprozesses verwenden, so zum Beispiel vor Meetings oder bei schleichenden Entscheidungen im Büro oder beim Vorgesetzten. Folgende Kniffe helfen dabei, dass es funktioniert:

➤ Geben Sie immer verdauliche Informationsstücke, also nicht zu viel, aber gerade so viel, dass Sie einen Denkanstoß geben.

➤ Achten Sie darauf, immer beide Seiten zu beleuchten, also Positives und Negatives und selbst das, was Ihnen nicht in die Hände spielt. Menschen neigen dazu, auch die andere Seite sehen zu wollen, und wenn sie sich zu sehr selbst auf die Suche begeben müssen, dann vertiefen sie sich in Gegenargumenten und übernehmen diese emotional. Damit läuft der Meinungsbildungsprozess in die falsche Richtung.

➤ Auch wenn Sie beide Seiten beleuchten, sollten Sie natürlich eine Tendenz vorgeben. Reißen Sie also Gegenargumente pflichtbewusst an, aber bieten Sie deutlich mehr Beweise für jene Argumente, die Ihnen in die Hände spielen. Menschen halten eher das für wahr, wo ihnen deutlich mehr und genauere Informationen zur Verfügung stehen, als jene Dinge, die weniger mit Fakten unterlegt sind. Die wenigsten machen sich dann selbst die Mühe, fehlende Fakten zusammenzutragen.

➤ Holen Sie sich einen Partner ins Boot, der die Entscheidungsfindung durch kleine Impulse in die Richtung stößt, die Sie präferieren, damit sich Ihre Kollegen nicht doch noch versehentlich in die falsche Richtung verlaufen.

Mit diesen kleinen Kniffen umgehen Sie das Not-Invented-Here-Syndrom spielend leicht und die Kollegen werden begeistert die Schlussfolgerungen ziehen, die Sie wollen. Aber wie gesagt, Sie müssen sich von Ihrem Ego frei machen. Es kann mitunter frustrierend sein, wenn sich andere brüsten, etwas herausgefunden zu haben, was man selbst schon die ganze Zeit gewusst hatte. Das ist ehrlich gesagt die größte Herausforderung bei dieser Methode. Wenn Sie damit Probleme haben, dann denken Sie wieder an den guten Lehrer, der sich frei von seinem Ego macht und die Genugtuung darin findet, dass seine Schüler das erarbeiten, was er schon lange wusste.

Wie Kollegen sich kritisieren lassen und Sie sogar noch beliebter werden

Vielen fällt es schwer, andere zu kritisieren. Man scheut den Konflikt und hat Angst, das persönliche Verhältnis zu belasten. Anstatt Probleme anzusprechen, verschiebt man die Angelegenheit immer wieder, bis sie in Vergessenheit gerät. Oder man sucht das Gespräch und endet in Wut und Streit. Dabei ist gute Kritik wichtig für zwischenmenschliche Beziehungen, denn nur wer weiß, was er falsch macht, kann etwas verbessern.

Die Sicht der Kollegen

Um erfolgreich kritisieren zu können, sollte man sich der folgenden drei wichtigsten psychologischen Blockaden bewusst sein, um diese zu überwinden:

➤ Kritik wird oft als persönlicher Angriff gewertet. Das Ego leidet und man fühlt sich nicht wertgeschätzt. Dies führt zu Frust und Aggression. Anstatt dankbar für einen Hinweis zu sein, reagiert man mit Enttäuschung, Unverständnis und Wut.

➤ Viele Menschen neigen dazu, sich selbst zu überschätzen. Bereits in den 1970er-Jahren wies der schwedische Psychologe Ola Svenson nach, dass rund 93 Prozent der US-amerikanischen Autofahrer von sich selbst sagen, dass sie zu den 50 Prozent der besseren Autofahrer gehören. Dies ist ein weitverbreitetes Phänomen in allen Alltagssituationen. Viele Menschen neigen dazu, ihre Leistung höher einzuschätzen, als diese in Wirklichkeit ist. Da wird Kritik schnell als ungerechtfertigt empfunden.

➤ Durch diese Selbstüberschätzung neigen wir dazu, die Schuld bei anderen zu suchen. Wenn wir vermeintlich eine schlechte Leistung erbracht haben, dann muss es an den Kollegen liegen, an der Arbeitsflut oder an sonstigen äußeren Umständen. Läuft es hingegen gut, liegt es an uns selbst. Das Prinzip kennen wir ja noch aus der Schule. Bei guten Noten war es die eigene Leistung, bei schlechten Noten war der Lehrer unfair. Kritik wird nicht angenommen, sondern als falsche Einschätzung der Situation gesehen.

Kritik führt also meist zu schlechter Stimmung. Entsprechend unbehaglich fühlt sich auch derjenige, der kritisiert, denn er weiß, dass es das Verhältnis verschlechtert und eine Kritik Verletzungen verursacht. Deswegen verschiebt man solche Gespräche immer wieder, bis es ganz unter den Teppich gekehrt ist. Damit ist aber niemandem geholfen, denn das Problem taucht mit Sicherheit bei der nächsten Gelegenheit wieder auf. Deswegen ist ehrliche Kritik auch eine Frage der Fairness für beide Seiten. Denn nur wer weiß, wo er Fehler macht, hat auch die Chance, sich zu verbessern.

Lösung: Trojanische Methode

Es gibt viele Methoden zu kritisieren, aber gerade wenn Sie Ihren Punkt ansprechen, aber gleichzeitig möglichst keinen emotionalen Schaden anrichten wollen, eignet sich die Trojanische Methode. Mit dieser Technik können Sie nicht nur viel einfacher andere kritisieren und positive Veränderungen bewirken, man ist Ihnen sogar dankbar dafür. Wie in der Mythologie. Im Bauch eines Holzpferdes, das die Bürger Trojas als vermeintliches Geschenk in die Stadt holen, verbargen sich griechische Krieger. Also: Verpacken Sie Ihre Kritik als positives Geschenk.

Anstatt also Ihr Gegenüber mit Fehlleistungen zu konfrontieren, machen sie ihm ein Geschenk, indem Sie es in Schutz nehmen. Hat eine Kollegin zum Beispiel das Kundenangebot nur halbherzig bearbeitet, dann zeigen Sie Verständnis. *»Ich weiß, dass Sie diesmal ziemlich unter Stress standen und dennoch das Kundenangebot fertig gemacht haben. Das könnte sonst kaum einer in so kurzer Zeit.«*

Sie kommen als Freund und nicht als Feind. Sie starten mit einem Kompliment, eines der wichtigsten sozialen Geschenke, um dann den eigentlichen Inhalt elegant zu verpacken: *»Ich würde nur gerne dafür sorgen, dass Sie das nächste Mal sich wieder mit voller Aufmerksamkeit darauf konzentrieren können und sich Flüchtigkeitsfehler vermeiden lassen. Haben Sie einige Verbesserungsvorschläge, was den Ablauf angeht?«*

Die erste Hürde ist genommen, Sie werden nicht mehr als Aggressor wahrgenommen. Dennoch kann es dazu kommen, dass Ausflüchte gemacht und die Schuld bei anderen gesucht wird. Stimmen Sie dem zu und zeigen Sie Verständnis. Diese Ausflüchte wären ohnehin gekommen. Es hilft nicht, über deren Richtigkeit zu streiten. Da Sie ein offenes Ohr für die vermeintlichen Probleme haben, sind Sie nun auf einer Seite. Weil die meisten Menschen ein gutes Gefühl für

Ausgewogenheit haben, fällt der nächste Schritt nun relativ leicht. Nachdem alle externen Gründe beleuchtet wurden, können Sie jetzt gemeinsam schauen, was die Person in Zukunft selbst zu einer Verbesserung beitragen kann. Und schon haben Sie das eigentliche Ziel erreicht und Ihre Kritik durch die Hintertür hineingebracht. Bei der Trojanischen Methode merkt die kritisierte Person gar nicht, das sie kritisiert wird, sondern freut sich darüber, dass sie jemanden zum Aussprechen hat und selbst Möglichkeiten zur Verbesserung finden konnte. Sie wird sich besser als vorher fühlen und ist Ihnen sogar dankbar für das Gespräch.

Führen Sie die Entscheidungen herbei, die Sie möchten

Es wird eifrig diskutiert, alle Optionen werden abgewogen, aber eine Entscheidung wird beim besten Willen nicht gefällt? Kurz vor der Einigung kneift jemand, und es wird auf »Informationen« verwiesen, die man noch einholen müsse, oder »Hausaufgaben«, die man diesbezüglich noch zu machen habe. Im Grunde wissen wir aber, dass das nichts anderes ist als Ausflüchte, nur um keine Entscheidung zu fällen. Dabei können Sie durch einige wenige Stellschrauben nicht nur dafür sorgen, dass es schneller zu einer Entscheidung kommt, sondern auch, dass diejenige Option gewählt wird, die Sie präferieren.

Die Sicht der Kollegen

Auch wenn wir täglich kleine und große Entscheidungen treffen müssen, verabscheut unsere Psyche genau das. Denn Entscheidungen bedeuten eine Menge Denkarbeit und unser Verstand hat im Laufe der Evolution gelernt, möglichst sparsam mit seinen Ressourcen umzugehen. Es kommt jedoch ein weitaus größeres Problem hinzu. Auch wenn Sie meinen, dass eine Entscheidung ein Gewinn ist, bedeutet sie tatsächlich immer einen Verlust. Schließlich geht man mit einer Entscheidung einerseits immer ein Risiko ein. Selbst wenn dieses überschaubar erscheint, könnte man ja den falschen Weg gewählt haben. Aber weitaus schlimmer für unsere Psyche ist der Verlust der anderen Möglichkeiten, auf die man ja nun verzichtet. Wenn Sie zwischen zwei Kleidungsstücken wählen, dann glauben Sie vielleicht, dass Sie durch die Entscheidung ein Kleidungsstück gewinnen, Ihr Unterbewusstsein sieht jedoch, dass es ein Kleidungsstück durch diese Wahl verliert! Also keine Entscheidung bedeutet vielleicht keinen Gewinn, aber auch definitiv keinen Verlust, zumal man die Entscheidung auf die Zukunft vertagen kann, und dadurch glaubt unser Unterbewusstsein, nichts verloren zu haben. Nur ist in Wahrheit jede aufgeschobene Entscheidung bereits ein Verlust, weil man dadurch nicht von der Stelle kommt, was bedeutet, dass man Zeit und schlimmstenfalls Geld verliert.

Lösung: Optionsreduzierung – Optionsverschiebung – Gruppendynamik

In der Psychologie ist der Effekt bekannt, dass viele Optionen die Bereitschaft, sich zu entscheiden, deutlich verringern. Leider ist das in vielen Unternehmen und Geschäften noch nicht angekommen. Anstatt dass die Kunden in einem Handyladen nur zwei oder drei Telefone vom Verkäufer empfohlen bekommen, werden ihnen bis heute unzählige Handys in allen Größen und Farben präsentiert, bis der Kunde verzweifelt aufgibt und dann die klarere Empfehlung aus dem Internet nimmt. Wenn Sie also eine Entscheidung herbeiführen wollen, dann sollten Sie dringend die Entscheidungsoptionen auf maximal drei bis vier Möglichkeiten reduzieren. Alles andere verwirrt nur und führt zu einer Entscheidungshemmnis. Soweit die gängige Psychologie. Dies muss aber nicht immer der beste Weg sein! So zeigt eine neuere Studie des Psychologen Evan Polman: Ob wir uns bei einer Entscheidungsfindung lieber mit vielen oder wenigen Optionen herumschlagen wollen, hängt davon ab, ob wir die Entscheidungen für uns selbst treffen – oder für jemand anderen. In einem Experiment sollten 125 Studenten die Wandfarbe eines Schlafzimmers auswählen. Mal ging es um ihr eigenes Zimmer, mal um ein fremdes. Der einen Hälfte gab Polman acht verschiedene Farben zur Auswahl, der anderen 35.

Nach der Entscheidung sollten sie ihm sagen, wie zufrieden sie mit ihrer Wahl waren. Es zeigte sich ein sehr interessantes, aber eindeutiges Bild: Ging es um das eigene Schlafzimmer, waren jene Probanden zufriedener, die nur acht Wahlmöglichkeiten hatten. Sollte man jedoch für ein fremdes Schlafzimmer auswählen, waren die Teilnehmer mit 35 Optionen glücklicher.

Ähnlich war das Resultat, als Polman das Labor verließ und 60 Kunden zweier Weingeschäfte ansprach. Das eine war etwa zehnmal so groß wie das andere. Erneut waren Kunden des kleinen Geschäfts mit ihrem Kauf glücklicher, wenn der Wein für eigene Zwecke bestimmt war. Hatten sie den Wein jedoch für jemand anderen gekauft, zeigten sie sich nach dem Einkauf im großen Geschäft zufriedener. Offenbar verkehrt sich der Effekt ins genaue Gegenteil, wenn wir für andere Menschen entscheiden. Anders ausgedrückt: Uns selbst gegenüber sind wir genügsamer, dort dominiert das Motiv der Bequemlichkeit, bei anderen wollen wir jedoch als besonders klug und gewissenhaft erscheinen, unser Ego ist das dominantere Motiv und deswegen wollen wir mehr Möglichkeiten ausloten.

Wenn also Ihre Kollegen eine Entscheidung treffen sollen, die sie selbst betrifft, dann reduzieren Sie gezielt die Entscheidungsmöglichkeiten. Geht es aber um andere, dann erhöhen Sie die Auswahlmöglichkeiten entsprechend, aber natürlich nur so, dass es dennoch übersichtlich bleibt.

Was sind aber die wichtigsten Entscheidungskriterien? Faszinierend ist, dass wir nicht das wählen, was am besten, sondern was am wenigsten schlecht ist. Beobachten Sie mal bei sich selbst, wie Sie zum Beispiel einen Urlaub buchen. Sie suchen sich erst ein Hotel aus, das Ihnen gefällt, schauen sich dann zwei bis drei positive Bewertungen an, nur um sich dann an den ein Prozent der negativen Bewertungen festzuhalten und darauf basierend Ihre Entscheidung zu treffen. Negatives beeinflusst unsere Entscheidung deutlich mehr als Positives. Wenn Sie eine gute Idee haben, dann fragen Sie mal im Bekanntenkreis, was man davon hält. Sie freuen sich über die positiven, ermutigenden Kommentare, aber die wenigen negativen Anmerkungen werden Ihnen die nächsten Wochen den Schlaf rauben.

Das liegt daran, dass unser Verstand Verlust und Gewinn anders beurteilt. Drohende Verluste wiegen einfach schwerer als Gewinne in gleicher Höhe. Diesen Effekt können Sie bewusst für sich nutzen. Anstatt bei einer Entscheidung nur auf das Positive, also den Gewinn zu pochen, sollten Sie lieber den Verlust betonen, den man erfährt, wenn man nicht Ihre präferierte Entscheidungsoption wählt. So wiegt das Argument »*Wenn wir diese Kundenanzeige schalten, dann können wir 50.000 Euro mehr Umsatz machen*« weniger schwer als »*Wenn wir diese Kundenanzeige nicht schalten, gehen uns Mehrumsätze in Höhe von 50.000 Euro verloren.*«

In Erfolgstrainings wird den Teilnehmern gerne erzählt, dass sie das Ziel visualisieren sollen, weil damit die Motivation steigt. Ich rate hingegen immer dazu, zwar das Ziel zu visualisieren, sich dann aber bewusst zu machen, dass das Ziel bereits existiert, es ist bereits real, nur eben in einer anderen Dimension, der Zukunft. Jeden Tag, den Sie nicht handeln, wird dieses Ziel kleiner, bis Sie es ganz verlieren. Wenn Sie jetzt nicht handeln, dann verlieren Sie Ihren kostbaren Traum, er wird Ihnen von Ihnen selbst weggenommen. Die Motivation ist viel stärker, wenn man eben nicht glaubt, dass man, wenn man mit voller Kraft in die Akquise steigt, 50.000 Euro gewinnen würde – sondern wenn man weiß, dass die 50.000 Euro bereits vorhanden sind. Sie liegen auf dem Tisch, ich muss nur zugreifen, aber wenn ich nicht schnell und konsequent bin, dann nehmen mir andere diese 50.000 Euro weg.

Wenn Sie übrigens Ihr Team dazu bringen wollen, riskante Entscheidungen zu treffen, dann tun Sie dies unbedingt in einer größeren Gruppe und achten Sie auf das Alter der Entscheidungsträger. Dies hat eine Studie der Psychologen Margo Gardner und Laurence Steinberg aus dem Jahr 2005 gezeigt. Sie wiesen nach, dass unabhängig von Lebensumständen und Einkommen die Bereitschaft, ein großes Risiko einzugehen, sank, je älter die Personen waren. Ferner stieg die Risikobereitschaft, je größer eine Gruppe war, weil man dadurch die Verantwortung mental auf mehrere Personen aufteilte.

Wenn Sie also eine riskante Entscheidung herbeiführen wollen, dann bauen Sie auf junge Kollegen und eine große Gruppe. Dies erklärt auch, wieso wir, wenn wir Rat suchen, bei einzelnen Personen oft skeptischere Aussagen bekommen, als wenn wir eine Gruppe fragen. Da wir Menschen meist Rat suchen, weil wir unsere eigentliche Meinung bestätigt haben wollen, sollten Sie sich in Zukunft überlegen, bei wem und in welcher Konstellation Sie diesen Rat einholen, und zwar abhängig davon, ob Sie wollen, dass man Ihnen eine riskante Idee austreibt oder Sie darin ermutigt.

Bringen Sie Ihre Kollegen dazu, Entscheidungen auch umzusetzen

Nach der Entscheidung ist vor der Entscheidung. Denn häufig passiert es, dass bereits wenige Tage nach einer getroffenen Wahl alles am liebsten umgeworfen wird. Zweifel kommen auf, man hinterfragt alles und die Entscheidung wird dann gar nicht oder nur widerwillig umgesetzt. Darum sollten Sie unbedingt vorsorgen.

Die Sicht der Kollegen

Wie gesagt birgt jede Entscheidung auch einen Verlust in sich. Da dieser schmerzhaft ist, setzt schnell der Entscheidungsblues ein. Sie kennen das bestimmt selbst. Kaum haben Sie sich für ein Auto entschieden, fallen Ihnen nach Unterschrift des Kaufvertrags Hunderte von anderen attraktiven Angeboten ins Auge, Sie kommen ins Grübeln, ärgern sich und zweifeln an dem Kauf. Insgeheim fragen Sie sich, wieso Ihnen die anderen Angebote nicht vorher aufgefallen sind. Wir haben einfach einen sehr selektiven Fokus. Der Klassiker lautet: Denken Sie niemals an einen rosa Elefanten und Sie werden genau das tun. Ich kann dies auch noch weiter treiben: Egal wo und wie Sie wohnen: Schauen Sie sich mal im weitläufigen Bekanntenkreis um. War Ihr Haus, Ihre Wohnung wirklich die beste Entscheidung? Wahrscheinlich nicht, denn wir zweifeln immer an dem, was wir gewählt haben, und sehen, was andere besitzen und wir nicht haben.

Deswegen ist eines der häufigsten Gefühle nach einer Entscheidung das Bedauern! In der Verkaufspsychologie ist dieser Effekt bekannt, weswegen gute Verkäufer einige Tage nach dem Abschluss oder nach Auslieferung der Ware in den sogenannten Nachverkauf gehen. *»Hallo, ich wollte nur mal anrufen und wissen, ob Sie alles bekommen haben! Und habe ich Ihnen zu viel versprochen? Das war doch die beste Entscheidung, die Sie treffen konnten!«* Das dient nur dazu, die Stimmung zu heben. Denn nur ein Kunde, der seine Entscheidung nicht bereut, kann das Unternehmen weiterempfehlen.

Also selbst wenn Ihre Kollegen die Entscheidung aus vollem Herzen mitgetragen haben, sollten Sie sich nicht entspannt zurücklehnen. Denn sie werden schon nach wenigen Stunden oder Tagen ihre Meinung ändern. Außer natürlich, Sie bauen wie ein guter Verkäufer mit ein paar psychologischen Kniffen vor.

Lösung: Beschäftigungstherapie – mentale Kundenkarte – individuelle Verantwortung

Eine der wichtigsten Methoden der Traumatherapie ist die Beschäftigung. Natürlich möchte ich ein persönliches Trauma nicht verharmlosen. Aber jede Entscheidung ist für unsere Psyche ein Minitrauma. Sie müssen also dafür sorgen, dass Ihre Kollegen schnellstmöglich mit der Beschäftigungstherapie beginnen, also die getroffene Entscheidung in Handlungen umsetzen.

Eine gängige Regel besagt: Was wir binnen 48 Stunden nicht in Angriff nehmen, werden wir niemals umsetzen. Springen Sie also nicht zu kurz, sondern überlegen Sie gleich die ersten Maßnahmen.

Vergessen Sie also irgendwelche Maßnahmenpläne, die »garantiert« in vier Wochen starten. Jede Entscheidung sollte folglich konkrete Maßnahmen enthalten, die man sofort umzusetzen beginnt. Noch besser ist es übrigens, wenn diese binnen 48 Stunden auch bereits zu ersten Ergebnissen führen! Das ist natürlich dann nicht gleich der erste große Wurf. Aber ein erstes Meeting zu dem Thema oder der erste Rücklauf von Informationen sind kleine Ergebnisse und diese sind wiederum kleine Erfolge, die unsere Psyche positiv bestärken.

Wie wirksam diese Methode ist, zeigt der Effekt der mentalen Kundenkarte. Haben Sie sich jemals gefragt, wieso Sie, wenn Sie eine Kundenkarte bekommen, bereits ein paar Bonuspunkte draufgebucht bekamen? Diesen Trick nutzen Vielfliegerprogramme ebenso wie Bäckereien und Fitnessstudios. Die Unternehmen manipulieren Sie schlichtweg und nutzen dabei die Erkenntnisse der Psychologie. Die Wirtschaftspsychologen Nunes und Dréze wollten die Wirksamkeit von Kundenkarten testen. Hierfür gaben sie in einer Waschanlage zwei verschiedene Karten aus, die Kunden sich nach jedem Waschstraßenbesuch abstempeln lassen sollten, um eine Gratiswäsche zu erhalten. Während die erste Kundenkarte acht Felder enthielt, die abgestempelt werden mussten, hatte die zweite Karte zehn Felder. Jedoch wurden bei der Karte mit zehn Feldern schon bei Aushändigung die ersten zwei Felder vor den Augen der Kunden abgestempelt. Damit mussten im Grunde beide Kundengruppen acht weitere Autowäschen durchführen, um eine Gratiswäsche zu erhalten. Der Weg zum Ziel war also der gleiche, nur die Startbedingungen waren anders. Dennoch unterschieden sich die Ergebnisse deutlich. Bei der ersten Karte kamen nur 19 Prozent oft genug, um die Gratiswäsche zu erhalten. In der Gruppe, die bereits zwei Stempel bekommen hatte, sammelten 34 Prozent genügend Besuche, um die Gratiswäsche zu erhalten. Das ist ein nahezu doppelt so starkes Pflichtgefühl unter denjenigen, die einen gefühlten Vorsprung bekommen hatten. Auf unseren Fall übertragen heißt das: Wenn Sie Ihren Kollegen einen Leistungsvorsprung gewähren, geben Sie eine mentale Kundenkarte mit. Damit ist die Wahrscheinlichkeit doppelt so groß, dass sie die Entscheidung auch umsetzen, zumal sie zusätzlich auch beschäftigt sind und keine Zeit mehr haben, die Entscheidung zu bereuen.

Ein weiterer zu beobachtender Effekt ist das soziale Faulenzen. Wer glaubt, dass Teamarbeit produktiver macht, der irrt, denn wir Menschen neigen dazu, in einer Gruppe immer fauler zu sein als allein. Diesen nach seinem Entdecker benannten Ringelmann-Effekt hat der Psychologe Bibb Latané 1979 in einem eindrucksvollen Experiment bestätigt. Hierfür lud er Testpersonen ein, setzte ihnen Kopfhörer auf und verband ihnen die Augen. Einigen erzählte er, dass sie allein in dem Raum seien, anderen wiederum, dass sich mehrere weitere Personen in dem Raum befinden würden. Nun sollten sie möglichst laut schreien, um die maximale Lautstärke zu testen.

Die Personen, die glaubten, dass sie allein in einem Raum waren, schrien am lautesten, erbrachten also die maximale Leistung. Bei

Personen, die glaubten, zu zweit in einem Raum zu sein, sank die Leistung auf 82 Prozent ab und bei jenen, die glaubten, zu sechst zu sein, auf 74 Prozent. Wie gesagt glaubten die Personen nur, mit anderen in einem Raum zu sein, sie waren jedoch stets allein. Wir neigen in einer Gruppe dazu, unsere Verantwortung für Leistung auf andere Schultern zu verteilen, wir beginnen sozial zu faulenzen.

Dem können Sie entgegenwirken, indem Sie zwar einem Team eine Aufgabe geben, aber ganz klar jedem Einzelnen die Verantwortung für einen klar abgegrenzten Teilbereich geben. Damit arbeitet jeder zwar in einem Team, aber es ist messbar, welche Einzelleistungen wer erbracht hat.

Zusammenfassend bedeutet das für Sie, dass Sie:

1. Konkrete erste Aufgaben verteilen sollten, die binnen 48 Stunden zur ersten Handlung führen, besser noch zu solchen Handlungen, deren erste Ergebnisse Ihnen vorgelegt werden. Denn was nicht gesehen wird, wird nicht gemacht.
2. Einen Vorsprung geben sollten. Geben Sie bereits das erste Arbeitsmaterial raus oder ein paar Internet-Links mit Informationen. Das reicht bereits aus. Es geht nur um den Kickstart, um den Waschstraßeneffekt zu erzielen.
3. Unbedingt für jedes Teammitglied individuelle, das heißt persönlich messbare Leistungsziele setzen. Ansonsten sinkt die Umsetzungseffizienz drastisch ab.

Eignet sich auch:

➤ Wenn Sie unterrichten oder coachen: Bei meinen Studenten habe ich beobachten können, dass einige wenige Vorabinformationen die Wahrscheinlichkeit der fristgerechten Einreichung von Hausarbeiten bereits drastisch steigern.

➤ Sie wollen, dass Ihr Partner endlich die verflixte Küche streicht: Kleben Sie schon mal alles ab und machen Sie die ersten paar Pinselstriche. Dann brauchen Sie ihm nur noch den Pinsel in die Hand zu drücken und er wird die Aufgabe erledigen.

➤ Sie möchten Ihre Gäste animieren, die Tische am Abend der Feier abzuräumen. Dann starten Sie los und bitten einen Freund oder eine Freundin zu helfen. Nach ein paar Minuten können Sie sich zurückziehen. Der Rest läuft von selbst.

Halten Sie Kollegen bei der Stange, wenn sie aufgeben wollen

Selbst wenn Sie Ihren Kollegen den richtigen Anstoß gegeben haben, einen Plan umzusetzen, ist es schwierig, sie bei der Stange zu halten. Nach einiger Zeit wird nichts mehr gemacht und alles verläuft mal wieder im Sand. Andererseits kennen wir aber auch den gegenteiligen Effekt, nämlich dass unsinnige Pläne konsequent weiterverfolgt werden, obwohl man nüchtern betrachtet eigentlich weiß, dass diese zum Scheitern verurteilt sind. Man kann aber genau den Effekt, der dafür sorgt, dass Menschen ihre Kraft in unsinnige Pläne versenken, obwohl diese eigentlich zum Scheitern verurteilt sind, dazu verwenden, um die Kollegen und selbst den Chef bei sinnvollen Maßnahmen bei der Stange zu halten.

Die Sicht der Kollegen

Einer der Effekte, die meines Erachtens nach Fehlentscheidungen am meisten prägen, ist der Sunk-Cost-Effekt, also der Effekt der versenkten Kosten. Der Psychologe Howard Garland hat 1990 in einem besonders eindrucksvollen Experiment dessen Wirksamkeit nachgewiesen. Hierfür sollten die nach dem Zufallsprinzip ausgewählten

Teilnehmer sich in die Rolle des Vorstands eines Flugzeugbauers hineinversetzen. Für zehn Millionen US-Dollar sollte ein neuer Tarnkappenbomber entwickelt werden. 90 Prozent der Entwicklung waren bereits fertiggestellt, entsprechend waren neun Millionen Euro bereits verbraucht. Dann wurde den Teilnehmern gesagt, dass überraschend ein Konkurrent ebenfalls einen neuen Tarnkappenbomber entwickelt und bereits auf den Markt gebracht habe. Dieser würde zu einem günstigeren Preis als das eigene, noch nicht fertig entwickelte Modell angeboten werden und sei zudem noch leistungsstärker.

Die Teilnehmer sollten nun entscheiden, ob sie das eigene Vorhaben einstampfen oder die restliche eine Million US-Dollar investieren würden. 82 Prozent der Teilnehmer entschieden sich für eine Fortführung des Projekts, lediglich 18 Prozent dagegen. Die deutliche Mehrheit votierte also dafür, die weitere eine Million US-Dollar in ein eher aussichtsloses Projekt zu investieren. Die Probanden warfen also lieber schlechtem Geld gutes hinterher, als zu retten, was noch zu retten gewesen wäre. Dieser Sunk-Cost-Effekt führt dazu, dass wir Dinge immer weiterlaufen lassen, selbst wenn sie uns nur Verluste bringen, wir haben einfach Angst, uns den wahren Verlust einzugestehen, und werfen lieber Geld hinterher. Das kennen wir auch aus der Politik. Kommt Ihnen das folgende Argument in diesem Zusammenhang bekannt vor? »*Wir haben da so viel Geld investiert, da können wir doch nicht einfach ...* « Wenn Sie das hören, sollten Sie aufhorchen, denn dann spielt gerade der Sunk-Cost-Effekt sein teuflisches Spiel. Meiner Meinung nach sind die Griechenlandrettung und der Berliner Flughafen ebenfalls nur Folgen des Sunk-Cost-Effekts. Dieser wirkt übrigens nicht nur, wenn es um Geld geht. Auch Zeit, Leidenschaft und Gefühle sind solche Kosten, die dazu führen, dass wir eine Idee weiterverfolgen, obwohl wir diese lieber beenden sollten. Ich bin überzeugt, dass viele langjährige Beziehungen lediglich wegen des Sunk-Cost-Effekts weitergeführt werden. »*Wir sind schon so lange zusammen, da können wir doch nicht einfach ...* « Aber was hat denn unser Glück in der Vergangenheit mit der Zukunft zu tun? Wieso sollen wir, nur weil wir etliche Jahre mit jemandem zusammen waren, die nächsten Jahre weiterhin unglücklich zusammen sein? Der Sunk-Cost-Effekt übertrumpft eben jede Vernunft. Genau weil dieser Effekt so wirksam ist, können Sie ihn wundervoll nutzen, um ein Team bei der Stange zu halten.

Lösung: Sunk-Cost-Effekt

In der Wirtschaftspsychologie konzentriert man sich beim Sunk-Cost-Effekt leider meist zu sehr auf die wirklichen Kosten, also auf Geld und Investitionsgüter, dabei sind Gefühle viel schwerwiegendere Investitionen. Leidenschaft, Optimismus, Hoffnung, aber auch Zeit und gefühltes Engagement wirken viel stärker auf den Sunk-Cost-Effekt.

Wenn bei Ihren Kollegen also die Begeisterung schleichend nachlässt, dann erinnern Sie sie an all das, was sie bisher investiert haben. Fragen Sie einfach, wie viel Mühe und Leidenschaft sie bereits da hineingesteckt haben und welche Hoffnung sie damit verbinden, und erinnern Sie sie daran, dass dies alles verloren sei, wenn man nun nicht bei der Sache bleibe. Geben Sie den Kollegen Zeit, ihre bisherigen Erfolge und Errungenschaften in dem Projekt zu erzählen, denn das, was wir sagen, wird zu unserer Realität. Wenn die Kollegen einmal ihre Mühen berichtet haben, dann springen Sie über zu der Vision, dem eigentlichen Ziel und beschreiben dies noch mal. Erklären Sie dann, dass dies nun zu verschwinden droht. *»Soll alles, was Sie geleistet haben, für die Katz gewesen sein? Das kann ich nicht glauben.«*

Sie werden erstaunt sein, wie die lieben Kollegen plötzlich wieder ihre Kraftreserven aktivieren und mit neuem Elan loslegen.

So bremsen Sie übertriebene Gehaltsforderungen aus

Haben Sie selbst auch eine Vorgesetztenfunktion und entscheiden über Gehaltserhöhungen? Dann sollten Sie dieses Kapitel unbedingt lesen. Aber selbst wenn Sie »nur« Angestellter sind, ist dieses Kapitel wichtig, denn dann wissen Sie, mit welcher Technik Ihr Vorgesetzter vielleicht demnächst versucht, Ihre Forderung nach mehr Gehalt geschickt abzublocken.

Die Sicht des Mitarbeiters

Die Sicht des Angestellten ist leicht zu verstehen, er will einfach mehr Geld haben. Geld ist aber mehr als ein Mittel, um Dinge zu kaufen. Geld ist in der Arbeitswelt auch Ausdruck der Wertschätzung. Je weniger Geld, umso geringer die Wertschätzung. Hat man viel geleistet, dann möchte man dafür auch Anerkennung bekommen. Natürlich hilft auch ein Lob vor Kollegen oder eine Auszeichnung als Mitarbeiter des Monats weiter. Das allein reicht aber in einem seriösen Arbeitsumfeld auf Dauer nicht. Das funktioniert vielleicht bei Sekten. Unternehmen, die ihre Mitarbeiter nur loben und nicht anständig bezahlen, haben deswegen auch meist Sektencharakter.

Wir wissen ja inzwischen, dass wir weniger absolut als vielmehr relativ bewerten. Die Frage, die sich jeder Mitarbeiter stellt, lautet also nur vordergründig: *Wie viel verdiene ich?* Tief im Innern lautet sie: *Wie viel verdiene ich mehr als im letzten Jahr?* Und vor allem: *Wie viel mehr (oder weniger) verdiene ich als meine Kollegen?* Deswegen ist das Gehaltsgeheimnis in Unternehmen so wichtig. Denn wenn jeder wüsste, was der andere verdient, wie manche wirtschaftlich naive Politiker gelegentlich fordern, würde das eine Gehaltsspirale nach oben in Gang setzen, weil jeder sich mit dem anderen vergleicht und nicht das Gleiche, sondern eben mehr fordert. Das wäre der Ruin für viele Unternehmen.

Aber im Grunde steht jedem, der gute Leistung erbringt, auch eine Gehaltssteigerung zu. Nicht immer bietet jedoch die finanzielle Unternehmenssituation den notwendigen Spielraum und manchmal sind auch die Gehaltsforderungen übertrieben. Die Kunst liegt nun darin, die Erwartungen zu dämpfen, ohne dabei zu viel Schaden anzurichten. Wenn man im Auge behält, dass Gehaltserhöhung ein Ausdruck von Wertschätzung ist und relativ bewertet wird, kann man das recht elegant lösen.

Lösung: Relative Bewertung schaffen

Wenn es nicht an der schlechten Leistung Ihres Mitarbeiters liegt, dass Sie das Gehalt gar nicht oder nicht wie gehofft erhöhen können, dann geben Sie ihm oder ihr auch nicht die Schuld. Ziehen Sie keine schlechten Leistungen als Ausrede heran. Denn so verstärken Sie den ohnehin vorhandenen Frust nochmals erheblich und der Mitarbeiter hat das Gefühl, dass er oder sie ungerecht behandelt wird.

Seien Sie ehrlich, offen und direkt. Wenn Sie das Gehalt gar nicht erhöhen können, dann sagen Sie es gleich zu Beginn des Mitarbeitergesprächs. Irgendwann müssen Sie ja eh mit der Wahrheit rausrücken. Dann lieber gleich zu Beginn des Gesprächs. Das ist fair und Sie lassen den Mitarbeiter nicht lange hoffen und zappeln. Sie können dann gleich die enttäuschten Fragen beantworten und nachdem das leidige Thema beseitigt ist, können Sie auf das eigentliche Gespräch einsteigen, zum Beispiel die Leistungen und Erwartungen an den Mitarbeiter in der Zukunft. *»Ich möchte ehrlich mit Ihnen sein. Bevor wir loslegen, möchte ich gleich mit offenen Karten spielen. Ich weiß, Sie hoffen auf eine Gehaltserhöhung, aber das ist in der derzeitigen Situation nicht drin. So sehr ich es selbst bedauere. Denn wir haben eine Auftragsstagnation und so gerne ich Ihr Gehalt erhöhen würde, wäre das jetzt im Unternehmenssinn unverantwortlich. Das betrifft übrigens alle Mitarbeiter.«*

Sie sind ehrlich, zeigen aber zugleich Mitgefühl und Wertschätzung. Die unangenehme Wahrheit ist immer schmerzhaft, so sorgen Sie aber dafür, dass der Mitarbeiter nicht auf Sie sauer ist, sondern auf die Situation. Dadurch dass Sie erwähnen, dass Ihr Mitarbeiter nicht als Einziger davon betroffen ist, fühlt er oder sie sich auch nicht ungerecht behandelt, und auch wenn er enttäuscht ist, wird er Ihnen Ihre Offenheit insgeheim danken.

Das ist die Extremsituation. Wie schaut es aber aus, wenn Sie durchaus Spielraum für Gehaltserhöhungen haben? Natürlich wird Ihr Mitarbeiter mit relativ konkreten Wünschen, oder sagen wir besser Hoffnungen ins Gespräch gehen. Erstens hofft er auf einen bestimmten Betrag, zweitens hofft er auf Wertschätzung. Wenn Sie ihm das Erste nicht in voller Höhe geben können oder wollen, so geben Sie ihm wenigstens das Zweite. Und zwar nicht einfach durch Lob und Schulterklopfen, sondern indem Sie die Gehaltserhöhung relativ höher erscheinen lassen, als sie absolut ist.

Als Erstes sollten Sie vorbereitet sein und selbst aktiv das Thema der Gehaltserhöhung ansprechen. Tut es der Mitarbeiter, dann spuckt er auch eine Forderung in Form einer konkreten Zahl aus (spätestens, wenn er dieses Buch gelesen hat) und dann haben Sie den Salat. Denn nun müssten Sie ordentlich »runterargumentieren« und das kostet Kraft und schafft herbe Enttäuschungen. Also setzen Sie selbst die Erwartungen und nennen Sie die Zahl.

Hierbei wird Ihnen eine Technik helfen, die ich vor etlichen Jahren in einem Unternehmen kennengelernt habe und die mich absolut begeistert hat. Die Vorgesetzten in dem Unternehmen waren angewiesen worden, niemals absolute Werte auszusprechen, also nicht: »*Sie bekommen 100 Euro mehr im Monat.*« Stattdessen erwähnten sie als Erstes, was die durchschnittliche Gehaltserhöhung aller Mitarbeiter in Prozent war. Dafür reicht ein einfacher Dreisatz, um zu sagen: »*Im Durchschnitt erhöhen wir die Gehälter um zwei Prozent dieses*

Jahr.« Damit hatte die Führungskraft ihrem Mitarbeiter erst mal einen Vergleichswert geschaffen. Dann kam man auf die individuelle Gehaltserhöhung zu sprechen: »*Ich habe mich aber dafür eingesetzt, dass Ihr Gehalt um vier Prozent in diesem Jahr erhöht wird!*« Klasse, oder? Soll der Mitarbeiter da noch ablehnen? Wie gesagt bewerten wir nicht absolut, sondern relativ. Und der Mitarbeiter stand besser da als der Durchschnitt seiner Kollegen. Er konnte stolz nach Hause gehen und seiner Familie verkünden, dass er eine deutlich höhere Gehaltserhöhung bekommen hatte als der Rest. Da wurde natürlich der Schampus geköpft. Das klingt doch viel besser als: »*Wir erhöhen Ihr Gehalt um 80 Euro pro Monat.*« Da wäre der Schampus ganz schnell kalt geblieben!

Was ist aber, wenn die Gehaltserhöhung des Mitarbeiters unter dem Schnitt liegt? Das passiert fast nie! Sie müssen nur auch diejenigen in die Berechnung der durchschnittlichen Gehaltserhöhung mit einbeziehen, die de facto keine Gehaltserhöhung bekommen. Wer in Rente geht oder das Unternehmen verlässt, hat ja eine Gehaltserhöhung von null. Auszubildende bekommen zwar mit jedem Ausbildungsjahr etwas mehr Geld, aber das ist ja im Ausbildungsvertrag festgelegt und somit keine Gehaltserhöhung im klassischen Sinn. Und siehe da, jeder andere liegt damit über dem Durchschnitt und wenn es immer noch nicht passt, dann rechnen Sie Abteilungen und Funktionen rein oder raus, bis es passt. Und nein, das ist nicht gelogen. Es ist halt nur anders gerechnet worden.

Übrigens, wenn Ihr Chef nun diesen Kniff bei Ihnen anwendet, dann wissen Sie ja, wie Sie kontern können. Fragen Sie doch mal nach der Berechnungsgrundlage und bitten Sie, all diejenigen rauszunehmen, die nach Ihrem Verständnis dort nicht reingehören. Wenn Sie dann nicht mehr über dem Durchschnitt liegen, können Sie nachverhandeln. Er hatte Ihnen ja eine überdurchschnittliche Erhöhung angeboten, nun muss er Wort halten.

Bringen Sie Kollegen dazu, Ihnen mit Freude zu helfen

Nun sollte es in einem normalen Arbeitsteam nicht sonderlich schwierig sein, einen Kollegen um Hilfe zu bitten. Einfach fragen – und dann wird er oder sie einen schon nicht hängen lassen. Nur hat die ganze Geschichte einen unangenehmen Nebeneffekt, weswegen Sie nämlich einen Gefallen nicht immer als Gefallen wirken lassen sollten.

Die Sicht der Kollegen

Sie stehen nun in der Schuld des anderen. Damit können Sie bestimmt sehr gut leben, aber was ist, wenn Sie öfters um einen Gefallen bitten, dann stehen Sie schnell da wie ein Schmarotzer. Vielleicht brauchen Sie auch mal einen sehr großen Gefallen, dann rennen Ihnen die Kollegen schneller weg, als Sie den Satz beenden können. Mit den nachfolgenden zwei Methoden können Sie dafür sorgen, dass Sie Gefallen erbitten können, ohne dass sich Ihre gesellschaftliche Sollseite zu stark erhöht.

Lösung: Reziprokaleffekt – Fuß-in-die-Tür-Methode

Wer gibt, der bekommt auch. Dies ist nicht nur eine alte Weisheit, sondern auch ein sehr spannender Effekt, der in der Psychologie in unzähligen Versuchen nachgewiesen wurde. Besonders spannend bei diesem Reziprokaleffekt ist jedoch, dass wir deutlich mehr bekommen, als wir gegeben haben. Unsere Psyche berechnet die empfundene soziale Schuld nicht nur aus dem Erhaltenen, sondern es spielt auch die Tatsache mit rein, dass der andere zuerst etwas gegeben hat. Dieser erste Schritt hat offenbar einen Wert. Sie bekommen also immer mehr zurück, als Sie gegeben haben, wenn Ihr Gegenüber normales Sozialverhalten an den Tag legt. Dies kann sich ziemlich hochschaukeln. Kyle MacDonald, ein 25-jähriger arbeitsloser Kanadier, hatte das mit einer ziemlich verrückten Idee unter Beweis gestellt. Er wollte mit einer kleinen Büroklammer sich immer weiter hochtauschen bis zu einem Haus. Das funktionierte auch, weil er jeweils als Erstes etwas anbot. Sein Gegenüber konnte im Gegenzug etwas geben und das war eben meist mehr wert. So kam Kyle MacDonald schließlich nach einer Kette von Tauschaktionen zu seinem ersehnten Haus.

Nutzen Sie die Kraft des Gebens, wenn Sie selbst einen Gefallen einfordern möchten. Wie gesagt müssen das keine großen Sachen sein. Sie sollten also nicht erst selbst heroisch in die Bresche springen und stundenlange Fronarbeiten leisten. Bringen Sie Ihrem Kollegen einfach mal einen Kaffee oder geben Sie ihm einen Schokoriegel. Nach einer Viertelstunde können Sie dann um einen Gefallen bitten. Rational wird er es als Gefallen erkennen, aber seine Psyche wird erleichtert drauf anspringen und dankbar die soziale Schuld begleichen. Auch ein Kompliment ist ein Gefallen. Gratulieren Sie zu den neuen Schuhen oder dem frischen Aussehen und eine halbe Stunde später helfen Sie, die soziale Schuld einzulösen.

Sie können hier auch die Heldenmethode verwenden. Loben Sie Ihren Kollegen für seine besonderen Fähigkeiten in einer Sache. »*Du bist bei uns bestimmt derjenige mit der besten Rechtschreibung.*« Damit haben Sie mal wieder einen kleinen Helden geschaffen und schieben Sie dann gleich Ihre Bitte nach. »*Deswegen wollte ich dich fragen, ob du nicht mal den Bericht Korrektur lesen könntest.*« Nun tun Sie Ihrem Kollegen einen Gefallen, denn er hat jetzt die Gelegenheit, seinen Heldenstatus zu beweisen, und wird es danach auch immer wieder gerne tun.

Manchmal möchten wir, dass uns unsere Mitmenschen einen größeren Gefallen tun, der etwas aufwendiger ist. Da reicht vielleicht der Reziprokaleffekt allein nicht aus. Andererseits sollte man auch nicht gleich mit der Tür ins Haus fallen. Drängen Sie sich lieber unbemerkt mit einem Fuß in die Tür, dann wird sie nach einigen weiteren Schritten bald ganz offen für Sie sein. Wenn Sie zum Beispiel einen Kollegen bitten möchten, einen Computer anzuschließen, was bei Ihrer IT-Struktur durchaus eine Stunde dauert, dann fangen Sie klein an. »*Könntest du mir bitte helfen, den Computer auszupacken?*« Das wirkt weniger dramatisch, und wenn Sie gerade mal dabei sind, können Sie dann die Tür ein wenig weiter öffnen, durchaus unter Zuhilfenahme der Heldenmethode. »*Du kennst dich ja richtig gut aus. Könntest du mir helfen, diesen gleich mit aufzubauen?*« Um dann zum Schluss zu fragen: »*Wenn du den noch kurz anschließen könntest, wäre das klasse.*« Damit die Fuß-in-die-Tür-Methode nicht als Überrumpeln aufgefasst wird, sollten Sie immer die Chance lassen, Nein zu sagen. Stellen Sie also immer kleine Fragen. Ihr Kollege wird Sie schon nicht mit halber Arbeit hängen lassen, das gehört sich nicht. Andererseits signalisieren Sie so, dass Sie auch Rücksicht nehmen. So kommen Sie viel eleganter an große Gefallen.

Hier noch ein interessanter, recht unbekannter Effekt, den Sie unbedingt nutzen sollten. Wir sind empfänglicher für einen Gefallen, wenn dieser in das rechte Ohr gesprochen wird. Dies haben die Psychologen Luca Tommasi und Daniele Marzoli von der Universität in Chieti herausgefunden. Sie wollten eigentlich nur untersuchen, in welches Ohr Menschen lieber sprechen, und sind durch Zufall auf diesen Effekt gestoßen. Denn dabei fiel ihnen auf, dass sich 72 Prozent der 286 Discobesucher hauptsächlich über das rechte Ohr ansprachen. Das machte die beiden neugierig, also begannen sie eine Reihe von Experimenten. Unter anderem sprachen Testpersonen 176 Clubbesuchern mal ins rechte und mal ins linke Ohr und baten um eine Zigarette. Wer die Gäste von rechts um die Gefälligkeit bat, hatte hinterher deutlich mehr zu rauchen. Rein medizinisch betrachtet hören wir normalerweise auf beiden Ohren gleich gut. Aber hören heißt noch lange nicht verstehen! Das rechte Ohr hat nämlich einen direkteren Draht zur linken Gehirnhälfte und die verarbeitet verbale Informationen und Aufforderungen besser. Zudem reagiert diese Gehirnhälfte vor allem auf positiv besetzte Emotionen. Diese wirken also weniger bedrohlich und deswegen stimmen wir einer Bitte eher zu. Wer also seinen Flirt um die Telefonnummer bittet, sollte unbedingt ins rechte Ohr sprechen, und wenn Sie Ihren Kollegen um einen Gefallen bitten, sollten Sie ebenso darauf achten, dass dieser eher auf das rechte als auf das linke Ohr trifft.

Wie Ihre Kollegen Sie nach Feierabend nicht mehr belästigen

Es ist ein Fluch unserer modernen Zeit, ständig erreichbar sein zu müssen. In vielen Berufen wird stillschweigend erwartet, dass man auch nach Feierabend E-Mails beantwortet und ans Handy geht. Der Stressfaktor wird deutlich unterschätzt. Freizeit und Wochenenden haben ihren Sinn! Sie dienen der Erholung. Ein kleiner Anruf und nur eine kurze E-Mail macht jegliche Erholung zunichte. *»Es ist ja nur eine E-Mail, versprochen! Nur dieser eine kleine Anruf.«* Technisch gesehen ist das richtig, aber unsere Psyche sieht das anders. Bewusst und unbewusst sind wir durch solch einen kleinen Impuls aus dem erholenden Privatleben wieder in die Arbeitswelt katapultiert worden. Wir denken nach, reflektieren und selbst wenn die E-Mail längst rausgeschickt ist, kommt unser Verstand erst nach längerer Zeit zur Ruhe. Im Schnitt braucht unser Gehirn rund eine Stunde, um wieder in den erholenden Freizeitmodus zu gelangen. Nun beantworten Sie mal nach Feierabend nur zwei E-Mails. Dann ist von Ihrem erholsamen Feierabend nicht viel übrig geblieben. Und wer nun meint, wir leben in einer Leistungsgesellschaft und wer nichts leistet, der bekommt früher oder später Probleme, den frage ich: Wie viel Leistung können Sie auf Dauer in Ihrer regulären Arbeitszeit erbringen, wenn Sie sich in Ihrer Freizeit nicht erholen können? Meines Erachtens nach gibt es einen engen Zusammenhang zwischen unserer modernen Arbeitskultur und der Tatsache, dass psychische Erkrankungen und Burn-out-Syndrome in den letzten Jahren drastisch zugenommen haben. Natürlich ist für manche das Arbeiten nach Feierabend auch eine willkommene Flucht vor der Familie. Wer das braucht, sollte sich aber lieber ein zeitintensives Hobby zulegen oder Sport treiben. Das ist für alle besser.

Außerdem sind die Zeiten vorbei, in denen permanente Erreichbarkeit ein Statussymbol und ein Zeichen von Wichtigkeit war. Das stammte noch aus einer Ära, als Handys selten, teuer und nur den wirklich hohen Tieren vorbehalten waren. Ich weiß noch, welche neidischen Blicke ich auf mich zog, als ich Ende der Neunziger als Berufsanfänger als Einziger vom Chef ein Handy zugesprochen bekam. Ebenso weiß ich noch, als wäre es gestern, wie ich als Angestellter einer Beratungsfirma beim Anschneiden meiner Hochzeitstorte eine SMS erhielt mit einer Gratulation meines Chefs und der Bitte, binnen zwei Stunden eine E-Mail zu bearbeiten, die er mir zugeschickt hatte. Dieses Erlebnis war einschneidender als das Messer für meine Hochzeitstorte und hat bei mir zu einem radikalen Wandel geführt, den ich bis heute nicht bereue. Inzwischen, weil jeder Fünftklässler ein Smartphone hat, hat zum Glück auch die ständige Erreichbarkeit ihren Charakter als Statussymbol verloren. Wer es sich leisten kann, nicht immer erreichbar zu sein, ist wirklich erfolgreich. Wer immer erreichbar ist, ist jedermanns Liebling und gleichzeitig jedermanns Idiot. Damit habe ich jetzt an Ihr Ego appelliert, sich von der Sklaverei der permanenten Erreichbarkeit zu befreien. Ich kann Ihnen versichern, dass Sie nicht weniger, sondern deutlich mehr leisten werden. Wenn dieser Impuls noch nicht reicht, stärke ich jetzt Ihre Gier, und zwar die Gier nach Freiheit. Wie schön wäre es, in Ihrer Freizeit wirklich frei zu sein. Ohne schlechtes Gewissen und Stress die Dinge zu tun, die Sie wirklich lieben, und die Arbeit komplett zu vergessen. Das wäre wie täglich ein paar Stunden Urlaub!

Nun sieht die Realität oft ein wenig anders aus. Sie können kaum Ihren Kollegen oder gar Ihrem Vorgesetzten aufs Brot schmieren, dass Sie nun erfolgreich seien, es geschafft hätten und sich jetzt erlauben könnten, am Feierabend in der Versenkung zu verschwinden. Man würde Sie dann wahrscheinlich über kurz oder lang gänzlich aus der Firma verschwinden lassen. Mit den folgenden Schritten geht es aber viel subtiler, und zwar so, dass es überhaupt nicht negativ auf Sie abfärbt.

Die Sicht der Kollegen

Es gibt drei Typen von Kollegen oder Kunden, die Sie nach Feierabend noch behelligen. Die einen sind Arbeitsmaschinen ohne

Privatleben oder Menschen, die aus dem Privatleben fliehen wollen. Sie sehen sich als unverzichtbar und als überdurchschnittliche Leistungserbringer. In der Schule sagte man Streber dazu. Sie sind Macher, die etwas bewegen wollen, und so was läuft natürlich nicht im stillen Kämmerlein ab. Dem Lebenspartner wird immer wieder ausgeschmückt, wie wichtig man sei und dass man unbedingt arbeiten müsse, weil sonst die Firma untergehen würde. Hier spielt das Ego die größte Rolle.

Bei dem zweiten Typ ist Angst das primäre Motiv, Sie zu belästigen. Es gibt nicht wenige Menschen, die sich einfach immer absichern wollen. Ich kannte mal einen Kollegen, der jede E-Mail an Kunden von mir gegenlesen ließ. Und ich meine wirklich jede! Jetzt muss es nicht gleich so extrem sein, aber wenn Sie mal für solch einen Menschen nicht erreichbar sind, bricht für ihn eine Welt zusammen.

Zu guter Letzt gibt es jene Menschen, die einfach etwas aus ihrem Kopf haben wollen. Das kennt man vielleicht bei sich selbst. Es ist bequem, einem Kollegen Bescheid zu geben, was er noch übernehmen möge, oder einfach eine Information zukommen zu lassen, damit ist es weg von der geistigen Agenda; man hat seinen Seelenfrieden und damit sein angenehmes Wochenende – nur der arme Kollege eben nicht. Ungünstig, wenn Sie nun dieser arme Kollege sind. Selbst wenn Sie bis zum nächsten Tag gar nichts machen können, weil Sie dafür an Ihrem Arbeitsplatz sein müssten, wo die entsprechenden Unterlagen sind, rattert Ihr Gehirn unbewusst weiter, während Ihr Mitstreiter entspannt auf dem Sofa liegt.

Wenn Sie also nun erfolgreich Ihre Kollegen und den Vorgesetzten erziehen wollen, dann müssen Sie einerseits den Strebertypen einigermaßen zufriedenstellen, dem Ängstlichen das Gefühl der Sicherheit geben und andererseits dem bequemen Kollegen den mentalen Ballast abnehmen. Nur so wirken Sie nicht ignorant, faul oder pflichtvergessen, wenn Sie sich in Ihrer Freizeit Ihre Ruhe gönnen.

Lösung: Fuß-in-die-Tür-Methode

Hier funktioniert die Fuß-in-die-Tür-Methode hervorragend. Setzen Sie diese in vier Schritten um und Sie werden in wenigen Wochen Ihre Kollegen und selbst Ihren Chef entwöhnt haben, ohne dass sie es Ihnen verübeln oder Ihr Ansehen darunter leidet.

1. Starten Sie die Testphase

Natürlich sollten Sie behutsam anfangen. Sie wollen ja keine Schockentwöhnung, sondern schleichend etwas verändern. Beginnen Sie, eine Woche und ein Wochenende »schlecht« erreichbar zu sein. Erklären Sie Ihren Kollegen, Sie seien familiär sehr eingebunden, viel unterwegs oder hätten gerade nur eine schlechte Internet- und Mobilfunkverbindung. Es handele sich ja nur um ein paar Tage.

2. Wirken Sie dennoch zuverlässig

Natürlich stürzen Sie den einen oder anderen Kollegen damit ein wenig in Verzweiflung. Vor allem können Sie davon ausgehen, dass Menschen sehr vergesslich sind, und bevor Sie sichs versehen, haben Sie Ihre Inbox oder Ihren Anrufbeantworter voll mit nervenden Tiraden Ihres Vorgesetzten, nur weil er vergessen hatte, dass Sie ja schlecht erreichbar sind. Manche Menschen sind auch einfach penetrant oder brauchen eine Rückmeldung von Ihnen, wenn es auch nur darum geht, Ihren Rat einzuholen. Wenn nun diese Person sich bei Ihnen meldet und keine Rückmeldung erhält, sondern einfach nur einsame Stille spürt, wirkt dies sehr verunsichernd und schlimmstenfalls unzuverlässig. Psychologisch ist es interessant, dass wir auf unseren Ruf in die Stille nicht einmal eine menschliche Reaktion brauchen, um beruhigt zu werden. Auch eine automatisierte Antwort tut uns gut. Sie kennen bestimmt selbst das beruhigende Gefühl, wenn Sie mal an ein Unternehmen eine Beschwerde-E-Mail geschickt haben und eine automatische Antwort-E-Mail bekommen haben, dass man Ihr Anliegen schnellstmöglich bearbeiten würde, was auch immer das heißen mag. Sie sind aber zumindest erst mal

111

erleichtert, außer es geschieht nach zwei Tagen immer noch nichts. Also geben Sie Ihren Kollegen auch dieses kuschelige Gefühl der Zuverlässigkeit. Versichern Sie vorher, dass Sie alle paar Stunden versuchen werden, Ihre Mailbox und Ihre E-Mails abzurufen. Sprechen Sie zusätzlich einen entsprechenden Text auf Ihren Anrufbeantworter und schalten Sie eine Out-of-Office-Reply für Ihre E-Mail ein. Wenn nun ein Streber oder ein sonstiger ignoranter Kollege Sie erreichen will, bekommt er auch dieses wohlige Gefühl, dass sein Anliegen ja bei Ihnen angekommen sei. Machen Sie aber auf keinen Fall den Fehler, sofort zu antworten, selbst wenn Sie wie ein Süchtiger alle paar Minuten Ihre E-Mails prüfen. Denn Sie müssen sich ebenso entwöhnen wie Ihre Kollegen. Lassen Sie sich Zeit, bevor Sie antworten, am besten mehrere Stunden. Denn sonst lernen Ihre Kollegen sehr schnell, dass Sie gar nicht so unerreichbar sind, wie Sie behauptet haben, und schon sind Sie wieder mittendrin im Schlamassel.

3. Sorgen Sie für einen dauerhaften Verhaltenswechsel
Wenn Sie die ersten zwei Wochen geschafft und sich Ihre Kollegen an Ihre Art gewöhnt haben, wird es Zeit, die Ausnahme zum Normalzustand zu erheben, denn Sie wollen ja einen dauerhaften Gesinnungswandel erreichen. Sich außerhalb der Gemeinschaft zu stellen, ist selten eine gute Idee, sich jedoch moralisch aufzuwerten, ohne dass man die anderen abwertet, hingegen schon. Beginnen Sie also, in verschiedenen Gesprächen in der Kaffeeküche oder beim Mittagessen Ihre Arbeitsphilosophie zu erklären. Nämlich dass Leistung Arbeit pro Zeit und nicht Arbeit mal Zeit sei. Dass Sie überzeugt sind, dass gute Leistungsträger sich dadurch auszeichnen, dass sie ihre Aufgaben während der Arbeitszeit erledigen, und Arbeit nach Feierabend eigentlich ein Zeichen dafür ist, dass man seine Zeit nicht richtig geplant habe. Dies bringen Sie natürlich neutral vor, ohne jemanden anzuprangern. Einerseits sprechen Sie damit viel mehr Kollegen aus dem Herzen, als Sie denken. Ferner »impfen« Sie Ihre Kollegen dahingehend, dass diese nun unterbewusst wissen, was Sie

von ihnen halten, wenn sie sich nach Feierabend doch mal bei Ihnen melden sollten. Die Kollegen wissen, dass unter jeder Nachricht nach Feierabend ihr eigenes Ansehen leidet. Die Versuchung, Sie nach Feierabend zu behelligen, wird drastisch abnehmen. Sie können auch die Heldenmethode anwenden und andere Kollegen dafür loben, dass sie sehr strukturiert seien und ihre Arbeit fast immer im Rahmen der Arbeitszeit erledigen würden. Das muss nicht einmal stimmen, es konditioniert aber Ihre Kollegen hervorragend.

4. Bleiben Sie standhaft

Wenn Sie bis hierher gekommen sind, haben Sie schon eine Menge erreicht. Aber genau jetzt ist die Rückfallquote am größten. Nun heißt es, auf alle Fälle standhaft zu bleiben. Natürlich sollte man nicht realitätsfremd sein. Es wird immer mal Fälle geben, wo Sie doch mal am Wochenende ranmüssen. Aber belassen Sie dies unbedingt als Ausnahme. Es darf auf keinen Fall wieder einreißen und zur Regel werden. Ähnlich wie ein Alkoholiker, der rückfällig wird – nicht umsonst heißt es ja auch Workaholic – müssen Sie sich nach einem solchen Rückfall unbedingt dazu zwingen, wieder abstinent zu werden. Denn Menschen sind Gewohnheitstiere und sobald Ihre Kollegen merken, dass Ihre klare Haltung aufzuweichen beginnt, gewöhnen sie sich daran und schon sind Sie wieder in alten Gewohnheitsmustern gefangen. Seien Sie nicht enttäuscht, wenn Sie mehrere solcher Rückfälle erleben, das ist völlig normal. Bleiben Sie auf alle Fälle hartnäckig. Denken Sie immer an die Lebensqualität, die Sie hierdurch gewinnen.

Nun mag sich das nett gelesen haben, aber werden Sie es wirklich umsetzen? Das liegt an Ihnen. Es sollte Ihnen aber Ihre körperliche und seelische Gesundheit wert sein. Also warten Sie nicht, sondern legen Sie gleich morgen damit los, sich die Freiheit zurückzuholen, die Ihnen zusteht.

So setzen Sie Ihr Home-Office durch

Ich bin ein großer Freund von Home-Office-Lösungen. In zahlreichen Befragungen hat sich immer wieder gezeigt, dass Mitarbeiter im Home-Office konzentrierter und produktiver sind. Natürlich nur dann, wenn sie die notwendige Selbstdisziplin haben. Es macht durchaus Sinn, sich dennoch regelmäßig im Büro blicken zu lassen, damit das Teamgefüge weiterhin funktioniert und man den Büroalltag mitbekommt. Aber ein bis zwei Tage Home-Office in der Woche sind optimal. Ich habe oft erlebt, dass Mitarbeiter bewusst diese Tage für komplexere Arbeiten nutzen, bei denen sie sich stark konzentrieren müssen. Umso unverständlicher ist es, dass immer noch viele Chefs dieser Lösung ablehnend gegenüberstehen. Wenn Ihr Chef dazugehört, dann können Sie dessen Meinung schnell ändern.

Im vorherigen Kapitel haben wir ja gerade gesehen, wie man Beruf und Privates trennt. Ein Home-Office bedeutet jedoch die Gefahr, genau das wieder zu vermischen. Deswegen sollten Sie, bevor Sie zu einer Home-Office-Lösung tendieren, unbedingt darauf achten, dass Sie für sich selbst Regeln aufstellen. Richten Sie sich einen klar abgetrennten Arbeitsplatz ein. Disziplinieren Sie sich, nur während der normalen Bürozeiten zu arbeiten. Also nicht erst um elf Uhr starten und dann bis spät in die Nacht hinein. Wenn Sie dann nach Feierabend nämlich noch wild E-Mails verschicken, wie sollen die Kollegen dann respektieren, dass Sie an Tagen, wenn Sie im Büro sind, nach Feierabend nicht mehr gestört werden wollen? Home-Office ist ein Büro, das sich zu Hause befindet. Mit allen Regeln und Arbeitszeiten. Wenn Sie diese Regeln beherzigen, können Sie loslegen.

Die Sicht des Chefs und der Kollegen

Wen ich nicht sehe, der arbeitet nicht, ist ein beliebtes Argument. Das ist natürlich Unsinn, denn kein Vorgesetzter starrt permanent auf seine Mitarbeiter. Chefs, die so denken, sind meist unsicher, weil sie das Gefühl haben, dass sie permanent kontrollieren müssen. Um Ihr Home-Office durchzusetzen, sollten Sie Ihrem Chef unbedingt als Erstes die Kontrollsucht nehmen. Wie das geht, haben wir ja bereits behandelt. Wenn Sie diese Stufe genommen haben, ist es zum Home-Office nicht mehr weit. Manch ein Chef zweifelt dennoch an Ihrer Selbstdisziplin. Verübeln Sie ihm das nicht, denn meist kommen diese Zweifel daher, dass der Chef selbst eher undiszipliniert ist. Man schließt halt oft von sich auf andere. Auch das lässt sich recht leicht lösen, und zwar indem Sie Resultate liefern.

Lösung: Fuß-in-die-Tür-Methode

Auch hier eignet sich die Methode der schleichenden Entwöhnung, die wir im vorherigen Kapitel kennengelernt haben. Bitten Sie um eine Ausnahme. Zeitlich begrenzt und so gering, dass Ihr Chef leicht zustimmen kann. Zum Beispiel vereinbaren Sie, dass Sie nur die nächsten drei Wochen jeden Mittwoch von zu Hause aus arbeiten. Begründen Sie diesen Vorschlag, denn es muss für Ihren Chef Sinn machen. Nennen Sie aber bloß keine privaten Gründe, wie zum Bespiel ein krankes Kind. Denn dann hat Ihr Chef gleich das Bild im Kopf, wie Sie mit drei schreienden Kindern auf dem Schoß und Breiflecken auf den Akten verzweifelt E-Mails beantworten. Nennen Sie also berufliche Gründe, wie zum Beispiel, dass Sie einen schwierigen Bericht erstellen müssten und Ruhe bräuchten, um nicht abgelenkt zu werden. Davon hänge ein großer Auftrag ab. Da es ja eine zeitlich begrenzte Ausnahme ist und es dem Unternehmen dient, wird er kaum ablehnen.

Im Home-Office sollten Sie nun permanent erreichbar sein und auf jede E-Mail und jeden Anruf umgehend antworten. Sie können davon ausgehen, dass Kontrollanrufe kommen. Rufen Sie auch von sich aus Kollegen an und verschicken Sie eifrig E-Mails, bei denen der Chef draufkopiert ist. Sicher, Sie wollten ungestört arbeiten. Das war aber nur ein Grund, damit der Chef guten Gewissens zustimmen kann. Nun müssen Sie Präsenz zeigen. Sie dürfen nicht in einem schwarzen Loch verschwinden. Sie müssen das Gefühl vermitteln, dass Sie im Büro säßen. Wenn man nicht sieht, dass Sie arbeiten, dann glaubt man es auch nicht. Also heißt es: Wind machen und trommeln.

Sie werden ohnehin produktiver sein, und selbst wenn nicht, dann müssen Sie eben Überstunden dranhängen. Lassen Sie es nur nicht

Ihren Chef oder Ihre Kollegen wissen, denn Sie müssen den Mythos der Produktivität aufrechterhalten. Schließlich wollen Sie ja eine dauerhafte Home-Office-Lösung. Wenn Sie nun am nächsten Tag im Büro sind, dann schwärmen Sie von Ihrer Produktivität, geben Sie ruhig ein wenig damit an, dass Sie an einem Tag das geschafft haben, wofür Sie sonst zwei Tage gebraucht hätten. Ihr Chef wird zufrieden sein und Ihre Kollegen werden Sie nicht als Faulenzer sehen. Wenden Sie auch die Heldenmethode an. Danken Sie Ihrem Chef für seinen zeitgemäßen Führungsstil und seine Weitsicht. Wie das geht, wissen Sie ja schon.

Nachdem die vereinbarte Frist des Home-Office abgelaufen ist, halten Sie Wort. Arbeiten Sie zwei Wochen kontinuierlich im Büro. Dann kommt wieder eine Arbeit, die Sie unbedingt zu Hause machen müssen. Ihr Chef wird gerne zustimmen, weil er ja gesehen hat, wie verantwortungsvoll Sie damit umgegangen sind. Schlagen Sie diesmal aber vier Wochen raus. Es wird ihm leichtfallen zuzustimmen. Vor allem setzt bereits nach drei Wochen bei ihm der Gewöhnungseffekt ein und das Home-Office wird sich fast wie ein Normalzustand anfühlen. Wenn Sie nun wiederum genauso produktiv und erreichbar sind wie zuvor, haben sich unbewusst alle mit dieser Lösung arrangiert. Nun ist es Zeit für den finalen Schritt.

Betonen Sie nochmals die Vorteile und bitten Sie Ihren Chef, dies als dauerhafte Lösung einzurichten, wenn er sich noch sträubt, dann schlagen Sie eine zeitlich begrenzte Regelung für die nächsten drei Monate vor, dann könne man ja sehen. Sie werden sehen, er wird Ihnen definitiv zustimmen. Aber noch mal: Erwähnen Sie niemals, wie positiv sich das auf Ihr Familienleben auswirkt. Das ist nicht das Bild, das Sie heraufbeschwören wollen!

Selbst wenn er nur der Dreimonatslösung zustimmt, haben Sie Ihr Ziel erreicht. Denn das ist eine so lange Zeit, dass Ihre Home-Office-Lösung schon als normal empfunden wird. Sie können dann einfach diese Situation über die drei Monate hinaus schleichend weiterführen, und selbst wenn Sie noch mal eine Zustimmung Ihres Chefs benötigen, wird er kaum ablehnen, denn es ist bereits gelebte Praxis, die funktioniert. Was also spricht dagegen?

Nie wieder dreckige Küchen oder Toiletten

Wir alle kennen das typische Büroproblem. Jeder soll die Küche sauber halten, die Toiletten reinlich verlassen und selbst Toilettenpapier nachfüllen und die Kaffeemaschine reinigen, bevor sie komplett zu verschimmeln droht. In der Praxis stellt sich aber der typische WG-Effekt ein. Jeder behauptet, er würde ja stets alles sauber hinterlassen. Es müssen also ein paar sadistische Heinzelmännchen sein, die heimlich alles wieder verdrecken. Umso schlimmer ist es, wenn man Kundenbesuch hat. Da sind gerade unsaubere Toiletten besonders peinlich. Irgendwann reicht es einer Kollegin (Kolleginnen haben interessanterweise meist ein höheres Reinlichkeitsempfinden als ihre männlichen Mitstreiter). Es wird gut sichtbar für jeden ein Schild aufgehängt mit den Worten »*Bitte die Toilette reinigen, braune Streifen sind ekelig*«. Leider bewirkt diese gut gemeinte Aktion sehr wenig außer einem höchst peinlichen Eindruck beim Kunden. Was würden Sie von einem Unternehmen halten, in dem solch ein Schild auf dem WC hängt?

Die Sicht der Kollegen

Hier zeigt sich das soziale Faulenzen in seiner stärksten Ausprägung. Wir wissen ja, in einem Team sinkt die eigene Verantwortung. Jeder macht ein bisschen sauber, aber ein wenig bleibt stets ungetan und dieses wenige Unerledigte summiert sich dann zu einer riesigen Sauerei. Außerdem leiden wir unter einer Wahrnehmungsverzerrung. Man macht zweimal die Kaffeemaschine sauber, gefühlt meint man aber, dass man die Maschine fast immer sauber machen würde, folglich macht man erst mal gar nichts mehr. Wer Kinder hat, kennt das. Wird zweimal das Zimmer aufgeräumt, heißt es gleich: »*Ich räume IMMER mein Zimmer auf. Einmal mache ich es nicht, schon schimpfst du.*« Das ist nicht einmal gelogen. Aus einigen wenigen Malen neigt unser Gehirn zu verallgemeinern. Sehen wir zwei rote Röcke binnen einer Stunde, glauben wir, dass alle Frauen rote Röcke kaufen, und das dass der neueste Trend sei. Ist unser Partner zweimal unzuverlässig, glauben wir, dass er oder sie immer unpünktlich sei. Unser Partner hingegen hat aber die Male im Fokus, wo er oder sie pünktlich war, verallgemeinert diese und ist überzeugt, IMMER pünktlich zu sein. Keiner lügt, jeder hat seine eigene Wahrheit und schon ist ein unüberbrückbarer Streit vom Zaun gebrochen.

Genau das Gleiche wird Ihnen passieren, wenn Sie Ihre Kollegen mit der Tatsache konfrontieren, dass sie die Küche oder das WC nicht sauber hinterlassen hätten. Keiner lügt, jeder hat was gemacht und alle sind sauer. Letzten Endes sind Sie dann der undankbare Stinkstiefel und unsympathische Pedant.

Lösung: Persönliche Verantwortung schaffen

Wir haben es hier also einerseits mit einer Wahrnehmungsverzerrung, aber auch mit dem sozialen Faulenzen zu tun. Um das Problem dauerhaft zu lösen, müssen Sie also Leistung mal wieder klar messbar machen, indem Sie persönliche Verantwortung schaffen.

Eine sehr wirksame Methode ist hier die sogenannte Küchensheriff-Methode, die ich vor einigen Jahren in einem Unternehmen kennengelernt habe. Jeden Tag wurde ein anderer Mitarbeiter zum Küchensheriff ernannt. Dieser hatte jede Stunde dafür zu sorgen, dass die Küche sauber war. Die entsprechende Kollegin oder der Kollege wurde zwei Tage vorher von der Sekretärin informiert, dass er oder sie Küchensheriff sein würde. Am Morgen des entsprechenden Tages ging eine E-Mail an alle Kollegen, wo der jeweilige Küchensheriff noch mal namentlich genannt wurde. Sollte der Küchensheriff im Laufe des Tages mal wegen einer Besprechung verhindert sein, seiner Pflicht nachzukommen, war es seine Aufgabe, für diese Stunde einen Hilfssheriff zu benennen. Davon waren auch die Vorgesetzten nicht ausgenommen, denn Dreck fällt hierarchieübergreifend an.

Durch den Kniff des Küchensheriffs lösen Sie gleich mehrere Probleme. Das soziale Faulenzen ist passé, denn nun hat eine Person die Verantwortung. Gefühlt richten sich alle Blicke auf den Küchensheriff. Versagt er, hat man gleich einen Schuldigen. Das weiß der Küchensheriff und entsprechend wird er auch seine Kollegen ermahnen, stets die Küche sauber zu halten. Nicht nur der Küchensheriff fühlt seine Verantwortung, auch der Begriff ist positiv besetzt. Man ist doch lieber *Küchensheriff* als *Putzfrau des Tages*. Ferner sind Sie nicht mehr der unbeliebte Mahner, sondern haben diese Aufgabe gleich mit an den Küchensheriff abgegeben. Ein weiterer positiver Effekt ist, dass die Aufgabe auf einen Tag begrenzt ist. Unserem Verstand fällt es leichter, sich auf eine zeitlich begrenzte Tätigkeit und Verantwortung zu konzentrieren als auf etwas, das permanent fortläuft, wie es der Fall wäre, wenn jeder täglich seinen Dreck selbst sauber machen sollte. Mit der Küchensheriff-Methode gewinnen Sie also auf der ganzen Linie.

Und wie macht man das nun mit den Toiletten? Im Prinzip genauso! Verwenden Sie einen positiven Begriff. *Toilettensheriff* ist da nicht die beste Wahl. Am besten, Sie fassen die Küchen- und WC-Reinigung zusammen und nennen es *Bürosheriff* oder *Sauberkeitssheriff*. Gerade beim WC ist die Sheriffsmethode noch effektiver. Denn weil Toilettenhygiene ein sehr peinliches Thema ist, möchte niemand persönlich vom Sheriff bezüglich seiner Reinlichkeit ermahnt werden. Umso disziplinierter sind alle Kollegen, wenn sie wissen, dass ein Sheriff aufpasst.

Übrigens können Sie die ganze Sache noch abrunden. Am Ende des Jahres können Sie von den Mitarbeitern den Bürosheriff des Jahres wählen lassen. Das klingt vielleicht albern, aber selbst lustige Prämierungen sorgen für einen positiven Anreiz. Wenn Sie das gleich zu Beginn des Jahres ankündigen, werden sich Ihre Kollegen noch mehr ins Zeug legen und Sie werden nie wieder peinliche Schilder aufhängen müssen.

Wie Kollegen Ihnen nie wieder lästige Aufgaben aufhalsen

Jetzt gehört die Bürohygiene durchaus zu den lästigen, aber dafür notwendigen Aufgaben. Sie sollten sich aber vor anderen lästigen Aufgaben hüten! Diese können leicht zum Karrierekiller werden! Man erliegt leicht der Versuchung, aus falsch verstandenem Pflichtgefühl, oder weil man ein Teamplayer sein möchte, zu schnell »hier« zu rufen, und dann hat man ein riesiges Problem. Die Verlockung ist natürlich groß, für seine Kollegen oder den Chef in die Bresche zu springen. Denn mit unliebsamen Aufgaben sichert man sich erst mal den Dank und Anerkennung der Kollegen und des Chefs und kann als Teamplayer glänzen. Aber nach dem ersten Schulterklopfen ist man doppelt gestraft. Einerseits wird man schnell alleingelassen und muss etwas abarbeiten, wozu man nicht die geringste Lust hat. Andererseits bleibt Ihre andere Arbeit, also diejenigen Aufgaben, für die Sie eigentlich bezahlt werden, schlimmstenfalls liegen. Bestenfalls kriegen Sie das auch noch irgendwie hin, aber eben nicht mit der gleichen Qualität, und letzten Endes wird nur Ihre schlechte Leistung gesehen, nicht aber, dass Sie unnötige und lästige Aufgaben für andere übernommen haben. Undank ist und bleibt der Welt Lohn. Hinzu kommt noch, dass Sie sich im Teamgefüge in eine sehr ungünstige Position bringen. Denn wenn Sie einmal den Kollegen aus der Patsche geholfen haben, an wen werden diese sich wohl am ehesten bei der nächsten

undankbaren Aufgabe wenden? Wenn Sie einmal diesen Weg gehen, dann wird es schwierig sein, aus dieser Einbahnstraße wieder
rauszukommen.

Die Sicht der Kollegen

Nun bin ich kein Misanthrop. Die wenigsten Menschen nutzen andere bewusst aus. Das Motiv der Bequemlichkeit sorgt aber dafür,
dass unsere Kollegen lästige Aufgaben abgeben wollen. Trifft solch
ein Bewegrund auf jemanden, der weniger bequem ist, der jedoch
glaubt, dass er mit der Übernahme der Aufgabe gut glänzen kann,
dann findet ein »Tauschgeschäft« statt. Man glaubt, sein Ansehen
aufzuwerten, also sein Ego stärken zu können, und kommt dafür der
Bequemlichkeit des anderen entgegen. Nur ist dies ein schlechtes
Tauschgeschäft, weil das Ego eben nicht so gestärkt wird, wie man es
sich vorstellt. Außer es ist Ihr Selbstverständnis, Mädchen für alles
und Abladestelle für Lästiges zu sein.

Lösung: Tiefstapeln – Heldenmethode

Wenn Ihr Gegenüber also bequem sein will, dann bieten Sie ihm
oder ihr genau das nicht. Machen Sie die ganze Sache so unbequem
wie möglich und holen Sie sich trotzdem den gewünschten Gewinn
für Ihr Ego. Die beste Methode, lästige Aufgaben erst gar nicht wieder aufgetragen zu bekommen, ist es, sie schlecht umzusetzen. Achten Sie aber darauf, dass Sie Ihren Ruf dabei nicht schädigen. Am
geschicktesten ist es, wenn Sie ganz offen und ehrlich sagen, dass Sie
die Aufgabe durchaus übernehmen würden, aber befürchten, dass
Sie dafür nicht geeignet seien.

Spätestens jetzt sollten die Alarmglocken Ihres Kollegen oder Chefs
schrillen. Wenn man Sie dennoch nicht in Ruhe lässt, dann über-

nehmen Sie die Aufgabe, jedoch unter der Bedingung, dass Sie sich jederzeit mit Fragen melden können. Damit haben Sie sich als Teamplayer präsentiert, haben aber zugleich die Erwartungen richtig gesetzt, nämlich dass Sie eben nicht Spitzenleistung bringen werden und das Problem nicht bequem auf Sie abgeladen wurde. Wenn Sie nun loslegen, sorgen Sie einerseits dafür, dass Sie nicht übermäßig gut sind, und stellen Sie andererseits auch wirklich regelmäßig Fragen. Nerven Sie ruhig! Sie wollen es ja unbequem machen. Natürlich dürfen Sie sich nicht zu dumm anstellen, aber wenn Sie besorgt und gewissenhaft wirken, verübelt man es Ihnen nicht. Zumal Sie ja bereits angekündigt hatten, dass es ihn nicht leichtfallen würde. Sie geben also Ihr »Bestes«, aber das Tauschgeschäft ist für die andere Person eher schlecht. Denn bequem ist die ganze Nummer nicht. Wenn Sie alles erledigt haben, werden alle Seiten erleichtert sein und man wird nicht wieder auf Sie zukommen. Sie müssen sich übrigens nicht allzu große Sorgen machen, dass Sie nun als inkompetent dastehen. Denn wenn Sie ansonsten gute Leistungen bringen, dann wird dies weiterhin geschätzt. Ihre Kollegen wissen eben nur, dass sie sich bei gewissen Aufgaben lieber an jemand anderen wenden sollten.

Übrigens können Sie die Person, die sich in Zukunft für solche Aufgaben besser eignet, gleich mit präsentieren. Holen Sie sich also am besten Hilfe. Wenn die Aufgabe erledigt ist, seien Sie bescheiden. Sagen Sie, dass Sie es ohne Ihren Kollegen niemals geschafft hätten. Die Heldenmethode lässt grüßen! Er wird Ihnen dankbar sein für das Lob und ist dann eine präferierte Alternative für die nächste lästige Aufgabe, die er begeistert annehmen wird. Wieder mal eine klassische Win-win-Situation.

Eignet sich auch:

➤ Wenn Ihr Partner möchte, dass Sie die Wohnung renovieren.

> Wenn Sie das Taxi für die Familienfeier sein sollen: Einmal rasantes Heimfahren sorgt dafür, dass Sie bei den nächsten Feiern freie Bahn für Bier und Wein haben werden.

> Wenn Sie in Ihrer Abwesenheit vom Verein oder dem Elternbeirat für irgendeine undankbare Aufgabe gewählt wurden.

Bringen Sie Ihre Kollegen dazu, von Ihrer Idee begeistert zu sein

Sie haben eine wundervolle Idee, zum Beispiel, wie sich im Büro Abläufe besser organisieren lassen, oder Sie wollen einen neuen Kopierer anschaffen oder gar ein wundervolles Event für die Weihnachtsfeier organisieren? Sie sprühen vor Enthusiasmus, erläutern begeistert Ihr Konzept – und was ist die Reaktion? Skepsis, Ablehnung und letztlich einigt man sich auf den Plan eines Kollegen, der in der letzten Minute vorgeprescht ist. Selbst wenn dessen Idee offensichtlich deutlich schlechter war und im Grunde es alle wissen, wird Ihr Konzept fallen gelassen, obwohl es rational betrachtet das bessere war. Was ist da passiert?

Die Sicht der Kollegen

Es liegt in unserer Natur, immer die Gefahr zu sehen. Das ist auch gut so, denn das ist der Grund, wieso die Menschheit überhaupt existiert. Es ist ein evolutionstechnisch verankertes Denkmuster. Als zwei unserer Vorfahren nach der Mammutjagd vor der Höhle beisammensaßen und plötzlich ein Rascheln im Gebüsch hörten, sagte der eine gelassen: »*Das ist bestimmt nur ein Schmetterling*« – während der andere panisch »*Löwe, Löwe*« schrie und wegrannte. Was meinen Sie, wessen Überlebenschancen unter dem Strich größer waren? Der Sorglose war bestimmt glücklicher, aber das bei einer

deutlich kürzeren Lebenserwartung. Entsprechend haben sich evolutionstechnisch nicht die Optimisten, sondern die Ängstlichen
durchgesetzt. Diese Verhaltensweise, die unser Überleben gesichert
hat, schadet uns in unserem heutigen Alltag jedoch oft mehr, als dass
sie uns nutzt. Denn in unserer zivilisierten Gesellschaft geht es selten
um Leben und Tod, sondern lediglich darum, unsere Situation zu
verbessern. Dennoch sehen wir immer erst die Gefahr, wenn wir etwas Neuem begegnen. Wir wollen wissen, wo der Haken ist.

Wir haben ja schon gesehen, dass wir Kaufentscheidungen weniger
an den positiven Wertungen als eher an den schlechten Bewertungen festmachen. Genauso geht es Ihren Kollegen! Und selbst wenn

kein Haken an einer Sache ist, dann ist es »*zu gut, um wahr zu sein*«, und darin liegt wiederum der Haken! Zudem sind wir innerlich überzeugt, dass das erste Angebot nicht das beste sein kann. Wenn Sie eine schöne Jacke sehen, kaufen Sie diese auch nicht gleich, sondern Sie suchen nach Alternativen. Wenn Sie also einen Vorschlag machen, wird man ihn nicht nur zerpflücken, sondern sich auch zu Ihrem großen Frust für die zweitbeste Lösung entscheiden, und zwar deshalb, weil es die Alternative ist. Und wir wollen immer die Wahl haben, selbst wenn wir das Schlechtere wählen, wenigstens haben wir unser Unglück selbst gewählt.

Lösung: Therapeutenmethode und psychologische Rahmung

Wenn Sie also eine Idee erfolgreich durchsetzen wollen, sollten Sie mal wieder wie ein Therapeut agieren. Das lässt sich mit drei Schritten ganz einfach erreichen:

➤ Lassen Sie Ihre Kollegen die Haken zuerst finden, dann sind sie glücklich und Sie können Ihre Lösung zu all den Haken bieten.

➤ Lassen Sie Ihre Lösung nicht perfekt erscheinen! Denn sonst ist sie eben »*zu gut, um wahr zu sein*«.

➤ Haben Sie immer eine leicht abgewandelte Variante in der Tasche, damit Ihre Kollegen entscheiden können. Das kennen wir bereits von der Tür-ins-Gesicht-Methode.

Sagen wir zum Beispiel, alle würden über die Macken des Kopierers jammern. Irgendwann reicht es Ihnen und Sie möchten als logische Konsequenz den Vorschlag machen, einen neuen Kopierer anzuschaffen. Was das Selbstverständlichste der Welt ist, muss noch lange nicht von den Kollegen angenommen werden. Es ist ja nicht deren Idee! Wieso sollte Ihre Idee also gut sein? Hier hilft die Therapeutenmethode weiter. Ein Therapeut sagt seinen Patienten niemals gleich die Lösung für deren Probleme, selbst wenn er das binnen fünf Minuten aufgrund seiner Erfahrung machen könnte. Die Lösung muss in den Patienten selbst reifen, ähnlich wie beim Museum des Wissens. Dafür müssen Ihre Kollegen ihre Schmerzen und Sehnsüchte selbst erforschen. Erst dann gelangen sie zu der eigentlich naheliegenden Erkenntnis, und mit einem keinen Stups des Therapeuten gibt es den notwendigen Aha-Effekt und sie freuen sich über die Lösung.

Werden Sie zu diesem Therapeuten, das heißt, Sie sprechen zwar das eigentliche Thema an, stellen aber gleichzeitig offene Fragen zu den Problemen und Schmerzen, also Fragen, die nicht einfach mit *Ja* oder *Nein* zu beantworten sind. *»Wie sehr nervt das mit dem Kopierer?«* Oder: *»Welche Probleme sind uns dadurch in der Kundenarbeit bisher entstanden?«* Lassen Sie Ihre Kollegen den Schmerz nacherzählen. Geben Sie ihnen die Chance, diesen Schmerz noch mal zu erleben! Erst dann vertiefen Sie die jeweiligen Antworten. *»Was heißt das genau bezüglich der Kundenarbeit? Wie denkt der Kunde über uns? Welche versteckten Kosten hat das verursacht?«* Zwar wusste jeder, dass es ein Problem gab, durch diese Fragen verstärken Sie aber den Schmerz. Und je stärker der Schmerz, umso geringer wiegen die Haken bei der Lösung, die Sie präsentieren. Bereiten Sie Ihre therapeutischen Fragen aber sehr genau vor. Im Grunde kennen Sie die meisten Antworten schon, deswegen wird es Ihnen leichtfallen, die passenden Fragen zu stellen. Im Umkehrschluss sollten Sie auch nur Fragen stellen, deren Antwort Sie kennen, denn es geht ja nicht um neue Erkenntnisse, sondern nur darum, das Schmerzbewusstsein Ihrer Kollegen zu erhöhen. Ziemlich oft brauchen Sie dann gar nicht mehr selbst den eigentlichen Vorschlag auf den Tisch zu bringen. Gerade bei einfacheren Themen werden Ihre Kollegen meist von selbst auf die Idee kommen. Umso besser. Denn dann haben Sie bereits die Kollegen auf Ihrer Seite und sind auf der Zielgeraden. Und selbst wenn die Kollegen nicht von selbst auf die Lösung des Problems kommen, werden Sie schnell spüren, wann der Punkt gekommen ist, Ihren Vorschlag zu präsentieren.

Sollten Sie sich in der Therapeutenrolle nicht wohlfühlen, dann stimmen Sie sich mit einem Kollegen Ihres Vertrauens ab, der das gleiche Ziel verfolgt. Lassen Sie ihn die Fragen stellen und Sie bieten die Lösungen an oder auch umgekehrt. Auch solch eine Zusammenarbeit funktioniert hervorragend.

Wenn die Lösung auf den Tisch kommt, denken Sie immer daran, zwei Lösungen zu präsentieren, damit Ihre Kollegen zwischen Option A und B und nicht zwischen *Ja* und *Nein* entscheiden. Aber das Prinzip kennen Sie ja bereits.

Beschreiben Sie dann, welche Schmerzpunkte durch Ihren Vorschlag gelöst werden: »*Wir hätten dann keine Verzögerungen mehr bei der Erstellung von Kundenunterlagen.*« Oder: »*Keiner müsste mehr den Tonerbehälter reinigen und sich dadurch die Kleidung versauen.*« Selbstverständlich sollten Sie für Ihre Lösung auch unbedingt zwei kleinere Nachteile präsentieren. Sie wissen, ja ein Haken muss an der Sache dran sein. So können Ihre Kollegen über die Nachteile jeder Option diskutieren und dann die Variante auswählen, die ihnen am besten passt, und Sie haben so oder so gewonnen.

Eignet sich auch:

➤ bei der Planung einer Betriebsfeier

➤ neuen Akquiseaktionen

➤ wenn Sie die Familie von Neuanschaffungen überzeugen wollen.

Überzeugen Sie Ihre Kollegen

Manche Menschen scheinen immer recht zu bekommen, egal was sie sagen und wie schwach ihre Argumente eigentlich sind. Die Zustimmung anderer hängt dabei gar nicht von der Stichhaltigkeit der Argumente ab, sondern von der Art, wie man diese vorbringt. Mit den nachfolgenden Techniken schaffen Sie es auch, fast immer recht zu bekommen.

Die Sicht der Kollegen

Wer glaubt, dass Menschen sich intellektuell mit Argumenten auseinandersetzen und diese dann abwägen, der überschätzt seine Artgenossen. Tatsächlich haben wir ganz andere Motive, nämlich emotionale Beweggründe, einer Argumentation zuzustimmen. Genau hier liegt oft der Fehler. Man bereitet sich mit viel Akribie inhaltlich auf eine sachliche Diskussion vor, kennt alle Daten und Fakten und wenn man dann seine Chance hat, wird man in wenigen Sekunden abgebürstet und die Enttäuschung ist groß. Unzählige psychologische und neuropsychologische Studien haben gezeigt, dass wir uns viel weniger rational mit Argumenten auseinandersetzen, als gemeinhin geglaubt wird. Unser Gehirn kann zwar komplexe Denkvorgänge leisten, aber da es das Organ mit dem höchsten Energieverbrauch ist, hat es auch gelernt, stets die Denkleistung so niedrig wie möglich zu halten. Wenn Sie also viel Gehirnschmalz in etwas hineingesteckt haben, dann erliegen Sie nicht dem Irrtum, dass andere es ebenso tun. Tatsächlich wiegen Faktoren, die das Denken abkürzen, deutlich mehr, so zum Beispiel die emotionale Empfänglichkeit, die Einfachheit der Argumente und der leichte Zugang zu Informationen.

Lösung: Schlüsselreize – Vereinfachung – Informationsgewichtung – Herdentrieb

Im Grunde gewinnen Sie also Argumentationen dadurch, dass Sie sie mundgerecht servieren, und das beginnt bereits vor dem eigentlichen Auftischen. Wenn Ihnen jetzt, während Sie gerade dieses Buch lesen, jemand plötzlich eine Riesenportion Essen auf den Tisch knallen würde, dann wären Sie zwar überrascht, aber würden nicht unbedingt begeistert zuschlagen. Ihr Gehirn war einfach gar nicht drauf vorbereitet. Anders würde es aber aussehen, wenn ich Ihnen bereits Stunden vorher von Essen erzählt, Sie nach Ihrem Lieblingsessen gefragt oder allgemein angemerkt hätte, dass Sie ja bestimmt hungrig seien. So sind Sie bereits vorkonditioniert. Wenn dann das Essen unangekündigt käme, wären Sie viel empfänglicher, weil es im Unterbewusstsein bereits angekündigt worden war. Genau das wird aber bei vielen Argumenten versäumt. Unser Gehirn ist langsam und muss auf etwas vorbereitet werden, umso empfänglicher ist es dann. Gerade bei Argumenten sollte man nicht platt sagen, was man vorzuschlagen plant, denn der Vorschlag ist ja bereits das fertig gekochte Gericht. Viel effektiver ist es, behutsam Schlüsselreize zu setzen. Wenn Sie zum Beispiel anstreben, die EDV-Kosten durch die Anschaffung einer neuen Software zu senken, dann sollten Sie nicht gleich mit der Tür ins Haus fallen. Erwähnen Sie bereits Tage vorher die hohen Kosten. Oder fragen Sie noch subtiler nach, ob jemand wisse, wie teuer die derzeitige EDV-Bereitstellung sei. Das Wort *teuer* wertet ja bereits. Indem Sie solche kleinen Appetitmacher streuen, ohne dass Sie bereits das fertige Gericht erwähnen, sind die Gehirne Ihrer Mitmenschen viel empfänglicher für die eigentliche Kost.

Wann wirkt ein Gericht schmackhafter? Wenn es der Kumpel kocht, der eigentlich Kfz-Mechaniker ist, oder wenn es Ihnen ein Fernsehkoch serviert? Instinktiv würden Sie auf den Letztgenannten setzen. Jetzt könnte aber der Kfz-Mechaniker ein begnadeter Hobbykoch sein und der Fernsehkoch irgendetwas Exotisches vorsetzen, was Sie beileibe nicht ausstehen können. Trotzdem haben Sie Ihre Entscheidung getroffen, und das, ohne die Details nachzufragen. Sie sind dem Autoritätsirrtum erlegen. Unser Gehirn liebt »Experten«, weswegen es so viele im Fernsehen gibt. Wenn ein sogenannter Experte etwas sagt, dann wird das schon seine Richtigkeit haben. Mühseliges, selbständiges Denken erledigt sich von selbst, da jemand ohnehin mehr weiß. Es müssen also nicht mehr Argumente im Detail abgewogen werden, sondern es muss nur noch entschieden werden, ob wir der Autorität glauben und vertrauen oder nicht.

Sie sollten also selbst zu einem Experten werden. Das geht recht zügig. Dafür reicht es meist schon, sich in ein Thema etwas tiefer eingearbeitet zu haben und elegant darauf hinzuweisen. Wie alles ist auch die Autorität niemals absolut, sondern immer relativ. Dies zeigt sich immer wieder in Gruppendiskussionen, in denen fremde Menschen zum ersten Mal zusammenkommen. Es wird schnell und instinktiv ausgelotet, wer den Eindruck macht, von dem Thema die meiste Ahnung zu haben, und schon gibt man dessen Argumenten mehr Gewicht – der Einäugige unter den Blinden eben.

Wenn Sie in einer Besprechung Ihr Argument durch Ihre Autorität stützen müssen, dann haben Sie aber manchmal nur wenige Sekunden, in denen Sie sich zum Experten machen müssen. Unterschätzen Sie niemals die Sehnsucht nach Autorität. Menschen lieben kleine Halbsätze, die diese Sehnsucht befriedigen. Wer dagegen lange über seine Expertise schwafelt, wird bestenfalls als Langweiler gesehen und schlimmstenfalls als Blender. Sätze wie »*Ich habe mich da mal vor einiger Zeit sehr intensiv eingearbeitet*« oder »*Bei meiner letzten Arbeit konnte ich einige Erfahrung in der Branche sammeln und kann Ihnen deswegen versichern …* « wirken besser als jede verbal vorgetragene Referenzliste. Deswegen werden uns gerne in Talkshows Menschen vorgestellt, die gerade aus dem Krisengebiet zurückgekehrt sind. Vielleicht waren sie nur zwei Tage dort, und das in einem

Luxushotel. Das ist aber egal. Sie sind allein durch diesen Halbsatz zum Experten geworden.

Hier kommen weitere Beispiele, wie Sie sich durch einen Satz elegant zum Experten machen, ohne mit dem Vorschlaghammer zu arbeiten. Zu behaupten: *»Ich arbeite über 20 Jahre in diesem Fach und sage Ihnen, dass das so nicht funktioniert«*, mag zwar inhaltlich richtig sein, wirkt aber borniert und aggressiv. Eleganter wäre: *»In den letzten 20 Jahren, in denen ich in diesem Bereich gearbeitet habe, habe ich so etwas in der Form noch nicht funktionieren sehen.«*

»Immerhin habe ich in den USA gearbeitet und weiß, wie das dort geht« ist rechthaberisch und unsympathisch, während die folgende Aussage angenehm und sympathisch wirkt: *»Als ich in den USA war, habe ich gesehen, dass man es dort so und so macht.«*

Durch solche Sätze legitimieren Sie nicht nur Ihre Autorität, sondern gleichzeitig Ihr Argument. Von dieser Form der Selbstlegitimation leben die meisten Begründungen und man kann dies sogar noch konsequenter angehen, indem man ein Argument gültig macht, indem man es für gültig erklärt. Dies nenne ich die legitimierte Behauptung.

Man behauptet einfach, dass man selbst recht hat und die anderen unrecht haben. Wenn man dies mit dem notwendigen Maß an Selbstvertrauen und Autorität vorträgt, dann glauben es bereits die meisten Menschen. Mit dieser Methode arbeiten Politiker in Talkshows. Sie erklären etwas zum Fakt. *»Dass diese Annahme stimmt, steht außer Frage.«* Natürlich braucht das manchmal etwas Mut, aber denken Sie immer daran, dass die Autoritätshörigkeit stärker ist als die Detailverliebtheit.

Aber natürlich sollten Sie auch Ihre Argumente weiter untermauern. Da unser Gehirn einfache Lösungen mag, liebt es Zahlen, denn Zahlen machen Dinge greifbar und messbar. Dabei ist es eher nachrangig, woher der eigentliche Wert stammt. Ewig zu erklären, wie sehr die Mitarbeiter darunter leiden, dass ein Kopierer oft defekt ist, und dass er deswegen neu angeschafft werden muss, ist weniger wirksam, als wenn man gleich erklärt, dass dadurch vier Stunden Arbeitszeit pro Woche verloren gehen, was die Produktivität des Teams um 28 Prozent senkt. Das ist klarer und bleibt besser hängen. Da, wie gesagt, die wenigsten die Zahlen auf Herz und Nieren prüfen, reicht es bereits, wenn man Annahmen trifft. Sie können ja bei etwaigen Nachfragen offen sagen, dass es sich hier um Schätzungen handele.

Da Entscheidungen anstrengend sind, neigen wir dazu, uns nach der Mehrheit zu richten oder nach dem, was wir für die Mehrheit halten. Wir folgen dem Herdentrieb. Der Slogan »*Das meistgekaufte Auto des Jahres*« sagt nichts über die Qualität des Autos aus, sondern nur, dass viele Leute dem Produktversprechen glauben. Da es aber »die meisten« gekauft haben, muss es ja gut sein, schlussfolgert unser Gehirn. Je mehr Menschen Sie also benennen können, die auch Ihrer Meinung sind, umso überzeugender sind sie.

Selbstverständlich lassen sich Einwände und Gegenargumente nicht gänzlich vermeiden. Nur neigen wir dazu, solche Widerstände schnell als Angriff zu sehen. Tatsächlich glauben aber Menschen ausgewogenen Argumentationen, also wo beide Seiten beleuchtet wurden, eher als einseitigen, wie der Psychologe Professor Daniel O'Keefe von der University of Illinois in 107 Studien nachgewiesen hat. Dabei ist es übrigens unerheblich, ob die Argumente auch wirklich von der Gegenseite oder von einem selbst vorgetragen werden. Lassen Sie also gar nicht erst Ihren Widersacher das Gegenargument vortragen, sondern binden Sie es gleich selbst mit ein. Denn so behalten Sie das Ruder in der Hand. Erklären Sie also Ihre Position, führen Sie dann aber Argumente auf, die dagegensprechen könnten, und entkräften Sie diese sofort. Dadurch nehmen Sie Ihren potenziellen Kritikern die Worte aus dem Mund und nehmen sie dennoch ernst. Sie haben bereits deren Argumente aufgegriffen und behandelt. Ihre Gegner wurden berücksichtigt, ohne dass diese wirklich zu Wort kommen und einen Keil in Ihre Argumentation schieben konnten. Natürlich sollten Sie die Argumente der Gegenseite nicht lächerlich machen, aber Sie können durchaus Ihren Argumenten mehr Gewicht verleihen, zum Beispiel, während Sie diese mit Zahlen unterlegen, während Sie die der Gegenseite eher im Vagen lassen.

Sollte dann Ihr Widersacher aufstehen und sein Argument noch mal durch Zahlen und weitere Informationen schärfen wollen, haben Sie bereits so gut wie gewonnen, denn dann wirkt er wie ein Besserwisser. Sie waren ja fair, nur er muss unbedingt nachtreten. Damit hat er emotional ein Eigentor geschossen und Sie gehen deutlich in Führung.

Sollten Sie wider Erwarten mit Ihren Argumenten nicht weiterkommen, hilft manchmal eine sehr radikale 180-Grad-Wendung weiter. Bestenfalls sollten Sie ja Argumente mundgerecht servieren. Wenn diese aber nicht fruchten, dann starten Sie eine mentale DOS-Attacke. Dies machen Hacker, wenn sie nicht in ein System eindringen können, um es lahmzulegen. Sie beschießen dann einfach das System mit so vielen Informationen, bis es in den Denial-of-Service-Status, der Verweigerung der Leistung, geht, weil das System unter der Informationsflut einfach zusammengebrochen ist. Anders ausgedrückt, fluten Sie Ihre Mitmenschen einfach mit Informationen. Zwar wird Ihr Argument dadurch inhaltlich nicht richtiger, das sieht aber unser Verstand anders. Da es für unser Gehirn mühsam ist, sich mit jedem Beweis einzeln auseinanderzusetzen, bewertet es nach Masse und nicht nach Klasse. Wo mehr Argumente sind, muss wohl die Wahrheit liegen – es schaltet ab und glaubt der Informationsflut.

Wie andere Ihren Zukunftsprognosen verfallen

Wer eine zukünftige Entwicklung glaubhaft prognostiziert, der kann seine Mitmenschen schnell überzeugen, ihm zu folgen. Das heißt noch lange nicht, dass diese Prognose auch wirklich eintreffen muss, es geht lediglich um die Vision, die Sie transportieren. Wenn Sie zum Beispiel glaubhaft vermitteln können, dass Ihre Kunden in Zukunft eher beim Wettbewerber kaufen werden, werden Sie mehr für das Marketingbudget rausschlagen können. Wenn Ihre Kollegen Ihnen glauben, dass die Auftragslage im nächsten Jahr steigt, werden Sie leichter neue Maschinen und Mitarbeiter bekommen. Leider hapert es aber genau an der Überzeugungskraft, denn manchmal weiß man selbst nicht, wieso man eine gewisse Entwicklung befürchtet oder erhofft. Man hat einfach so ein gewisses Bauchgefühl. Deswegen ist es äußerst hilfreich zu verstehen, wie Menschen Entwicklungen für die Zukunft tatsächlich herleiten, denn so können Sie Ihre Kollegen schneller überzeugen, dass Ihre Prognosen wahr sind. Andererseits können Sie auch Prognosen erstellen und glaubhaft werden lassen, die Ihren Zielen weiterhelfen. Wenn Sie diese Techniken beherrschen, vermeiden Sie wiederum selbst, vermeintlichen Propheten auf den Leim zu gehen.

Die Sicht der Kollegen

Zukünftige Entwicklungen leiten wir stets aus der Vergangenheit ab. Bereits der große Philosoph Karl Popper hat in seiner Schrift *Das Elend des Historizismus* gezeigt, wieso das eigentlich großer Unfug ist. Nun sind die wenigsten Menschen Philosophen und so stöbern sie weiter in der Vergangenheit, in der Hoffnung, dadurch einen Blick auf die Zukunft gewinnen zu können.

Da wir aber nun mal nicht die Zukunft vorhersagen können, uns aber dennoch nach Planungssicherheit sehnen, bedient sich unser Verstand eines einfachen Tricks. Er greift besonders auffällige Erlebnisse auf, sogenannte Peak-Experiences, und verbindet diese linear zu einem Gesamtergebnis in der Zukunft. Je näher solche Erlebnisse zur Gegenwart stattgefunden haben, umso stärker prägen sie unsere Erwartung für die Zukunft. »*Ich habe diesen Base-Jump schon 64-mal erfolgreich gemacht*« waren die letzten Worte des Fallschirmspringers. Wie stark dieser Effekt ist, zeigt ein kleines, aber sehr wirksames Experiment. Hierfür hatten wir den grafischen Verlauf der Börsenkurse verschiedenster Unternehmen über 18 Monate ausgedruckt und dann jeden Kurs an einer völlig beliebigen Stelle abgeschnitten. Nun hatten wir in unserem Fundus Unternehmen, die deutlich mehr Ausschläge nach oben und solche, die deutlich mehr Ausschläge nach unten hatten und wieder andere, die ausgewogen waren. Wir gaben den Unternehmen fiktive Namen und Branchen und legten diese dann 75 BWL-Studenten vor. Wir erklärten, dass es sich hier um substanziell solide Werte handele und sie nun nach dem Prinzip des Value-Investing, also des wertbasierten Investments, für einen fiktiven Fonds entscheiden sollten, welche Aktien gekauft werden sollten und welche auf keinen Fall gekauft werden sollten. Wir betonten, dass es nicht um kurzfristige Gewinnmitnahmen gehe, sondern um eine dauerhafte Geldanlage über mehrere Jahre. Rund 84 Prozent investierten in jene Aktien, die in den letzten Tagen positiv abgeschnitten hatten, und das weitgehend unabhängig von der vorherigen Performance. Bei einer näheren Betrachtung zeigte sich aber: Je mehr negative Ausschläge nach unten vorlagen, umso geringer war auch die Bereitschaft gewesen, in diese Aktien zu investieren und umgekehrt. Je häufiger und mehr die Ausschläge nach oben zeigten, umso größer war die Bereitschaft, in diese Aktien zu investieren. Es wurde also eine Grundtendenz ermittelt, wobei ein dominanter Faktor die jüngste Entwicklung war, angereichert um deutlich heraustehende Ereignisse. Kleinere positive oder negative Eindrücke kann unser Gehirn in einer Flut von Informationen einfach nicht berücksichtigen.

Wiederholen Sie dieses Experiment mal selbst. Hier sind drei Charts abgebildet, die wir den Studenten gezeigt haben. Wie würden sich Ihrer Meinung nach die Kurse entwickeln, wo würden Sie also investieren? Blättern Sie dann auf die nächste Seite und schauen Sie sich an, wie der tatsächliche Aktienverlauf ausschaut.

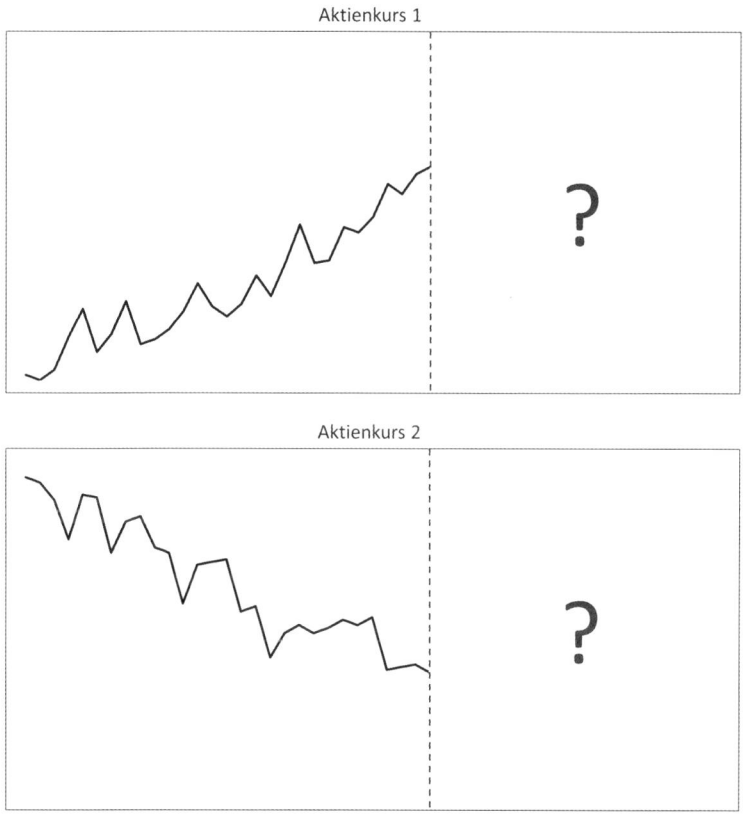

Dieses kleine Experiment erklärt nicht nur so manche Investmentblase, sondern wahrscheinlich auch eigene Fehlinvestments, wenn Sie selbst in Aktien investiert haben. Trauen Sie niemals Ihren eigenen Fähigkeiten, die Zukunft vorherzusagen!

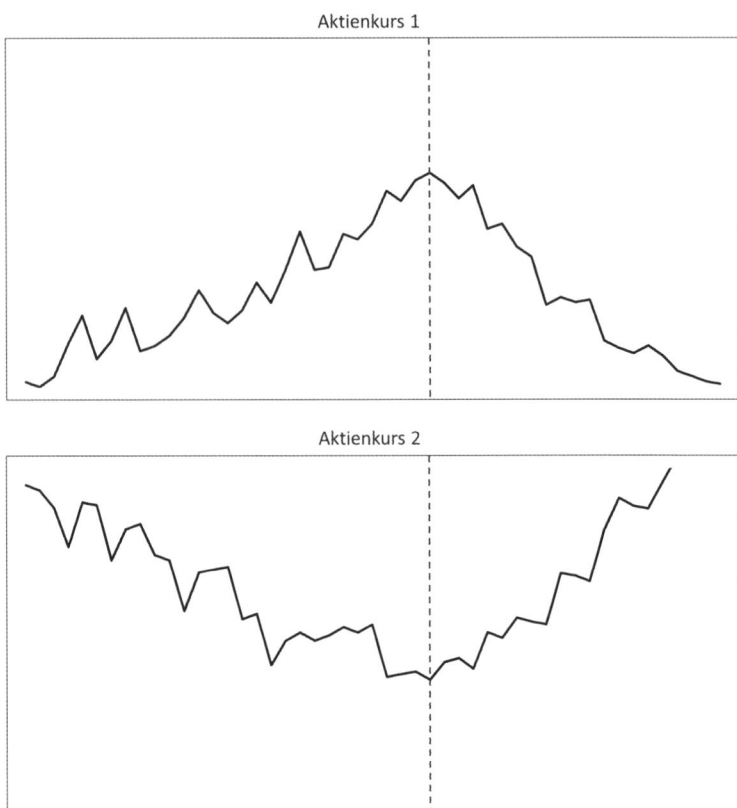

Nun wollten wir sehen, wie man die Wahrnehmung und damit das Entscheidungsverhalten beeinflussen kann, wenn man deutlich negative oder deutlich positive Ereignisse betont. Hierfür nahmen wir die präferierten Aktienkurse und zeigten diese wieder den Studenten und baten sie, diese erneut zu bewerten. Nur veränderten wir die Darstellung ein wenig. Der ersten Hälfte der Studenten zeigten wir Aktienkurse, bei denen wir eine waagerechte Linie so eingezeichnet hatten, dass zahlreiche Aktienkurse diese in ihren negativen Schwankungen unterschritten. Für die andere Hälfte der Studenten machten wir genau das Gegenteil. Wir zogen eine waagerechte Linie so ein, dass für einige Aktien die positiven Ausschläge diese Linie überschritten.

Als chancenreich bewertet

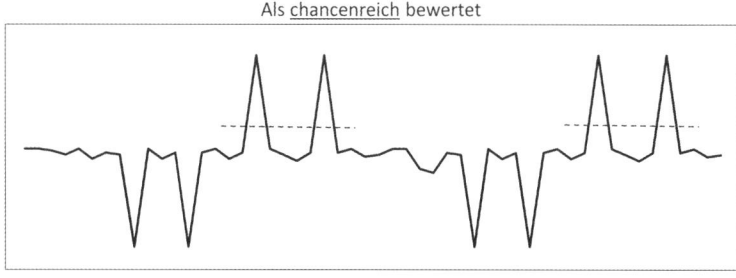

Als riskant bewertet

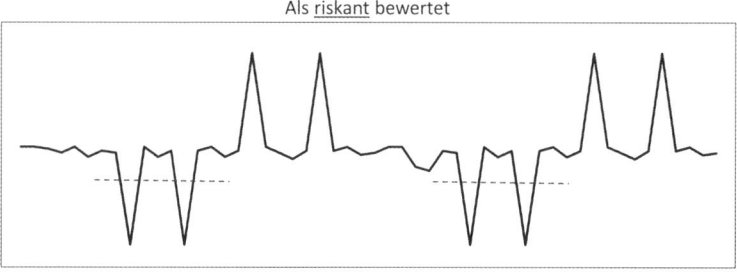

Diese waagerechten Linien hatten keinerlei Bedeutung. Sie dienten nur dazu, negative beziehungsweise positive Schwankungen zu betonen. Was meinen Sie, was passierte? Obwohl es sich um die identischen Aktienkurse handelte, wurden die Aktien, deren Kurse die Linie nach unten durchbrachen, gemieden wie die Pest, während jene, die die Linie nach oben durchbrachen, durchweg präferiert wurden, und das unabhängig von der letzten Entwicklung. Dieser Versuch zeigt nicht nur, dass der letzte Eindruck prägend ist, sondern dass wir diesen durchaus drehen können. Wir müssen nur einige Ausreißer nach oben oder nach unten nehmen, ganz wie man es braucht, und diese betonen.

Lösung: Linearitätsirrtum – Verfügbarkeitseffekt– Optimismusdrang

Um Ihre Zukunftsprognosen glaubhaft zu machen, brauchen Sie also nur eine Linie aus der Vergangenheit zu bilden, die in die Richtung zeigt, wo Ihre Zukunftsprognose liegt. Nutzen Sie also diesen Linearitätsirrtum, indem Sie genau die richtigen Punkte heraussuchen und betonen. Dabei sollten Sie sich nicht so viel Sorgen machen, dass Ihre Kollegen vielleicht die widersprechenden Ereignisse erkennen. Solange diese nicht katastrophale Ausmaße angenommen hatten, werden sie kaum in Erinnerung geblieben sein. Zusätzlich spielt Ihnen der Effekt in die Hände, dass wir Informationen, die leicht verfügbar sind, eher glauben als jenen, die uns nicht so leicht zugänglich sind. Unsere innere Bequemlichkeit sorgt dafür, dass wir unseren inneren Meinungsbildungsprozess optimieren. Genauso verfahren Studenten in ihren Hausarbeiten und Wähler, wenn sie bei der Bundestagswahl vor der Entscheidung stehen, wem sie ihre Stimme geben sollen. Was ist aber, wenn Sie einen notorischen Nörgler und Skeptiker in der Gruppe haben? Machen Sie sich keine Sorgen. Im nächsten Kapitel schauen wir uns an, wie man die Argumente seines Gegenübers spielend leicht zerlegt. Selbst wenn Ihnen das nicht gelingen sollte, sollten Sie niemals das Motiv des notorischen Nörglers vergessen. Er findet seine Genugtuung darin, irgendwann sagen zu dürfen: »*Das habe ich doch gleich gesagt.*« Wenn Sie also solch eine Person trotz aller Techniken nicht von ihrer Meinung abbringen können, ist das gar nicht schlimm. Er wird auch von den Kollegen als Einzelfall gesehen, und lassen Sie ihm doch die Hoffnung, irgendwann seinen Lieblingssatz sagen zu können.

Zerlegen Sie die Argumente Ihrer Kollegen

Wenn Sie nun Kollegen haben, die mit sehr starken Argumenten auftauchen, oder einen permanenten Nörgler, dann kann es sich lohnen, tiefer in die Trickkiste zu greifen und durch geschickte Schachzüge die Argumente zu zerlegen.

Die Sicht der Kollegen

Wir haben bereits gesehen, dass es weniger auf den Inhalt von Argumenten ankommt, sondern mehr auf die Art und Weise, wie diese präsentiert werden. Menschen fokussieren bei der Bewertung von Kriterien nur auf einige wenige Punkte. Wenn Sie nun dagegen argumentieren, gehen die Mauern hoch. Viel mehr Spiel haben Sie aber, wenn Sie diese Einwände nicht frontal angehen, sondern von innen heraus zerbröseln oder ihnen die Wichtigkeit nehmen.

Lösung: Kapern – Zweifelvirus – Prioritäten- & Regeländerung

Wenn die Argumente eines anderen Kollegen mehr wiegen, so können Sie zwar versuchen, diese inhaltlich auszuhebeln, damit werden Sie aber oft nicht erfolgreich sein, denn die Argumente haben bereits verfangen. Sie sollten vielmehr entweder die Gültigkeit selbst anzweifeln oder bereits akzeptierte Thesen von innen aushöhlen und für Ihre Zwecke drehen.

Kapern Sie die Argumente anderer

So können Sie, anstatt ein Argument anzugreifen, es für Ihre eigenen Zwecke kapern. Fordert der Chef zum Beispiel mehr Effizienz, ist das ja nicht falsch. Also drehen Sie diesen Einwand zu Ihren Gunsten. Stimmen Sie begeistert zu und erklären Sie, dass der neue Kopierer, den Sie schon lange haben wollten, 30 Prozent effizienter arbeitet. Der Chef kann nun kaum seinem eigenen Argument, das Sie einfach gekapert haben, widersprechen.

Eine aggressivere Methode der Kapertechnik ist die Strohmanntechnik. Dabei unterstellt man seinem Gegenüber ganz andere Absichten, als er eigentlich hatte. Man setzt also einen Strohmann ein. Diese Strohmanntaktik wird sehr gerne in der Politik verwendet. Es vergeht keine politische Talkshow, ohne dass mindestens einmal die Strohmanntaktik angewandt wird. Hier mal ein Beispiel: Politiker A erklärt: »*Wir werden über kurz oder lang nicht um ein Tempolimit auf Autobahnen in Deutschland herumkommen.*« Daraufhin kontert Politiker B: »*Sie können doch nicht ernsthaft wollen, dass Hunderttausende Arbeitsplätze in Deutschland vernichtet werden.*« Worauf der Angegriffene entrüstet abwehrt: »*Das habe ich doch gar nicht behauptet.*« Nein, das hat er tatsächlich nicht, und ob überhaupt ein Zusammenhang zwischen Tempolimit und Arbeitsplätzen besteht, ist noch nicht einmal erwiesen, aber beim Zuschauer bleibt hängen: Tempolimit = Arbeitslose. Mit dieser Technik werden Sie den Kritiker nicht überzeugen, aber Sie können dafür sorgen, dass andere in Ihrem Team von diesem Einwand nicht angesteckt werden.

Je vager die Strohmanntaktik und je weniger belastbar die Belege für einen Zusammenhang sind, umso wirksamer ist übrigens die Strohmanntaktik. Es gibt noch eine harmlosere Variante, hierbei nehmen Sie das Argument erst gar nicht auf, sondern unterstellen einfach, dass Ihr Gegenüber nicht weit genug denken würde. Auch diese Sprüche kennen Sie aus diversen Politiksendungen. Politiker A: »*Wir müssen den Krankenkassenbeitrag deckeln.*« Politiker B: »*Lieber Herr A, ich finde, wir sollten mehr Mut haben, schwierige Fragen offen zu diskutieren.*« Es wird gar nicht auf das eigentliche Argument eingegangen. Was aber hängen bleibt, ist, dass Politiker A engstirnig und nicht mutig genug ist. Noch eleganter ist es, dem Argument durch die Strohmanntaktik die allgemeine Zustimmung abzusprechen. Politiker A: »*Wir müssen den Krankenkassenbeitrag deckeln.*« Politiker B: »*Lieber Herr A, meine Kollegen und ich stehen mehr auf dem Standpunkt, dass es oberste Priorität sein muss, wieder einen klaren Konsens in unserer Gesellschaft herzustellen.*« Hängen bleibt beim Zuhörer: Politiker A hat eine Einzelmeinung und will die Gesellschaft spalten.

Studieren Sie mal ein paar Politiker und Sie werden nicht nur diese Methode instinktiv beherrschen, sondern fallen selbst nicht mehr darauf rein.

Den Zweifelvirus injizieren

Sie können aber auch etwas fachlich fundierter vorgehen, indem Sie bewusst den Zweifelvirus nutzen. Wenn ein kleiner Zweifel einmal gesetzt wurde, dann wächst er mit der Zeit an und schon nach kurzer Zeit ist der ganze Organismus infiziert. Meint Ihr Gegenüber, dass die Umsatzzahlen im nächsten Jahr eine weitere Anschaffung von Maschinen rechtfertigen, Sie dieses aber unbedingt verhindern wollen, können Sie geschickt den Zweifelvirus setzen:

»Klar, die Daten sehen auf den ersten Blick gut aus, aber wissen Sie, was uns von den ausländischen Wettbewerbern erwartet?«

Oder:

»Grundsätzlich bin ich Ihrer Meinung, was Frau Schneider angeht, aber hat sie wirklich genug Erfahrung?«

Und schon beginnt der Virus alle anderen zu infizieren. Übrigens funktioniert diese Methode auch, wenn jemand seine These mit Zahlen stützt. Hinterfragen Sie ganz bewusst, wie jemand auf diese Werte kommt.

»Die Zahlen klingen wirklich überzeugend. Aber aus welcher Quelle stammen die?«

143

»Sind Sie sicher, dass diese Zahlen auch für unseren Fall gültig sind?«

Natürlich kann man dem Virus auch aktiv helfen zu wachsen, indem man offen jemand Unbeteiligten bittet, nach etwas Negativem zu suchen. Natürlich nur, um alle Eventualitäten zu prüfen:

»Könnten Sie bitte einfach noch mal prüfen, ob andere Zahlen was anderes aussagen? Ich meine so was gelesen zu haben.«

Irgendetwas Schlechtes lässt sich immer finden, und selbst wenn nicht: Allein die Andeutung lässt andere an dem Argument Ihres Gegenübers zweifeln.

Ändern Sie Prioritäten zu Ihren Gunsten

Starke Argumente Ihrer Mitmenschen lassen sich auch ganz einfach entkräften, indem Sie Ihr eigenes als wichtiger erscheinen lassen. Dabei ist es völlig unerheblich, wie gut das andere Argument inhaltlich ist. Bei einer Entscheidung fließen im Schnitt vier bis fünf Argumente ein, und zwar jene, die wir als besonders wichtig einschätzen. Wenn Sie nun dafür sorgen, dass das Gegenargument nicht unter diesen fünf wichtigsten in der Wahrnehmung der anderen rangiert, haben Sie diesem die Wirkung genommen, ohne es selbst anzugehen. Sie können sogar zustimmen, nur um es dann unwichtig erscheinen zu lassen. Um zum Beispiel mehr Geld für die Betriebsfeier auszugeben, kann man wie folgt argumentieren:

»Die Kosten sind nicht das Wichtigste. Schließlich wollen wir unseren Mitarbeitern mit einem schönen Erlebnis für das erfolgreiche Jahr danken und nicht nur Geld sparen. Wie wirkt denn das auf die Mitarbeiter?«

Das geht natürlich auch umgekehrt:

»Selbstverständlich wollen wir ein schönes Erlebnis für unsere Mitarbeiter und uns für das erfolgreiche Jahr bedanken, aber in erster Linie sollten wir zeigen, dass wir das Geld nicht verprassen. Wie wirkt denn das sonst auf die Mitarbeiter?«

Ändern Sie die Regeln

Natürlich können Sie auch gleich das machen, was Kinder machen, wenn sie ein Spiel nicht gewinnen können. Ändern Sie die Spielregeln. Passt Ihnen ein Argument nicht, dann können Sie sich zum Schiedsrichter aufschwingen und es für nicht zulässig erklären. Wenn man es charmant rüberbringt, akzeptieren Menschen so einiges:

»Der Einwand kommt ein wenig spät, jetzt haben wir die Ausgangslage bereits definiert.«

»Wir können nicht Argumente berücksichtigen, die auf Hörensagen beruhen.«

Oder wenn eine Entscheidung gänzlich gegen Ihre Interessen zu kippen droht, vertagen Sie die Diskussion einfach: *»Es ist klar, dass wir keine Entscheidung ohne eine genaue Prüfung der Aktenlage treffen. Das dauert natürlich circa zwei Wochen.«*

Das schafft Luft, um aus der Aktenlage neue Fakten zu ziehen und neu durchzustarten.

Oft sind Ihnen Ihre Mitmenschen sogar insgeheim dafür dankbar, dass Sie die Spielregeln vorgeben. Es schafft Ihnen eine gute Ausgangsposition in der nächsten Diskussion. Wer einmal als Autorität akzeptiert wurde, dessen Argumente wiegen einfach mehr – und Sie werden es in Zukunft leichter haben.

Bringen Sie Kollegen dazu, Ihnen Dinge anzuvertrauen, die sie sonst nie sagen würden

Wissen ist Macht und je mehr Sie wissen, umso besser können Sie auch im Team agieren. Sie schaffen sich Beziehungen, die Ihnen in Notsituationen weiterhelfen, und haben einen Wissensvorsprung, der Ihnen hilft, besser und schneller zu arbeiten. Damit Sie Kollegen dazu bringen, Ihnen Persönliches und Interna anzuvertrauen, müssen Sie natürlich zu einer Vertrauensperson werden. Vertrauen wächst mit der Zeit, aber mit den richtigen Techniken können Sie diese Zeit auf wenige Tage verkürzen. Ich gehe sogar noch weiter und behaupte, dass Sie es mit ein bisschen Übung schaffen, die meisten Menschen binnen weniger Minuten dazu zu bringen, Sie als Vertrauensperson anzuerkennen und Ihnen Dinge zu erzählen, die sie anderen nie anvertrauen würden. Es funktioniert bei mir regelmäßig und ist die wichtigste Fähigkeit eines jeden Beraters.

Nun müssen Sie kein Unternehmensberater oder Psychologe sein, kommen wir also zurück zu Ihrem Team. In jedem Team gibt es eine inoffizielle Vertrauensperson. Es ist jemand, der vielleicht schon längere Jahre in der Abteilung arbeitet, meist etwas ruhiger ist, sich nicht in Grabenkämpfe und in Lästereien einmischt. Dadurch hat diese Person eine gewisse moralische Integrität und ist im Grunde sehr einflussreich, meist mehr, als es ihr selbst bewusst ist. Sie weiß mehr als alle anderen über die zwischenmenschlichen Probleme, sie kennt die Gefühle und Ängste der Mitarbeiter und kennt so manch ein Firmengeheimnis, das selbst den Vorgesetzten verborgen ist. Übrigens, wenn Sie selbst Vorgesetzter sind und etwas über die Stimmung im Team herausbekommen wollen oder gar Ihr Team dazu bringen wollen, etwas zu tun, dann sollten Sie genau solch eine Person identifizieren und einbinden. Wenn Sie die Vertrauensperson in einem Team überzeugen, dann ist der Rest ein Klacks und Sie werden viel schneller ans Ziel kommen.

Am besten ist es aber, selbst eine solche Vertrauensperson zu sein. Sie haben gerade in dem Unternehmen angefangen und haben noch keine grauen Haare, so dass Sie nicht gleich mit Altersweisheit punkten können? Keine Sorge! Weder Alter noch Dauer der Betriebszugehörigkeit sind entscheidend. Sie brauchen nur ein paar Kniffe zu beachten.

Die Sicht der Kollegen

Insgeheim sehnt sich jeder nach einer Vertrauensperson. Andererseits bestehen gewisse Hemmungen, denn wenn man jemandem vertraut, dann gibt man etwas von sich preis, und je mehr von sich preisgibt, umso angreifbarer ist man. Deswegen hält man mit vielen Dingen hinter dem Berg. Andererseits hat nahezu jeder Mensch einen gewissen Leidens- und damit Rededruck. Wenn Sie diesen Leidens- und Rededruck etwas kitzeln, können Sie einen Automatismus in Gang setzen, bei dem andere immer mehr von sich erzählen, als sie eigentlich vorhatten, und durch dieses Erzählen automatisch Vertrauen aufbauen.

Lösung: Staudamm-Methode

Leid und der Drang zu reden stauen sich wie bei einem Staudamm an. Der Druck auf die Mauern wird immer größer. Wenn Sie nun gezielt und nur punktuell den Damm lockern, kommt erst ein Rinnsal, bis plötzlich alles aus den Personen herausbricht. Mit den nachfolgenden fünf Schritten gelingt Ihnen das kinderleicht.

1. Öffnen

Menschen dazu zu bringen, sich zu öffnen, ist eigentlich ganz einfach. Man trifft sich zufällig in der Küche, im Aufzug oder in der Kantine und grüßt. Anders als auf einer Party mit wildfremden Menschen, hat man ja ein gemeinsames Gesprächsthema, also kann es gleich losgehen: »*Und, viel Stress zurzeit?*« Sie werden dann ein *Ja, Nein* oder *Geht so* als Antwort bekommen. Aber da es sich nur um einen Einstieg handelt, ist die Antwort hier eigentlich völlig egal. Haken Sie einfach nach: »*Woran arbeiten Sie gerade?*«, und schon sind Sie im Gespräch! Wir Menschen reden am liebsten über uns selbst und schon haben Sie ein wenig den Staudamm geöffnet.

2. Bindung herstellen

Natürlich wird das Gespräch am Anfang eher oberflächlich sein. Nun brauchen Sie Ihren Gesprächspartner nur in die richtige Richtung zu steuern, indem Sie weitere offene Fragen stellen, also Fragen, die er oder sie nicht einfach mit *Ja* oder *Nein* beantworten kann. Fragen Sie also nicht: »*Das ist doch bestimmt anstrengend, oder?*«, sondern: »*Wie gehen Sie denn da vor? Wie lösen Sie genau das Problem?*« So halten Sie die andere Person am Reden.

Jetzt ist der Zeitpunkt gekommen, eine meiner Lieblingstechniken zu verwenden, denn sie ist äußerst simpel und dabei absolut wirksam. Was ist die einfachste Art, dafür zu sorgen, dass man jemandem unsympathisch ist? Ganz einfach. Sagen Sie der Person, dass sie IH-NEN unsympathisch ist. Testen Sie es mal aus, wenn Sie Lust haben, sich unbeliebt zu machen. Ich gebe Ihnen eine 100-Prozent-Erfolgsgarantie. Der Effekt funktioniert aber genauso umgekehrt! Wenn Sie jemandem sagen, dass er Ihnen sympathisch ist, findet er Sie gleich umso sympathischer. Probieren Sie es mal bei einem wildfremden Menschen aus. Sie werden überrascht sein, wie schlagartig er sich Ihnen gegenüber öffnet. Sie können im Alltag auch subtiler vorgehen. Sagen Sie einfach, dass Ihnen dessen Art zu arbeiten, seine strukturierte Denkweise, sein Humor oder sein Umgang mit Kunden sympathisch sei. Das funktioniert ebenso gut wie die direkte Methode. Wenn Sie diese Worte sagen, überspringen Sie sofort diverse Stufen, die es sonst benötigt, um Vertrauen aufzubauen.

3. Empathie zeigen

Sympathie und Empathie sind Zwillinge. Wer uns sympathisch ist, wirkt auf uns auch empathisch. Wer andererseits keine Empathie für unsere Bedürfnisse hat, wird uns auf Dauer auch nicht sympathisch sein. Nun hat manch einer ein größeres empathisches Talent und ein anderer ist da nicht sonderlich gesegnet. Im Grunde kann aber jeder sehr schnell ein empathisches Gespräch zustande bringen, unabhängig von seinem Talent, und zwar indem man einfach die Schmerzpunkte und Sehnsüchte anspricht, die jeder Angestellte hat:

➤ Man hat öfters Stress, vor allem weil Dinge von Kollegen erst auf den letzten Drücker geliefert werden oder weil man nicht ausreichend informiert wurde.

➤ Die eigenen Leistungen werden von den Kollegen beziehungsweise dem Chef nicht vollständig geschätzt und anerkannt.

➤ Man mag es nicht, wenn die Kollegen unfair behandelt werden. (Denn dann würde man selbst auch irgendwann unfair behandelt.)

➤ Man hat den Eindruck, dass man die eigenen, wahren Talente nicht vollständig bei der Arbeit einbringen und deswegen nicht das erreichen kann, was man eigentlich will.

➤ Man hat den Traum, eines Tages die bisher nicht genutzten Talente in die Tat umzusetzen und völlig neue Wege zu gehen.

Gehen Sie die oberen Punkte mal Schritt für Schritt durch und prüfen Sie, inwieweit diese auf Sie zutreffen! Sie haben sich bestimmt wiedererkannt! Die Trefferwahrscheinlichkeit liegt zwischen 90 und 100 Prozent, weil diese Aussagen einfach auf die meisten Menschen zutreffen. Deswegen können Sie diese wunderschön einsetzen. Haken Sie einfach mit den folgenden Fragen nach, wenn der Kollege ein wenig ins Erzählen gekommen ist, und schon wird er sich verstanden fühlen und Sie wirken äußerst empathisch:

»Das ist dann besonders schwierig, wenn man nicht alle Informationen bekommt, die man braucht. Wie sind Sie damit umgegangen?«

»Da haben Sie ja wirklich eine Menge auf die Beine gestellt, schade, dass das nur so wenig von den anderen geschätzt wird, oder?«

»Sie könnten bestimmt noch mehr beisteuern, wenn das in den oberen Etagen mal endlich erkannt werden würde, oder?«

»Sie haben so viel versteckte Talente, von denen ich gar nichts wusste. Haben Sie schon mal daran gedacht, diese auch noch woanders einzusetzen?«

Sie sehen, wie schnell man einem Gespräch Tiefe geben und damit zur Vertrauensperson werden kann.

Übrigens noch eine weitere hilfreiche Regel: Je mehr Sie den anderen reden lassen, umso besser. Viele machen den Fehler und springen dann schnell dazu über, eine vergleichbare Geschichte zum Besten zu geben und dann wieder nur von sich selbst zu erzählen, vor allem weil sie selbst zeigen möchten, wie kompetent sie sind, und nicht zurückstehen möchten. Natürlich sollten Sie nicht einfach nur stumm dastehen und können durchaus auch mal etwas von sich erzählen. Ein interessantes psychologisches Phänomen ist aber, dass wir jemanden, der sehr aufmerksam und kompetent zuhört, gleichzeitig als kompetent ansehen. Ein Schüler, der aufmerksam zuhört und eifrig mitschreibt, wird gleich von seinem Lehrer als intelligent wahrgenommen, selbst wenn er rein gar nichts versteht. Einem Psychologen, der in der Therapie sehr professionell und wissend zuhört, wird gleich die höchste Heilkraft zugeschrieben. Dabei hat sich der Patient durch das Reden quasi selbst geheilt. Sinnvoll ist die

80-20-Regel. 80 Prozent eines Gesprächs sollten Sie Ihr Gegenüber sprechen lassen und 20 Prozent der Zeit können Sie reden.

4. Vertrauen bilden

Natürlich beginnt die Vertrauensbildung bereits am Anfang des Gesprächs, aber spätestens wenn sich jemand Ihnen gegenüber geöffnet hat, sollten Sie dringend das Vertrauen bestärken. Im Grunde ist es so einfach, umso erstaunlicher finde ich es immer wieder, dass Menschen leichtfertig ihre Chance verspielen, nur weil sie diese Regeln nicht beachten:

➤ Reden Sie niemals schlecht über andere! Das wirkt schnell wie Lästern und wer über andere lästert, dem vertraut man nicht, denn man könnte das nächste Opfer sein. Wenn Sie also mal etwas Schlechtes über eine Person sagen müssen, dann schwächen Sie es ab, indem Sie gleich danach auch etwas Positives anmerken, zum Beispiel: *»Herr Meier hat da wirklich nicht rechtzeitig zugearbeitet. Aber das muss man auch verstehen, er ist ja wirklich stark eingebunden, wegen des anderen Projekts, was er richtig gut durchzieht.«* Es lässt sich immer etwas Positives finden.

➤ Vermeiden Sie es, unnötig Namen anderer zu nennen, wenn Sie in einem persönlichen Gespräch das Vertrauen einer Person gewinnen wollen. Das lässt Sie verschwiegener erscheinen! Wer permanent mit Namen der Kollegen um sich wirft und erzählt, wer wann was gemacht hat, ist nichts weiter als eine Plaudertasche.

5. Bindung verfestigen

Nun brauchen Sie einfach nur die Bindung zu festigen und das funktioniert am einfachsten, indem Sie Ihre Hilfe anbieten! Am besten sind kleine Hilfestellungen, die Ihnen nicht viel Mühe machen, sonst verbrennen Sie Ihre Arbeitszeit nur noch damit, Ihren Kollegen zu helfen. Aber lassen Sie dennoch die Hilfsangebote konkret sein. Allgemeine Floskeln braucht niemand. Also anstatt *»Komm* *mal auf mich zu, wenn ich dir helfen kann«* ist es besser zu sagen: *»Ich hatte da mal ein paar Infos zu dem Thema im Internet gelesen, soll ich dir die mal zusenden?«* Sie können sogar noch geschickter sein und einen anderen Kollegen zur Hilfe heranziehen. *»Ich glaube, Kollege Schulz hat morgen Nachmittag ein bisschen Luft. Soll ich ihn mal fragen, ob er Zeit hat?«* Selbst wenn sich dann herausstellt, dass Herr Schulz doch keine Zeit hat, haben Sie sich zumindest bemüht. Ihr Kollege wird Ihnen dankbar sein und Sie hatten kaum Arbeit!

Wichtig ist jedoch, dass Sie die Hilfe nicht aufdrängen, sondern immer dem anderen die Chance lassen abzulehnen. Es geht ja nicht um die tatsächliche Hilfe, sondern um die ernst gemeinte Geste. Übrigens sollten Sie allgemein mit unerbetenen Ratschlägen vorsichtig sein, denn damit stellen Sie sich über die andere Person. Denken Sie immer daran: Ratschläge sind auch Schläge! Wenn Sie aber den Eindruck haben, dass der andere solche Tipps von Ihnen erwartet, vielleicht weil er Sie fragt oder sehr resigniert wirkt, dann sollten Sie ihn natürlich nicht im Regen stehen lassen, sondern vorsichtig anfragen, ob er Ihre Meinung hören will. Sie geben keinen Ratschlag, bieten aber Ihre Meinung an.

Ein weiterer kleiner Kniff, mit dem Sie sofort Vertrauen aufbauen können, ist die Benjamin-Franklin-Methode, benannt nach dem amerikanischen Staatsmann. Ihm war zu Ohren gekommen, dass ein politischer Gegner ein seltenes Buch besaß. Also bat er den Gegner, ihm dieses Buch auszuleihen. Diesen Wunsch erfüllte er Benjamin Franklin und hatte damit nicht nur das Buch, sondern auch Vertrauen geliehen. Während das Buch irgendwann zurückgegeben worden war, blieb das Vertrauen und wuchs weiter an. Sie wurden schnell die engsten Freunde, eine Freundschaft, die ein ganzes Leben hielt. Zahlreiche Studien haben es belegt: Wenn Menschen einem eine Kleinigkeit geben, vertrauen sie einem danach mehr, als wenn man ihnen etwas schenkt. So empfehlen wir in unseren Coachings Vertriebsmitarbeitern stets, sich im Kundengespräch einen Stift auszuleihen, weil der eigene defekt ist, oder sich den Zucker reichen zu lassen. Diese Technik wirkt immer. Selbst beim Flirten. Lassen Sie sich einfach während des Flirts eine Serviette geben und schon sind Sie auf der Vertrauensskala deutlich nach oben gerutscht und kommen leichter an die Telefonnummer.

Eignet sich auch:

➤ in Verkaufsgesprächen beim Kunden

➤ als Einleitung zu Vertragsverhandlungen (je mehr Sie über die andere Person und deren Bedürfnisse wissen, umso besser)

➤ wenn Sie die Schwiegereltern oder den besten Freund oder die beste Freundin Ihres Partners für sich gewinnen wollen

So leben Ihre Kollegen, was Sie predigen

Durch Argumente können Sie Ihre Mitmenschen von einer Sache überzeugen. Aber das heißt noch lange nicht, dass sie mit Herz und Seele dabei sind. Um zu erreichen, dass Ihre Kollegen wirklich glauben und leben, was Sie predigen, eignet sich eine weitere, sehr elegante Methode.

Die Sicht der Kollegen

Einem Argument stimmen wir meist vom Kopf her zu, auch wenn die eigentliche Überzeugung auf einer tieferen Ebene stattgefunden hat. Verstehen heißt aber noch lange nicht glauben – und nur woran wir glauben, das leben wir auch. Um dies zu erreichen, müssen wir tief in die Psyche unseres Gegenübers einsteigen.

Lösung: Handlungsbasierte Überzeugung

Hier setzt die Methode der handlungsbasierten Überzeugung an. Wie sie funktioniert, erklärt ein interessanter Versuch, der in zahlreichen Varianten in der Psychologie angewandt wurde. Dazu ließ man die zufällig ausgewählten Teilnehmer zwei Aufgaben lösen: Zuerst sollten sie eine halbe Stunde lang Spulen auf ein Tablett legen. Danach lautete die Aufgabe, weitere 30 Minuten Holzklötzchen um 90 Grad nach rechts zu drehen. Das waren zwei absichtlich gewählte, sehr langweilige und nervtötende Aufgaben.

Hinterher bat man einen Teil der Freiwilligen um Hilfe. Wenn sie das Labor verlassen würden, sollten sie doch den anderen Personen im Wartezimmer etwas vorspielen, also nur so tun, als ob sie meinten, was sie sagten. Hierfür hatten sie einen auf einem Blatt vorformulierten Text vorzulesen: »*Es war sehr angenehm, hat mir großen Spaß gemacht. Die Aufgabe war sehr interessant, faszinierend und aufregend.*«

Anschließend sollten alle Probanden in einem Fragebogen notieren, wie interessant, angenehm und sinnvoll sie die Aufgabe rückblickend wirklich selbst fanden.

Das Ergebnis war so eindeutig wie erstaunlich. Obwohl die Aufgaben äußert eintönig gewesen waren, empfanden die Probanden diese schließlich selbst als interessanter und faszinierender, als sie eigentlich waren. Dies war insofern spannend, als die Teilnehmer ja wussten, dass sie nur einen Text, also eine fremde Meinung, vorlasen, den sie selbst gar nicht glaubten. Dieser Effekt wird auch einstellungskonträre Argumentation genannt. Also, man behauptet guten Gewissens das Gegenteil von dem, was man eigentlich glaubt.

Unser Verstand sehnt sich nun mal nach Harmonie und etwas zu sagen oder zu tun, das sich nicht mit unserer Überzeugung deckt, führt dazu, dass unser Gehirn die Überzeugung anpasst. Sie kennen bestimmt den Spruch »*Der glaubt wirklich, was er sagt*«. Das ist mehr als ein Spruch. Wer etwas sagt oder tut, was er nicht glaubt, ändert hinterher wirklich seine Meinung!

Hören wir uns nun selbst vor anderen etwas aussprechen, das unserer eigenen Überzeugung widerspricht, dann quält das unser Gehirn derart, dass es schnell seine Überzeugung anpasst. Dies ist auch der Grund, wieso wir uns selbst gegenüber die schlimmsten Sünden hinterher guten Gewissens erklären können. Wenn Sie sich also bei einer langweiligen Aufgabe selbst beschummeln wollen, dann rennen Sie herum und erzählen Sie anderen, wie toll die Aufgabe ist. Ihr Gehirn wird es schnell glauben und die Arbeit macht so richtig Spaß. Mit dieser Methode bin ich zum Kaltakquise-Fanatiker und begeisterten Heimwerker geworden.

Wenn Sie nun Ihre Kollegen dazu bringen wollen, das zu leben und zu tun, was Sie predigen, dann können Sie diesen Effekt auch ganz gezielt anwenden.

Möchten Sie zum Beispiel ein Projekt vorantreiben und wissen vorher, dass ein Kollege sich dem gegenüber sehr ablehnend zeigt, dann bitten Sie ihn um Hilfe. Bitten Sie ihn zu versuchen, einem anderen Kollegen die Vorteile des Projekts zu erklären. Sie können sogar so weit gehen, ihm im Vertrauen zu sagen, dass Sie wüssten, dass er selbst nicht zu einhundert Prozent dahinterstehe. Sie bräuchten aber seine Unterstützung und er kenne sich eben am besten aus. (Im letzten Teil des Satzes schimmert mal wieder die Heldenmethode durch.)

Oder bitten Sie ihn, in einer Besprechung das Projekt kurz vorzustellen, weil er mehr Erfahrung als Sie habe. Schon bald wird er das Projekt selbst unterstützen und leben. Übrigens hat meine Erfahrung gezeigt, dass es bereits reicht, eine Person das Protokoll führen zu lassen, um ihre Meinung zu ändern. Deswegen lassen wir in Kunden-meetings immer den Chefkritiker die positiven Aspekte mitschrei-ben. So drehen Sie selbst hartnäckige Kandidaten um 180 Grad.

Wie Sie die Kollegen dazu bringen, Fristen einzuhalten

Klar ist jeder Plan nur so wertvoll wie die Fristen, die man dort auf-nimmt. Wenn es jedoch nur so einfach wäre und jeder die gesetz-ten Fristen einhalten würde, dann wäre das Leben viel einfacher und entspannter. Aber es ist wie verhext. Egal wie viel Zeit man hat, am Ende reicht sie doch nie. Fragen Sie mal meinen Verleger! Egal ob sechs Monate oder zwei Jahre Zeit sind, um ein Buch zu schreiben, am Ende wird es immer eng.

Die Sicht der Kollegen

Auch wenn Zeit eine sehr begrenzte Ressource ist, empfinden wir die-se als unbegrenzt. Klar wissen wir vom Verstand her, wenn Zeit knapp wird, aber dennoch fühlt unser Verstand etwas anderes. Wir haben Zeit, solange wir leben – und wenn wir tot sind, brauchen wir keine Zeit mehr. Also ist für unser Unterbewusstsein Zeit beliebig verfüg-bar, bis unser Verstand den berühmten Spruch ausruft: »*Mensch, ver-rinnt die Zeit.*« Das sollte uns nur eigentlich nicht überraschen, denn das tut sie immer, und das mit schöner Gleichmäßigkeit.

Lösung: Die Freundliche-Diktator-Methode

Einer der bekanntesten Psychologen unserer Zeit, Dan Ariely, führ-te unter seinen Studenten ein spannendes Experiment durch, das Aufschluss gibt über unseren Umgang mit Fristen und Terminen.

Er hatte drei Studentengruppen mit gleichem Leistungsniveau unterschiedliche Möglichkeiten für die Abgabe von jeweils drei Hausarbeiten während des Semesters gegeben. Die erste Gruppe konnte die Abgabetermine zu Beginn des Semesters selbst bestimmen und nach ihrem besten Wissen und Gewissen über das Semester verteilen. Für jeden Tag Verspätung würden sie jedoch ein Prozent Abzug von der Note erhalten. Diese Gruppe hatte also eine hohe Entscheidungsfreiheit bei gleichzeitigem Risiko. Der zweiten Gruppe diktierte er drei Abgabetermine gleichmäßig über das Semester verteilt. Eine Nichtabgabe führte zu einem Durchfallen. Der dritten Gruppe gab er vor, am Ende des Semesters alle drei Arbeiten ohne Wenn und Aber abzugeben. Sie hatten also nur einen Termin. Wenn sie früher abgaben, hatte dies keine positiven Auswirkungen auf die Note.

Am Ende des Semesters verglich Dan Ariely die Noten. Glauben Sie mir, als erfahrene Lehrkraft an einer Hochschule hat man ein sehr gutes Gefühl, ob eine Arbeit auf den letzten Drücker zusammengeschustert oder ohne Zeitdruck und solide erstellt wurde. Die Auswertung ergab sehr spannende Ergebnisse. Am schlechtesten schnitt die letzte Gruppe mit einem festen Termin am Ende des Semesters ab. Der Zeitraum war einfach zu lang, als dass die Studenten sich die Zeit realistisch hätten einteilen können, ein typisches Phänomen, das man auch aus dem Berufsalltag kennt. Am besten hingegen war jedoch jene Gruppe, die quasi diktatorisch die drei Semestertermine vorgegeben bekommen hatte. Wir neigen eben dazu, auf Autoritäten mehr zu hören als auf uns selbst. Besonders interessant war jedoch, dass auch die Gruppe, die sich die Termine frei hatte wählen können, besser abgeschnitten hatte als jene mit nur einem Termin am Ende des Semesters.

Spannender ist jedoch die Tatsache, dass die meisten in dieser Gruppe die Termine ebenso gleichmäßig verteilt hatten, wie Dan Ariely es der Gruppe ohne Wahlfreiheit diktiert hatte. Sowohl der Studienleiter als auch die frei entscheidende Gruppe hatte eine Gleichverteilung gewählt, also hätte die Aufgabe gleichermaßen gut bewerkstelligt werden können. Jedoch hatte der Gruppe mit der Entscheidungsfreiheit der notwendige äußere Druck gefehlt. Externe Motivation schlägt eben leider immer noch intrinsische Motivation. Deswegen braucht auch jeder Spitzensportler einen Trainer, der ihn wütend anschreit, damit er wirklich an seine Grenzen geht.

Nun könnte man die Schlussfolgerung ziehen, dass wir unseren Kollegen immer Termine diktieren sollten. Jedoch grenzt jede Diktatur die Freiheit des Denkens ein. Außerdem nehmen Sie Ihren Mitmenschen das Gefühl, ihre Situation selbst beeinflussen und kontrollieren zu können. Wenn Sie ebenso ein humanistisches Menschenbild haben wie ich, kann dies nicht die präferierte Wahl sein. Am sinnvollsten ist es, die Methoden der besten und der mittleren Gruppe zu verbinden. Konkret heißt das: Lassen Sie Ihre Kollegen oder Ihr Team selbst Termine bestimmen – aber nicht nur einen Endtermin, sondern möglichst viele Zwischentermine. Sie hingegen übernehmen dann die Aufgabe des kleinen mentalen Diktators und erinnern an diese Termine. Keine Sorge, Sie werden nicht als dominant oder penetrant wahrgenommen, denn schließlich kamen die Terminvorschläge ja von Ihren Kollegen, Sie helfen nur!

So können Sie übrigens auch Ihre eigene Leistung optimieren. Setzen Sie sich zum Beispiel selbst Zwischentermine für eine längere Aufgabe und bitten Sie Ihre Kollegen oder ihren Partner, Ihnen auf die Finger zu schauen, dass Sie diese auch einhalten. Offen gesagt ist dies ein Geheimnis meiner Produktivität. Ich sage meiner Frau am Anfang der Woche, was ich alles in der Woche arbeitstechnisch vorhabe zu erledigen, und sie kontrolliert am Ende der Woche, ob ich alles abgearbeitet habe. Das funktioniert perfekt! Wahlweise können Sie auch einen Freund oder wohlwollenden Kollegen zu Ihrem persönlichen »Diktator« ernennen.

Es lohnt sich aber, noch mal das Thema Zeit näher anzuschauen. Wir Menschen lieben messbare Zeiteinheiten. Alles, was sich wiederholt, wird als identisch wahrgenommen. Anders ausgedrückt: Zwei Wochen haben zwei Freitage und diese Freitage wirken, da sie identisch sind, wie ein Freitag, verschmelzen also gewissermaßen zu einer Woche. Deswegen sollten Sie am besten wöchentliche Termine setzen, natürlich nur, wenn es auch inhaltlich Sinn macht. Mit ein wenig Nachdenken lässt sich aber eigentlich jede Aufgabe in wöchentliche Schritte unterteilen. Dies ist messbarer und somit leichter für unseren vom Alltag überlasteten Verstand nachzuvollziehen.

Steigern Sie die Arbeitsgeschwindigkeit Ihrer Kollegen

Wer die Arbeitsgeschwindigkeit seiner Kollegen steigern will, kontrolliert gerne. Wie das mit dem freundlichen Diktator funktioniert, wissen wir inzwischen. Aber was ist zu viel und was ist zu wenig Kontrolle? Wann ist Kontrolle hilfreich und wann kontraproduktiv? Das Dilemma der Kontrollillusion haben wir ja bereits behandelt. Aber selbst wenn Sie guten Gewissens den Fortschritt prüfen wollen, um eine Arbeit zu beschleunigen, stellt sich die Frage: Bringt es Sie wirklich voran, wenn Sie Ihren Kollegen immer über die Schulter schauen? Die Antwort ist ein ganz klares JEIN. Denn es kommt darauf an!

Die Sicht der Kollegen

Die Psychologin Hazel Rose Markus hat hierzu in den 1970er-Jahren ein sehr interessantes Experiment durchgeführt. Den Teilnehmern des Versuchs wurde gesagt, dass sie für ein Laborexperiment entsprechende Laborkleidung anziehen sollten. Konkret bedeutete dies die eigenen Schuhe aus- und Laborsocken überziehen. Anschließend Laborschuhe anziehen und einen Laborkittel überstreifen. Nach dieser Aufgabe wurde den Teilnehmern gesagt, dass das Laborexperiment doch nicht stattfinden würde und sie sich

wieder umziehen sollten. Also alles wieder zurück. Laborkleidung, Laborschuhe und Laborsocken ausziehen und die Straßen-
schuhe wieder anziehen. Sie haben es bestimmt schon erraten.
Tatsächlich ging es nämlich bei dem Experiment nur um das Umziehen selbst.

Dieser Versuch wurde unter drei verschiedenen Bedingungen
durchgeführt. Einmal war niemand beim Umziehen anwesend. Ein
anderes Mal war ein Laborleiter zugegen und beobachtete exakt,
was die Probanden taten, und bei einer dritten Versuchsvariante
war wieder der Laborleiter anwesend, jedoch arbeitete er an dem
Aufbau eines Laborgeräts, beachtete also die Teilnehmer nicht.
Die Ergebnisse sollten eine Lehre für jede Führungskraft sein: Um
die eigenen Schuhe aus- und anzuziehen, brauchten die Teilnehmer, als sie allein waren, durchschnittlich 16 Sekunden. Es war
eine gewohnte Tätigkeit, die sie täglich machten und die ihnen entsprechend leicht von der Hand ging. Für das Anziehen der unge-
wohnten Laborkleidung benötigten sie hingegen im Durchschnitt
28 Sekunden. Die Teilnehmer, die konkret beobachtet wurden,
brauchten hingegen für das leichte Aus- und Anziehen der Schuhe plötzlich nur noch elf Sekunden, das ist 30 Prozent schneller, als
wenn sie nicht direkt beobachtet wurden. Und selbst als der Laborleiter zwar anwesend war, sie jedoch nicht direkt beachtete, waren
sie noch rund 20 Prozent schneller als diejenigen Teilnehmer, die
die Aufgabe allein bewerkstelligen sollten.

Bei den schwierigeren Aufgaben, also dem Anziehen der Laborkleidung, zeigte sich ein komplett gegensätzliches Bild. Hier brauchten
die Teilnehmer 18 Prozent länger, wenn sie direkt beobachtet wurden, und ebenfalls rund 18 Prozent länger, wenn der Laborleiter nur
zufällig anwesend war.

Lösung: Ergebnisorientierte Kontrolle

Dieses Experiment gibt einige sehr wichtige Erkenntnisse für den Unternehmensalltag. Wenn Sie möchten, dass Kollegen leichte Arbeiten schnell erledigen, dann kontrollieren Sie ruhig häufig und auffällig. Bei komplexeren Aufgaben hingegen sollten Sie Ihre Mitarbeiter lieber in Ruhe lassen! Dies erklärt auch das Phänomen der Ablenkung durch anwesende Kollegen, wenn man sich auf eine schwierige Arbeit konzentrieren möchte. Sie kennen das bestimmt, wenn Sie sich in eine komplizierte Arbeit vertiefen wollen und ein Kollege ist anwesend. Er lenkt Sie weder ab noch starrt er Sie an. Dennoch können Sie sich »nicht konzentrieren«. Jetzt wissen Sie, woran es liegt. Seine bloße Anwesenheit setzt Sie psychologisch unter Druck. Wenn Ihr Kollege mal wieder beleidigt sein sollte, weil Sie allein sein möchten, dann erzählen Sie ihm von diesem Experiment. Er wird dann eher verstehen, wie wichtig es ist, dass er Sie allein lässt, selbst wenn er meint, sich mucksmäuschenstill zu verhalten.

Dies ist auch der Schlüssel zu dem Dilemma des Großraumbüros. Manche schwören darauf, weil sie überzeugt sind, dass dadurch die Mitarbeiter schneller arbeiten. Andere wiederum zweifeln daran, weil sich Mitarbeiter nicht richtig konzentrieren können. Beides ist richtig. Einfache Aufgaben funktionieren schneller und komplexe Aufgaben brauchen länger. Da hilft es auch nichts, dass man sich Kopfhörer aufsetzt. Wir haben ja gesehen, dass selbst die bloße Anwesenheit dafür sorgt, dass man bei komplexen Aufgaben langsam wird.

Ich selbst nutze den Effekt für mich ganz bewusst. Wenn ich an einem Buch schreibe, ziehe ich mich zurück in ein Hotelzimmer. Muss ich jedoch meine Reisekostenabrechnung machen, tue ich dies bewusst im Büro in Anwesenheit von Kollegen. Nutzen Sie diesen Kniff also nicht nur, um die Leistung Ihrer Kollegen, sondern auch um Ihre eigene Leistung zu optimieren.

Eignet sich auch:

➤ Wenn Ihr Kind seine Hausaufgaben zügiger machen soll.

➤ Wenn Sie mal Handwerker im Haus haben und die Stunden-
rechnung niedrig halten wollen. Ziehen Sie sich bei schwierigen
Aufgaben zurück und bei den einfachen Aufgaben, zum Beispiel
Rein- und Raustragen von Werkzeug, seien Sie auf alle Fälle anwesend. Das spart Ihnen bares Geld.

➤ Wenn Ihr Partner schneller den Keller entrümpeln soll.

➤ Wenn ein Kunde ein Formular zur Bedarfsermittlung ausfüllen
soll.

3. Zähmen Sie Ihre Kunden, Lieferanten und Geschäftspartner

Jetzt besteht die Arbeit nicht nur aus Vorgesetzten und Kollegen, sondern auch Kunden, Lieferanten und Geschäftspartner spielen ihre Rolle. Viele der Methoden, die wir bereits kennengelernt haben, lassen sich auch für diese Gruppe anwenden, aber gerade bei Externen gibt es noch ganz besondere Hürden zu überwinden. Beginnen wir gleich mal mit einer besonders schwierigen Hürde.

So überwinden Sie die Vorstandssekretärin und lassen sich zum Chef durchstellen

Sie wollen sich zu dem großen Chef durchstellen lassen, sei es, um Ihre Leistungen anzubieten oder ein paar wichtige Projektdetails zu besprechen? Dann werden Sie mit Sicherheit von seiner Sekretärin abgeblockt. Und das können diese Damen – meist sind es Frauen – ziemlich gut. Sie sind die modernen Türsteher des Büros. Nur statt »Du kommst hier nicht rein« heißt es »Der Chef ruft Sie zurück«. Da wird Sie eher der Papst anrufen, als dass der große Boss Sie zurückruft. Dabei können Sie Ihre Erfolgsquote drastisch steigern. Bekannte, denen ich diese Methode empfohlen habe, konnten damit sogar die Vorstandschefs von deutschen Großkonzernen ans Telefon bekommen, nur um dann ihre Kundenbeschwerde loszulassen.

Die Sicht der Vorstandssekretärin

Ich habe größtes Verständnis für Vorstandssekretärinnen. Denn diese müssen in wenigen Sekunden entscheiden, ob jemand, der anruft, wichtig genug ist, um durchgestellt zu werden. Gleichzeitig habe ich eine große Hochachtung vor dieser Leistung, denn sie müssen eine gute Menschenkenntnis haben und das noch am Telefon, also ohne die Mimik der anderen zu sehen. Sekretärinnen sind vorgelagerte Neinsager. Andererseits sagen diese Personen nicht für sich Nein, sondern für eine dritte Person, und das ist Ihre Chance, denn wenn Sie die Kriterien kennen, anhand deren Vorstandssekretärinnen aussortieren, können Sie diese für sich nutzen. Jede Vorstandssekretärin hat einen mentalen Filter und dieser besteht aus folgenden bewussten und unbewussten Fragen:

1. Ist der Anrufer es wert, meinen Chef zu sprechen? Ist er auf dem gleichen Niveau, also ein Bittsteller oder ein Partner?
2. Ist der Anrufer ein angenehmer Mensch oder verursacht er meinem Chef Ärger?
3. Kriege ICH Ärger, wenn ich den Anrufer durchstelle?
4. Wo ist der Nutzen für meinen Chef, wenn ich diese Person durchstelle?

Diesen mentalen Filter können Sie jedoch spielend leicht überlisten.

Lösung: Sympathietechnik mit Begründungseffekt

Als Erstes sollten Sie sich mental vorbereiten. Machen Sie sich klar, dass Sie kein Bittsteller sind. Die Kunst ist es, einen höflichen und verbindlichen Ton an den Tag zu legen, der signalisiert, dass Sie andere respektieren, aber in der Hierarchie eine Stufe über ihnen stehen, ohne herablassend zu wirken. Sie mögen vielleicht nicht so viel verdienen wie der große Chef und sind nicht so oft in den Medien, aber das ist egal. Sie gehen genauso Ihrer Tätigkeit nach und sind den Menschen in Ihrem Umfeld mindestens genauso wichtig, wenn nicht sogar wichtiger. Wenn Sie dem großen Chef etwas verkaufen wollen, dann führen Sie sich vor Augen, dass Sie gerade das nicht tun wollen! Sie wollen ihm helfen, ein bequemeres Leben zu haben oder bessere Leistung zu erwirtschaften, indem er Ihre Produkte oder Leistung verwendet. Wollen Sie beim großen Chef Dampf ablassen über die schlechte Leistung des Unternehmens, dann rufen Sie nicht an, um sich zu beschweren, sondern um einen Rat zu geben für besseren Kundenservice. Gerade diese mentale Vorbereitung ist mit das Wichtigste, bevor Sie in das Gespräch gehen, weswegen wir in unseren Vertriebstrainings auf die mentale Einstellung einen großen Schwerpunkt legen.

In Ihrem Anruf selbst müssen Sie versuchen, die vier Fragen, die sich die Vorstandssekretärin stellt, zufriedenstellend zu beantworten, und zwar bereits bevor sie in eine Abwehrhaltung geht. Wenn Sie nun anrufen und bitten: »*Könnten Sie mich bitte zu Herrn Hoffmann durchstellen?*«, was meinen Sie, welche Frage wie aus der Pistole geschossen kommt? »*Worum geht es denn?*« Allein dadurch, dass sie diese Frage ausspricht, ist die Vorstandssekretärin bereits auf Abwehrhaltung. Einerseits wirken Sie wie ein Fremder und andererseits haben Sie keinen offensichtlichen Grund, den Chef zu sprechen, so sieht es zumindest die Vorstandssekretärin.

Dabei gibt es einen ganz einfachen, aber seit Jahren bewährten Kniff, um nicht mehr wie ein Fremder zu wirken. Leiten Sie das Gespräch wie folgt ein:

»*Ist Herr Hoffmann schon wieder vom Mittagessen zurück?*« Oder: »*Ist der Hoffmann schon im Haus?*« Etwas allgemeiner funktioniert auch: »*Ist Herr Hoffmann schon aus dem Meeting zurück?*« So etwas würde jemand sagen, der Herrn Hoffmann persönlich kennt. Gleichzeitig behaupten Sie nicht etwas, was gar nicht stimmt. Sie vermitteln nur ein bestimmtes Gefühl. Dabei ist auch unerheblich, ob besagter Herr Hoffmann wirklich ein Meeting hatte. Man kann sich ja mal irren.

Nun bekommen Sie entweder die Info, dass Herr Hofmann nicht im Haus ist, dann können Sie gleich mal einen Termin anfragen, wann er zu erreichen ist. Und sollte er im Haus sein, dann können Sie sich ja gleich durchstellen lassen.

In beiden Fällen sollten Sie gleich von sich aus einen Grund mitgeben, damit die mentale Barriere gar nicht erst hochgeht. Da doppelt besser hält, geben Sie gleich eine doppelte Begründung ab: »*Könnten Sie mich bitte zu Herrn Hoffmann durchstellen? Es geht um die Qualitätssicherung der Lieferung, und zwar dort um den Endkundenservice.*« Sie haben einen Überbegriff als Grund genannt, nämlich die Qualitätssicherung, und dann den Endkundenservice als zweiten, detaillierteren Grund. Das klingt viel besser als: »*Ich möchte Herrn Hoffmann sprechen, weil ich eine Beschwerde wegen meiner letzten Lieferung habe.*« Ersteres klingt wie ein wichtiges Gespräch, von dem Herr Hoffmann etwas hat. Das Zweite klingt eher nervig. Den gleichen Kniff sollten Sie natürlich auch anwenden, wenn Sie nur erfragen wollen, wann Herr Hoffmann wieder im Haus ist. Auch diese Information bekommen Sie natürlich nur, wenn die Vorstandssekretärin den Eindruck hat, dass es ihrem Chef etwas bringt.

Sollte die Sekretärin dennoch ein wenig mehr erfragen, dann machen viele den Fehler und bürsten sie ab: »*Das würde ich mit Herrn Hoffmann schon gerne persönlich besprechen.*« Natürlich möchten Sie das, aber ob Sie das dürfen, entscheidet nun mal die Dame, die Sie gerade am Telefon haben. Wer mit dem Entscheider sprechen möchte, sollte nie vergessen, dass er genau jetzt den Entscheider am Apparat hat, denn die Vorstandssekretärin entscheidet, ob das gut für Herrn Hoffmann ist, mit Ihnen zu sprechen, oder nicht. Also nehmen Sie sich Zeit und erörtern Sie das Thema, ohne zu konkret zu werden: »*Es geht um den Rückgang der Kundenzufriedenheit durch fehlerhafte Auslieferungen von Waren. Genauer gesagt darum, diese Fehlerquote zu reduzieren.«* Sie verwenden also weiter eine doppelte Begründung und schließen jetzt mit dem Zauberwort für Vorstandssekretärinnen ab. *»Das ist ein sensibles Thema.«* Das Wort *sensibel* öffnet die Türen zu Topetagen ebenso schnell wie das Wort *vertraulich*! Im Schriftverkehr haben sich diese Worte abgenutzt, weswegen Sie sie besser nicht verwenden sollten, aber gesprochen wirken diese Worte wahre Wunder.

Mit der obigen Methode werden Sie drastisch Ihre Chancen erhöhen, in die Topetage durchgestellt zu werden.

So kriegen Sie einen schnelleren Termin

Wenn Sie einen Termin mit einem Geschäftspartner oder Kunden vereinbaren wollen, dann ist Ihnen Folgendes bestimmt auch schon passiert. Entweder Sie erhalten eine Aussage nach dem Motto, ja, da müsse man mal einen Termin finden, man würde Sie nächste Woche zurückrufen. Nach zwei Wochen ruft man wieder an und am anderen Ende herrscht ernst gemeinte Betroffenheit. Wieder wird überlegt, gesucht und dann heißt es, man würde sich in vier Wochen zusammenfinden, und bevor man sichs versieht, ist schon wieder ein halbes Jahr rum.

Die Sicht des anderen

Wenn Sie sich nicht gerade in der Kaltakquise befinden, dann steckt meist keine bewusste Vermeidungstaktik dahinter. Ihr Termin ist entweder einfach nur nicht so wichtig wie andere Dinge, oder Ihr Gegenüber ist einfach ein Arbeitsvermeider und jeder Termin stellt eine Belastung dar. In solchen Fällen müssen Sie schlichtweg die Rückzugswege blockieren.

Lösung: Optionsverschiebung und Huckepack-Methode

Am einfachsten verwenden Sie eine Variante der Optionsverschiebung. Normalerweise fragen wir ja höflich: »*Wann würde es Ihnen nächste Woche passen?*« Da können Sie mit Antworten rechnen wie: »*Oh, das sieht nächste Woche ganz eng aus.*« Und schon befinden Sie sich wieder einige Wochen weiter hinten, denn auf eine Frage, die auf *Ja* abzielt (»*Wann würde es Ihnen passen?*«) reagieren wir reflexartig mit einer Ablehnung. Interessanterweise funktioniert dieser Effekt auch umgekehrt. Auf ein mögliches *Nein* reagieren wir instinktiv mit einem *Ja*, wenn wir uns einer Situation entziehen wollen. Drehen Sie die Frage ganz einfach um: »*Wann würde es Ihnen nächste Woche überhaupt nicht passen?*« Ihr Gegenüber wird zwei bis drei Tage nennen, die komplett blockiert sind, und damit hat er indirekt die Tür geöffnet und für die anderen beiden Tage *Ja* gesagt. Versuchen Sie es mal, mit dieser Methode kriegen Sie schneller und mit höherer Wahrscheinlichkeit einen Termin. Wenn wir mal einen Termin miteinander vereinbaren sollten, werden Sie definitiv diese Formulierung von mir hören. Sie erleichtert das Leben ungemein.

Eine weitere elegante Methode, um einen Termin zu bekommen, eignet sich insbesondere dann, wenn Ihr Gegenüber keine Verbindlichkeit vermitteln möchte. Das haben wir oft bei Akquiseterminen. Der potenzielle Kunde ist einem Treffen nicht abgeneigt, hat aber Angst, dass eine Terminzusage gleich mit einem Kauf verbunden ist. Andererseits benötigen wir einen persönlichen Termin, damit er uns besser kennenlernt und wir überhaupt die Kaufabsicht wecken können. Das kennen wir aus unserer Jugend. Der Junge möchte ein Rendezvous mit dem Mädchen seiner Träume, sie ist zwar grundsätzlich interessiert, zögert aber noch und hat Angst, dass wenn sie sich auf ein Date einlässt, das schon zu verpflichtend ist. Was haben wir Jungs in solchen Fällen früher gemacht? Wir haben es nicht wie ein Date aussehen lassen, sondern uns mit mehreren getroffen oder waren »*zufällig*« in der Nähe und dachten, wir klingeln einfach mal an. Wir nahmen einfach eine Situation huckepack für die andere.

Diese Huckepack-Methode eignet sich auch heute noch ideal in der Geschäftswelt. Natürlich treffen Sie sich nicht zu mehreren, und auch sollte man nicht zufällig anklingeln, aber man kann ganz einfach sagen, dass man in den nächsten vier Wochen zufällig ein paar Termine bei dem Kunden in der Nähe habe und nun die Termine abstimme. Wenn er sagen würde, welcher Tag ihm am besten passe, dann könnten Sie es bestimmt einrichten, dass Sie die anderen Termine danach ausrichten. Diese Methode ist deswegen so wirksam, weil Sie dadurch dem Termin die Verbindlichkeit nehmen. Sie fahren nicht extra hin, es ist also kein »Date«. Zusätzlich nutzen Sie auch noch den Reziprokaleffekt. Denn Sie haben dem Kunden jetzt einen Gefallen getan und für ihn die anderen Termine um seinen Termin arrangiert. Nun muss er schon was bringen und wenn es nur die Zusage zu einem solchen Termin ist.

Aber Vorsicht! Einen unverbindlichen Termin kann man auch leichter absagen, Sie waren ja sowieso in der Nähe, wenn der Kunde dann absagt, hat er kein schlechtes Gewissen. Deswegen sollten Sie vorbauen und klarmachen, dass Sie zwar ohnehin dort sind, aber nicht nur die anderen Termine entsprechend umplanen, sondern auch extra Ihre Anreise deutlich vorverlegt haben oder die Abreise extra nach hinten. Dadurch verschaffen Sie der Unverbindlichkeit die notwendige Verbindlichkeit. Unsere Erfolgsquoten liegen hier bei über 80 Prozent. Natürlich fällt mir diese Technik vor allem deswegen leicht, weil mich meine Projekte, Vorträge und Coachings mindestens einmal im Monat quer durch Deutschland bringen. Da lässt sich der eine oder andere Termin immer dranhängen.

Aber auch wer nicht so viel reist, kann diese Methode guten Gewissens anwenden. Egal in welcher Stadt ein solcher Termin ist, ein zweiter Termin mit einem anderen Kunden lässt sich da immer finden, selbst wenn man einfach in eine Museumsausstellung geht. Dann ist es eben ein Termin mit der Kultur.

E-Mails, auf die potenzielle Kunden wirklich antworten

Kennen Sie das? Sie haben garantiert eine E-Mail geschickt, alle notwendigen Personen draufkopiert und dennoch ist Ihre E-Mail untergegangen? Sie haben sich darauf verlassen, dass alles erledigt wird, was Sie in der E-Mail geschrieben haben, und nichts ist passiert und plötzlich finden Sie sich in einer Besprechung wieder, wo Ihnen auch noch vorgeworfen wird, dass Sie niemals eine solche E-Mail rausgeschickt hätten? Dann geht es Ihnen so wie Hunderttausenden in deutschen Büros. Dabei lässt sich sehr schnell Abhilfe schaffen.

Die Sicht der E-Mail-Leser

Diese Erkenntnis kommt eigentlich nicht überraschend: Sie sind nicht die einzige Person, die den Kollegen eine E-Mail schickt. Dennoch formulieren wir E-Mails genau so, als wäre es die einzige E-Mail am Tag, die dem oder den Adressaten sofort ins Auge fällt und mit akribischer Aufmerksamkeit gelesen wird. Viele E-Mails von Kollegen werden eben nicht sofort gelesen, weil man sie für unwichtig hält oder andere Nachrichten wichtiger erscheinen. Sie landen dann auf einer mentalen Wiedervorlage, die binnen kürzester Zeit unter unzähligen weiteren E-Mails begraben wird. Es lohnt sich also, mal zu betrachten, wie E-Mails wirklich gelesen werden. Anhand zahlreicher Eye-Tracking-Analysen, also durch die Messung der Augenbewegung, konnte ein interessantes Lesemuster erkannt werden.

Selbstverständlich wird als Erstes der Name oder der Betreff gelesen. Schließlich sind das die ersten Informationen, die man erhält.

Bereits hier wird entschieden, wie wichtig oder unwichtig eine E-Mail ist. Danach werden die ersten zwei Zeilen gelesen, um zu beurteilen, ob die E-Mail wirklich so wichtig ist, wie es den Anschein hatte. Danach springen die meisten auf das letzte Drittel des Texts. Sie suchen nach Fristen oder sonstigen Hinweisen auf Dringlichkeit. Die Wahrscheinlichkeit, dass die E-Mail komplett gelesen wird, wird erheblich durch ein Abgabedatum oder wichtige Anweisungen im letzten Drittel gesteigert. Erst danach beginnt man, das gesamte Schreiben von oben bis unten durchzulesen.

Ebenfalls interessant ist, wie sich das Leseverhalten bei E-Mails von dem bei Büchern oder selbst Briefen unterscheidet. Bei Informationen, die sich in Absätzen verbergen, die länger als vier Zeilen sind, ist die Wahrscheinlichkeit um 34 Prozent geringer, dass man sich nach einer halben Stunde noch daran erinnert.

Lösung: Die leseoptimierte E-Mail

Egal welche E-Mail Sie schreiben, ob es eine Vertriebs-E-Mail ist oder Sie nur möchten, dass Ihre Kollegen oder Ihre Kunden etwas erledigen, sollten Sie die nachfolgenden Regeln einhalten, denn sonst droht Ihre E-Mail schlimmstenfalls im E-Mail-Dschungel unterzugehen und bestenfalls nur mit halber Aufmerksamkeit gelesen zu werden.

Was Sie niemals tun sollten (und was leider sehr oft gemacht wird):

➤ Nichtssagende Betreffe verwenden

➤ Episch lange E-Mails schreiben. Alles, was länger ist als eine halbe DIN-A4-Seite, überlastet unseren Verstand. Wie gesagt ist die E-Mail ein komplett anderes Medium. Wenn wir heute einen eineinhalbseitigen Brief von jemandem bekommen, den wir kennen, lesen wir ihn tatsächlich, denn wie oft bekommen wir schon Briefe? Bei der alltäglichen E-Mail-Flut ignorieren wir lange E-Mails jedoch schnell oder verschieben sie auf später, mit dem bekannten Effekt, dass *später* in Wahrheit *nie* bedeutet.

➤ Verwenden Sie niemals das berühmte Klammeräffchen mit Namen im Text. Also nicht »@*Herr Meier*«. Mit an absolute Sicherheit grenzender Wahrscheinlichkeit wird Herr Meier genau dieses nicht lesen, da er weder im Betreff noch in der Anrede irgendein Anzeichen gefunden hat, dass ihn diese E-Mail betrifft. Wenn Sie also mehrere Personen in der E-Mail ansprechen, dann grüßen Sie diese entsprechend zu Beginn der E-Mail. Klar kann das manchmal zu sehr langen Anreden führen, wenn Sie Namen nach Namen hinter dem Sehr geehrte(r) anreihen, aber hier geht es nicht um Schönheit, sondern um Wirksamkeit.

Wir wissen nun, was wir unbedingt vermeiden sollten. Entsprechend lässt sich nun die leseoptimierte E-Mail mit einigen wenigen Handgriffen erstellen:

Der Betreff

Der Betreff sollte nicht länger als 65 Zeichen sein. Die meisten E-Mail-Programme zeigen nämlich nur 65 Zeichen in der E-Mail-Übersicht an. Wenn dann in der Inbox eine E-Mail auftaucht, die da lautet: »*Bezüglich des in der letzten Woche von uns gemeinsam ... *«, wird die Öffnungsrate äußerst gering sein, selbst wenn der Betreff mit den Worten endet: »* ... angestoßenen Projekts gibt es sehr wichtige Informationen!*« Knapp daneben ist eben auch vorbei. Dampfen Sie also die Betreffzeile ordentlich ein und nutzen Sie sogenannte Markerworte. Das sind Begriffe, die für unsere sofortige Aufmerksamkeit sorgen. Vergessen Sie dabei Worte wie *wichtig* oder *persönlich*. Diese werden so inflationär benutzt, dass man inzwischen das

Gegenteil damit assoziiert, nämlich *unwichtig* und *unpersönlich.* Gute Markerworte sind hingegen Begriffe wie: *Eilt, Dringend, Frist läuft ab, Kundenbeschwerde, Eskalation.* Dies sind alles Worte, die sofort unsere inneren Alarmglocken schrillen lassen. Natürlich sollten Sie auch diese nicht inflationär verwenden, sonst ergeht es Ihnen wie mit den Worten *wichtig* oder *persönlich.* Seien Sie nicht das Kind, das immer »Wolf« schrie, bis es niemand mehr glaubte, aber schreien Sie ruhig einmal mehr »Wolf« als einmal zu wenig.

Wenn Sie die E-Mail an eine Person konkret schicken, die Sie etwas näher kennen, sollten Sie gezielt Markerworte verwenden, die die Kernmotive der Person ansprechen. Für das Ego sind das zum Beispiel: *Entscheidend für unsere Reputation,* oder für jemanden, der eher bequem ist: *Bitte nur ganz schnell abhaken.* Das klingt nach weniger Arbeit.

Und noch ein Hinweis. Wir wissen ja, dass ein drohender Verlust schwerer wiegt als ein Gewinn. Also wenn Sie an die Gier appellieren, dann wirkt zwar »*Dringend: Chance auf 100.000 Euro Projekt*« ziemlich gut. Aber wenn Sie Lust auf ein wenig mehr Drama haben, dann können Sie auch schreiben: »*Dringend: Wir könnten Chance auf 100.000 Euro verlieren.*«

Der Einstieg

Sie haben die erste Hürde geschafft und das Interesse geweckt. Nun müssen Sie im ersten Satz dafür sorgen, dass der Empfänger an der E-Mail dranbleibt. Was für Sie interessant ist, muss noch lange nicht für den Leser interessant sein. Hier hilft eine Faustregel aus dem Journalismus. Die Überschrift ist der Köder, im ersten, spätestens jedoch zweiten Satz des Texts muss nun der Angelhaken sein, also das, was dafür sorgt, dass der Leser dranbleibt. Sie müssen die Fragen beantworten: *Was ist drin für mich? Wieso ist das für mich relevant?*

Hier können Sie die für uns bereits bekannte Heldenmethode nutzen: »*Da Sie derjenige mit den besten Buchhaltungskenntnissen bei uns im Haus sind ...* « Oder wie wir es bei der E-Mail an den Chef gesehen haben, können Sie auch gezielt die Erwartungshaltung an Pünktlichkeit oder Zuverlässigkeit durch eine geschickte Eingangsformulierung setzen.

Der Text

Nun kommen wir zum eigentlichen Inhalt. Dieser sollte, gemäß den Lesegewohnheiten, möglichst kurz gehalten und leicht lesbar sein. Er sollte niemals eine halbe DIN-A4-Seite überschreiten. Im Zweifel teilen Sie die E-Mail lieber in zwei Schreiben auf. Das lässt sich thematisch immer bewerkstelligen.

Damit die E-Mail leicht zu lesen ist, sollten Absätze nicht länger als drei bis vier Zeilen sein. Also bitte keine Fließtexte einfach runterschreiben. Lieber ein Absatz mehr als einer zu wenig, das lässt Ihr Schreiben strukturierter erscheinen und schafft Pausen beim Lesen. Denken Sie daran: Jede kleine Pause sorgt dafür, dass sich das Gelesene besser setzt und somit auch wirklich verarbeitet wird. Anstatt episch langer Beschreibungen nutzen Sie Aufzählungszeichen und unterstreichen wichtige Signalworte, wie zum Beispiel *Umsatzsteigerung* oder *dringender Handlungsbedarf,* im Text.

Der Abschluss

Nun kommen wir zu dem oft unterschätzten Abschluss. Wie gesagt widmet der Leser diesem mehr Aufmerksamkeit, als der Verfasser glaubt. Denn hier sucht der Leser instinktiv folgende zwei Informationen: Warum muss ich das tun und bis wann? Da ja niemand gerne Verpflichtungen reindiktiert bekommt, ist es viel wirksamer, wenn

Sie mal wieder die Sicht des Lesers einnehmen und beschreiben, wie er davon profitiert. Hier können Sie wieder eines oder mehrere der vier Motive ansprechen. Absolut wichtig ist, dass Sie auch eine Frist nennen. Unser Gehirn versucht Aufgaben immer zu priorisieren und Dinge mit einem Endtermin haben immer höhere Priorität als jene, die keinen offensichtlichen haben. Dies könnte dann so aussehen:

»Damit wir Ihnen das für Sie günstigste Angebot zusenden können, würde ich Sie bitten, mir die Informationen bis zum 31. Juli um 18 Uhr zuzusenden.« Gerade in der Kundenkommunikation haben viele Scheu, solch eine Frist zu setzen. Es würde penetrant wirken und den Kunden verschrecken. Das ist aber ein Irrtum. Sie helfen dem Kunden, seine Arbeit zu strukturieren, und Sie erklären ja durch den ersten Halbsatz, was ihm die Einhaltung der First bringt. Auch bei Kooperationspartnern bringt Sie dieser Ansatz weiter: *»Ich würde Sie bitten, mir Ihre Anforderungen bis heute um 15 Uhr zuzusenden, damit wir diese gemäß Ihren Vorstellungen in den gemeinsamen Abschlussbericht einarbeiten können.«* Natürlich können Sie auch konkret an die Bequemlichkeit appellieren. *»Bitte geben Sie mir bis morgen um 16 Uhr Bescheid, damit ist die Angelegenheit dann für Sie erledigt.«* Was so leicht zu erledigen ist, machen wir doch am besten gleich sofort. Wieder etwas Lästiges vom Tisch! Haben Sie übrigens gemerkt, dass alle Beispiele immer aus Tag und Uhrzeit bestanden? Uhrzeiten versteht unser Gehirn viel besser, denn das wirkt konkreter. Ein Tag verfliegt so schnell, aber eine Uhrzeit ist wie ein Signalschild innerhalb eines Tages. Auch sollten Sie so schwammige Beschreibungen wie *gegen Nachmittag* oder *zum Ende des Tages* vermeiden. Fragen Sie mal im Bekanntenkreis herum, wann für sie der Nachmittag beginnt oder wann ein Tag wirklich endet. Bleiben Sie konkret! Damit tun Sie sich und Ihrem Gegenüber den größten Gefallen.

Nach der dann folgenden Grußformel ist aber noch lange nicht Schluss! Eine große Aufmerksamkeit erfährt das leider oft unterschätzte PS nach dem eigentlichen Text. Untersuchungen haben gezeigt, dass Informationen, die im Postskriptum enthalten sind, eine rund 23 Prozent größere Aufmerksamkeit erfahren als jene Informationen, die sich im eigentlichen Text befinden. Bringen Sie also unbedingt noch Informationen im PS unter und markieren Sie es fett. Vielleicht auch, um Inhalte aus der E-Mail selbst zu bestärken, also indem Sie bereits Gesagtes noch mal wiederholen, unterstreichen Sie im Postskriptum dessen Wichtigkeit.

Mit diesen Kniffen sorgen Sie dafür, dass Ihre E-Mails viel aufmerksamer gelesen werden und vor allem auch das umgesetzt wird, was Sie wollen. Natürlich ist es am Anfang etwas ungewohnt, eine E-Mail immer leseoptimiert anzupassen. Aber die wenigen Minuten zahlen sich aus und nach einiger Zeit werden Sie instinktiv alle Ihre E-Mails leseoptimiert aufbauen.

Eignet sich auch für:

➤ E-Mail-Verkehr mit Kollegen

➤ die Organisation von Schulfeiern und Vereinsveranstaltungen

➤ E-Mails mit dem Lebenspartner, wenn es um Dinge der Lebensverwaltung geht (wer macht die Steuer, welche Versicherung muss gekündigt werden et cetera)

Drehen Sie Kundenbeschwerden zu Ihrem Vorteil

Wir haben schon einige Techniken kennengelernt, mit der Kritik und dem Frust unseres Chefs oder unserer Kollegen umzugehen. Im Grunde haben Sie also das ganze Rüstwerkzeug zur Hand, das Sie auch beim Umgang mit Kundenbeschwerden verwenden können. Dennoch gibt es einen entscheidenden Unterschied.

Die Sicht des Kunden

Sich in die Sicht des Kunden hineinzuversetzen, sollte eigentlich eine sehr einfache Übung sein, denn schließlich sind wir alle mehrmals täglich Kunden. Umso erstaunlicher ist es, wie viele Fehler noch heute im Umgang mit Kunden gemacht werden. Dabei ist die Situation recht simpel. Der Kunde hat für eine Leistung bezahlt und diese nicht in der Art und Qualität bekommen, wie er es sich vorgestellt hatte. In dem Moment, wo er sich bei Ihnen meldet, ist dieses Problem das größte Problem, das er hat. Alles andere, was ihn in seinem Leben stört, ist plötzlich zweitrangig. Und Sie haben Schuld an seiner derzeitigen miserablen Situation. Sie und niemand anders, am allerwenigsten der Kunde selbst. Entsprechend emotional hochgepumpt ruft er an und benutzt Sie nun als Blitzableiter. Ihr Kunde wirkt gar nicht aufgeregt, sondern eher gelassen? Täuschen Sie sich nicht! Das heißt nämlich nicht, dass er weniger verärgert ist, sondern nur, dass er über mehr Selbstbeherrschung verfügt. Tatsächlich zeigt die Erfahrung, dass Kunden, die einfach lospoltern, weitaus dankbarer und treuer sind, wenn ihr Problem gelöst ist, als jene, die augenscheinlich ruhig und abgeklärt wirken. Zwar ist auch deren Problem beseitigt, der Frust bleibt aber, da sie ihn nicht entladen konnten – und dann kommt es dennoch im Nachhinein zum Abbruch der Geschäftsbeziehung. In meinen Coachings versuche ich deswegen immer zu vermitteln, wie wichtig daher Ihre Aufgabe als menschlicher Blitzableiter ist. Sie retten dadurch Kundenbeziehungen!

Falls Sie übrigens zu denjenigen gehören, die Scheu oder gar Angst vor einer Kundenbeschwerde haben, dann will ich Ihnen diese ein wenig nehmen. Unsere unzähligen Untersuchungen zur Kundenzufriedenheit haben gezeigt, dass Kunden, die ein Problem hatten, das erfolgreich gelöst wurde, hinterher nicht nur eine größere Kundenzufriedenheit aufwiesen als vorher, sondern zusätzlich im Schnitt zufriedener mit dem Anbieter waren als Kunden, die nie ein Problem gehabt hatten. Gutes Beschwerdemanagement vermittelt dem

Kunden, dass man gemeinsam etwas durchgestanden und gelöst hat, und das schweißt zusammen. Fehler macht jeder, die Frage ist nur, wie man damit umgeht.

Deswegen sollten Sie natürlich keine Probleme verursachen, damit Ihre Kunden hinterher zufriedener mit Ihnen sind. Aber es sollte Ihnen ein Ansporn sein, denn wenn ein Kunde sich bei Ihnen beschwert, ist dies die ideale Chance, aus ihm einen weiteren überaus treuen und zufriedenen Kunden zu machen. Freuen Sie sich also auf jede Kundenbeschwerde und nutzen Sie diese Chance.

Lösung: Therapeutenmethode

Wenn Sie Ihren Kunden wirklich wieder zufriedenstellen wollen, dann müssen Sie natürlich sein Problem auf der Sachebene lösen, aber auf alle Fälle auch seine Gefühlsebene wieder in Ordnung bringen. Sie sind Kundenberater und Psychologe zugleich. Auf emotionaler Ebene ein Kundenproblem zu lösen, fällt uns schwer, denn dann müssen wir uns anhören, wie sehr der Kunde unter dem Problem wirklich leidet – und Kunden können sehr dramatisch leiden, vor allem männliche Kunden! Die Wut oder zumindest der Frust besteht beim Kunden sowieso, dann bieten Sie sich doch gleich als Ventil an. Stellen Sie konkret Fragen, welche Auswirkungen der Mangel für den Kunden hatte. Nicht zweifelnd, sondern weil Sie seine Situation verstehen wollen. *»Damit ich das entsprechend weiterleiten kann, welche Probleme hat das bei Ihnen im Unternehmen verursacht?«* Oder Sie verwenden rhetorische Fragen. *»Das muss für Sie sehr frustrierend gewesen sein, nicht wahr?«* Das hilft, das Ventil zu öffnen, und schnell sprudelt der ganze Jammer aus dem Kunden raus. Sicher gehört ein wenig Mut dazu, solche Fragen zu stellen, denn niemand will das Unangenehme noch mehr vor Augen geführt bekommen. Aber Ihr Kunde wird es Ihnen später danken. Wie oft sind Ihnen solche Fragen gestellt worden, wenn Sie bei einer Hotline anriefen?

Wie oft hat man dort Mitleid oder zumindest Verständnis gehabt, wenn Sie mit einer Beschwerde kamen? Vielleicht wurde Ihr Problem technisch gelöst, aber dennoch blieb eine emotionale Leere. Sie können sich allenfalls glücklich schätzen, wenn Sie nicht abgebürstet wurden. Ihr Kunde wird völlig überrascht sein, wenn Sie wirklich verstehen wollen, wie es ihm geht. Wundern Sie sich aber nicht, dass er Ihnen anschließend nicht gleich dankbar um den Hals fällt. Dankbarkeit bekommen Sie hier nicht in Worten, aber später in der Kundenbindung und dem Lob des Kunden gegenüber anderen.

Dabei brauchen Sie sich auch nicht episch lange in psychologische Traumatherapie zu begeben. Eine Minute reicht aus. Ihr Kunde hat sich ein wenig abreagiert und er hat das Erlebte noch mal durchlitten. Und gerade dieses erneute Erleiden ist so wichtig, denn wenn Sie nun als Retter in der Not kommen, schätzt er Sie umso mehr. Wir haben bereits gesehen, dass Menschen es eher schätzen, wenn Fehler eine korrigierbare Ursache haben, als wenn sie völlig außerhalb ihres Einflussbereichs liegen. Achten Sie also auch hier darauf, dass Sie die Schuld nicht irgendwelchen unkontrollierbaren Faktoren zuschreiben, wie: »*Unser PC-System macht nur Probleme, wir wissen selbst nicht, woran das liegt.*« Sondern zeigen Sie eine klare Lösung, die dem Kunden weiterhilft und ferner dafür sorgt, dass dieses Problem nicht wieder vorkommt. Natürlich können Sie nicht das EDV-System umprogrammieren. Sie können aber versichern, dass Sie dem Leiter der IT-Abteilung einen Vermerk zukommen lassen werden, damit er das Problem dauerhaft behebt. Was Sie dann natürlich auch wirklich tun sollten! Das vermittelt dem Kunden das Gefühl von Sicherheit und Engagement und schafft Vertrauen.

Da Kunden sich bei Problemen gerne persönlich auslassen möchten, haben wir eine Regel in unserem Unternehmen abgeleitet, die sich absolut bewährt hat. Positive Nachrichten sollten schriftlich übermittelt werden, so zum Beispiel, wenn Sie schneller liefern können als gedacht oder einen unerwarteten Preisnachlass ermöglichen konnten. Das macht es einfacher, im Kundenunternehmen solche guten Nachrichten auch an andere weiterzuleiten, und vor allem bleiben geschriebene Texte besser im Gedächtnis. Negative Nachrichten hingegen sollten immer persönlich, das heißt im Unternehmensalltag also meist telefonisch, überbracht werden. Das wirkt einerseits ehrlicher, andererseits können Sie den Kunden gleich persönlich emotional auffangen und sind bereits als Blitzableiter da, bevor sich die Wut unkontrollierbar anstaut. Natürlich sollten Sie auch gleich eine Lösung präsentieren. Das verkürzt die Frustkurve erheblich. Diese Lösung sollten Sie anschließend dann noch mal schriftlich zusenden. Damit haben Sie wieder etwas Positives dokumentiert und das vermittelt Vertrauen und Zuverlässigkeit.

Wie andere Ihre Werbegeschenke wirklich schätzen

Den altbewährten Spruch *Kleine Geschenke erhalten die Freundschaft* kennen wir alle. Deswegen ergeht mit schöner Regelmäßigkeit ein Geschenkeregen über Kunden, Geschäftspartner und Lieferanten. Leider erhalten Geschenke nicht immer die Freundschaft, sondern nur die richtigen Geschenke – und wenn man sie in der richtigen Form schenkt.

Die Sicht der anderen

Es ist erstaunlich, wie viel Geld jedes Jahr verbrannt wird, ohne einen Mehrwert. Wir untersuchten einmal im Auftrag eines Büromaterialherstellers, der einen seiner Hauptumsatztreiber im Werbegeschenkemarkt hatte – in beliebigen Unternehmen jeglicher Größe und Branche –, welche Geschenke die Personen in Erinnerung hatten. Und vor allem, von wem diese waren. Die Ernüchterung war groß! Nur 24 Prozent der Beschenkten konnten nach drei Monaten noch rund die Hälfte der Werbegeschenke benennen und einem Unternehmen zuordnen. Das klingt vielleicht erst mal gut, immerhin konnte die Hälfte der Präsente noch erinnert und zugeordnet werden, aber das nur bei 24 Prozent! Anders ausgedrückt bedeutet das, dass rund drei Viertel der Menschen nach drei Monaten nur weniger als die Hälfte der Werbegeschenke noch zuordnen konnten. Bei solchen Zahlen bricht jede Werbeabteilung in Tränen aus. Schade um das verschenkte Geld.

Es kann aber auch anders gehen. Wenn Sie die nachfolgenden Methoden verwenden, werden Ihre Geschenke nicht nur mehr geschätzt, sondern schaffen einen wirklichen Mehrwert und der Reziprokaleffekt kommt komplett zur Geltung. Denn Sie bekommen deutlich mehr zurück, als Sie geben.

Lösung: Ego-Stärkung – Storytelling – Schenker-Paradox

Klar kann man die plumpe Schiene fahren. Es werden alltägliche Gebrauchsgegenstände verschenkt mit dem Aufdruck des Firmenlogos, in der Hoffnung, dass sich die Menschen das Unternehmen einprägen. Wie viele Kugelschreiber stapeln sich bei Ihnen und wissen Sie wirklich, welche Namen draufstehen? Wohl kaum, und wenn, dann allenfalls von jenen, die besonders exklusiv sind, oder denjenigen, die besonders billig sind und bereits nach ein paar Tagen in der Tasche ausgelaufen sind und alles versaut haben. So kann man auch in Erinnerung bleiben. Mit Weinflaschen ist es noch schlimmer. Die stapeln sich dann bei dem Beschenkten zu Hause. Vielleicht ist er gar kein Weintrinker, dann werden diese als Wandergeschenk weitergereicht oder überraschendem Besuch eingeschenkt. Der Erinnerungseffekt ist ebenfalls gleich null. Natürlich können Sie auch an einen Weinkenner geraten, der rümpft dann nur die Nase über den billigen Wein, den er von Ihnen bekommen hat: Das ist dann quasi ein ausgelaufener Kugelschreiber – nur auf einem höheren Niveau.

Viel sinnvoller sind da Geschenke, die dem Ego schmeicheln, also solche, die man vielleicht stolz seiner Familie mitbringen kann. Wenn Ihr Kunde oder Partner Kinder hat, dann schenken Sie lieber sinnvolles Kinderspielzeug, das auch etwas taugt. Oder ein wundervolles Käsebrett mit Messerchen, das er seiner Partnerin mitbringen kann. »*Schau mal, was ich Tolles bekommen habe.*« Das hat einen viel größeren Effekt und lässt den Beschenkten seinen Liebsten gegenüber erfolgreich und wichtig erscheinen. Damit haben Sie gleich die doppelte Wirkung erzielt, und solche Geschenke sind günstiger, als man denkt, und das in hochwertiger Qualität.

Sie können aber so richtig in die psychologische Trickkiste greifen. Wir haben ja schon gesehen, dass nicht die Leistung, sondern vor allem die Mühe zählt. Nicht anders ist es bei Geschenken. Dafür müssen Sie nicht in einer waghalsigen Expedition ein seltenes historisches Artefakt für Ihren Kunden erkämpft haben. Es geht auch viel einfacher. In einem Versuch wurden 18 professionellen Weinkennern zwei verschiedene Weine vorgestellt. Der erste Wein war ein äußerst erlesener Wein, während der zweite eher mittelprächtig war. Zu dem zweiten Wein wurde aber eine nette Geschichte über das Anbaugebiet und die Familie erzählt, die seit 150 Jahren im Besitz des Weinbergs sei. Damit bekam dieser ein »Gesicht«. Dies sorgte für eine starke Veränderung der Weinbewertungen. Der überragende Wein wurde von den professionellen Weinkennern daraufhin als mittelprächtig gewertet, während der durchschnittliche Wein als herausragend gelobt wurde. Wenn Sie also ein Geschenk machen, dann versehen Sie es mit einer kleinen Geschichte. Jedes Produkt hat eine Geschichte, selbst ein Käsebrett. Aus welchem Holz ist es, woher stammt es? Oder vielleicht haben Sie ein solches Brett selbst bei Ihrer Hochzeit geschenkt bekommen? Eine solche kleine Story können Sie in die Grußkarte eindrucken lassen oder als Beilegzettel mitgeben. So schnell können Sie aus etwas Mittelprächtigem etwas Hervorragendes machen.

Aber seien Sie nicht zu großzügig bei Geschenken, das kann nämlich nach hinten losgehen, wie das Phänomen des Presenter's Paradox, also das Paradox des Schenkers, zeigt. Nachgewiesen hat dies unter anderem Kimberlee Weaver von der amerikanischen Universität Virginia Tech. In insgesamt sieben Experimenten widmete sie sich der Frage, wie der edle Spender und der Beschenkte ein Geschenk bewerten. Rein materiell, versteht sich. In einer Studie ließ sie zum Beispiel den einen Teil der Probanden ein Präsent kreieren. Dabei konnten sich die Freiwilligen entscheiden, ob sie »nur« einen iPod Touch schenken oder zusätzlich noch einen Gutschein für einen kostenlosen Musik-Download hinzufügen wollten. Fast alle entschieden sich für die zweite Variante, was wenig überraschend ist. Vermutlich weil sie dachten, dass der Beschenkte sich darüber noch mehr freuen würde, denn je mehr Geschenke, umso mehr Freude. Das war aber leider falsch gedacht.

Der andere Teil der Probanden sollte nun nämlich schätzen, wie viel Geld sie für die beiden Alternativen ausgeben würden. Und siehe da: iPod samt Musik-Download waren ihnen im Schnitt 176 US-Dollar wert   für den iPod allein hätten sie hingegen 242 Dollar bezahlt.

Das widerspricht komplett unseren Erwartungen, denn wir glauben, je mehr, umso besser. Doch dabei übersehen wir die Perspektive des Beschenkten. Dieser betrachtet nämlich die einzelnen Geschenke als ein Ganzes und ermittelt unbewusst im Kopf den Durchschnittswert. Wer nur einen iPod geschenkt bekommt, freut sich über das wertvolle Gerät. Wer zusätzlich noch einen Musik-Download erhält, der ja weniger wert ist als der iPod, betrachtet nun beide Geschenke aus der Gesamtperspektive. Dabei werden unbewusst die Werte des Geschenks zusammengerechnet und gemittelt. Also zieht das billigere Geschenk den Wert des teureren Geschenks herunter. Daran orientiert sich aber wieder die Beurteilung des Gesamtwerts. Also besser ein Geschenk als zwei Geschenke. Weniger ist manchmal eben mehr.

Bringen Sie Ihre Kunden dazu, Ihr Produkt zu wollen, obwohl sie es (noch) gar nicht brauchen

Meint Ihr möglicher Kunde, dass er noch keinen Bedarf für Ihr Produkt hat, weil er noch gut mit dem alten Gerät fährt? Das glaubt aber auch nur er! Denn tatsächlich sollte er sein Altgerät dringend austauschen, er weiß es nur noch nicht. Aber dafür gibt es ja Sie – und Sie werden ihm dabei helfen, die Wahrheit zu erkennen. Selbst wenn Ihr Unternehmen keine Geräte herstellt, sondern Dienstleistungen bietet, dann hilft Ihnen dieses Kapitel ebenso weiter. Es ist doch egal, ob Ihr Kunde ein altes Gerät oder einen alten Dienstleister austauschen soll. Das Problem ist das gleiche. Die Stelle, die Sie einnehmen wollen, ist im Moment besetzt.

Die Sicht des Kunden

Natürlich meinen Kunden, dass solange etwas funktioniert, man keinen Ersatz braucht, ob Gerät oder Dienstleister. Wo kein Problem ist, besteht auch kein Handlungsbedarf. Also können Sie entweder abwarten oder ein Problembewusstsein generieren. Was, meinen Sie, ist der stärkste Grund, etwas zu kaufen? Ist es das Motiv, etwas haben zu wollen – oder keinen Verlust zu erleiden? Wenn Sie dieses Buch aufmerksam gelesen haben, dann werden Sie wissen, dass die Angst zu verlieren stärker wirkt als die Aussicht auf Gewinn. Das gilt selbst bei Produkten, wo auf den ersten Blick das Habenwollen der wichtigste Kaufauslöser zu sein scheint. Psychologen blicken aber etwas tiefer und im Unterbewusstsein dominiert dann doch wieder die Verlustangst. Ich sehe ein tolles Auto, das ich unbedingt haben will, vielleicht um meinen Freunden zu imponieren oder mir selbst etwas zu gönnen. Nun vergleiche ich lange die Preise, bis ich endlich den idealen Wagen zu einem optimalen Preis finde, und plötzlich wird alles ganz hektisch. Was ist, wenn bereits ein anderer Käufer sich den Wagen angeschaut hat? Was ist, wenn der Wagen mir vor der Nase weggeschnappt wird? Das Denken wird ausgeschaltet und man schlägt zu, selbst wenn man es sich noch ein paar Tage überlegen wollte. Egal was das eigentliche Ausgangsmotiv war, am Ende dominiert immer die Verlustangst. Sie überwiegt sogar die Angst, einen Fehler zu machen. Deshalb kommen wir manchmal mit Produkten nach Hause, die nüchtern betrachtet eigentlich totaler Ramsch sind.

Wenn nun aber noch gar kein Bedarf für ein neues Produkt oder einen neuen Dienstleister besteht, können Sie dennoch punkten. Sie müssen nur die Angst wecken und langsam gedeihen lassen. Die Autoindustrie macht damit sehr viel Geld. Was ist der Grund, den Wagen immer in die Inspektion zu bringen? Damit er schön heil bleibt? Das gaukeln Sie sich vielleicht vor. Der wirkliche Grund liegt in der Angst, dass der Widerverkaufswert in den Keller geht, wenn das Scheckheft nicht lückenlos ist. Wieso gehen wir zum TÜV? Natürlich wegen der Sicherheit des Straßenverkehrs. Oder liegt es nicht eher daran, dass wir Angst haben, Ärger mit der Polizei zu bekommen?

Unabhängig davon, ob der Kunde nun glaubt, noch gut ausgestattet zu sein, schlummert eine Gefahr, deren er sich nur nicht bewusst ist. Es ist Ihre Aufgabe, ihm diese Gefahr vor Augen zu führen!

Lösung: Angstvirus

Ängste entstehen selten auf einen Schlag, sondern breiten sich meist langsam wie ein Virus aus. Erst bemerkt man ihn gar nicht. Dann vermehrt er sich, infiziert Zelle für Zelle und plötzlich ist der ganze Körper befallen.

Da Angst das größte Kaufmotiv ist und die Angst noch nicht beim Kunden entwickelt ist, müssen Sie diesen Angstvirus setzen. Nehmen wir einmal ein Beispiel aus dem Maschinenbau, wo meine Coaching-Kunden diese Methoden ganz besonders lieben. Denn es bringt ihnen Aufträge bei Kunden, von denen sie unter normalen Umständen niemals dachten, dass sie jetzt kaufen würden. Der Vertriebsmitarbeiter versucht dem technischen Leiter des Kundenunternehmens erst gar nichts aufzuschwatzen, was bei Maschinen im Wert von 100.000 Euro und mehr auch gar nichts bringen würde. Das folgende, reale Beispiel zeigt die Wirksamkeit des Angstvirus. Ein Vertriebsmitarbeiter überzeugt einen Noch-nicht-Kunden davon, die fünf Jahre alte Pumpentechnik des Wettbewerbers zu ersetzen.

»Und hatten Sie schon mal größere Probleme mit der Pumpe?«

»Na ja, das Übliche halt.«

»Das freut mich für Sie, da brauchen Sie ja derzeit wirklich keine neue. Sie haben aber wirklich Glück mit Ihrer KX44-2, normalerweise beginnen die Motoren spätestens nach vier Jahren unrund zu laufen und dann wird das richtig teuer, weil dann die ganze Fertigung für mehrere Tage stillsteht. Aber Sie haben noch kein seltsam ratterndes Geräusch gehört, oder?«

Der Kunde schüttelt zögerlich den Kopf. Nun fährt der Vertriebsmitarbeiter aber weiter fort.

»Probleme mit einem Druckabfall, der normalerweise nach vier Jahren auftaucht, hatten Sie auch noch nicht? Dann haben Sie wirklich ein gutes Exemplar der Serie KX44-2.«

Natürlich hat jede Pumpe mal einen Druckabfall, aber lag das jetzt innerhalb der Normschwankung oder beginnt die Pumpe bereits ihren Geist aufzugeben?

So geht das Spiel weiter und der Vertriebsmitarbeiter verlässt den Noch-nicht-Kunden, nicht ohne ihn noch mal für diese wundervolle, wenn auch fünf Jahre alte Pumpe zu loben.

Damit ist der Angstvirus gesetzt. Jedes Mal, wenn der Noch-nicht-Kunde die nächsten Wochen an der Maschine vorbeiläuft, wird er lauschen. Und tatsächlich! Hört sich die Maschine nicht doch ein wenig anders an? Und bei jedem Druckabfall, selbst wenn er innerhalb des Toleranzbereichs liegt, wird er beginnen, sich zu fragen, ob die Maschine nicht zu alt sei. Nach spätestens sechs Wochen kommt der Anruf und aus einem Noch-nicht-Kunden wird ein Kunde.

Bauen Sie also nicht auf konfrontative Argumentationen, sondern säen Sie den Angstvirus und lassen sie ihm Zeit, das Immunsystem zu aktivieren.

Eignet sich auch:

➤ Wenn Sie dem besten Freund oder der besten Freundin den neuen Partner abspenstig machen will. – *»Er ist immer auf Reisen? Da kannst du froh sein, dass er dir immer treu ist. Ruft er dich denn auch jeden Abend an?«*

➤ Wenn Sie in Ihrem Unternehmen dafür sorgen wollen, dass Rücklagen für eine mögliche Krise angelegt werden. – *»Wir stehen echt gut da. Aber unsere Kunden? Haben die auch wirklich keine Insolvenzprobleme?«*

➤ Wenn Sie den Bewerber für eine freie Stelle, von dem Ihr Chef begeistert ist, diskreditieren wollen. – *»Der Hoffmann ist echt ein Spitzenkandidat, auch wenn ich normalerweise bei Menschen, die alle drei Jahre ihre Stelle wechseln, eher skeptisch bin, weil da oft ein Haken ist … «*

Sorgen Sie dafür, dass andere Ihre Beschwerde erfolgreich abarbeiten

Vielen fällt es schwer, sich richtig zu beschweren. Anstatt für sein Recht zu streiten, frisst man den Ärger in sich hinein und scheut den Konflikt. Oder man lässt seiner Wut freien Lauf, erreicht aber nichts. Dabei müssen Beschwerden weder anstrengend noch ärgerlich sein. Wenn Sie richtig vorgehen, können Sie schnell und bequem zum Ziel kommen.

Die Sicht des anderen

Beschwerden sind wie Kritik, keiner mag sie wirklich, denn sie schaffen oft eine schlechte Stimmung, selbst wenn wir uns bei eigentlich fremden Personen beschweren, wie zum Beispiel dem Restaurantchef, einem Sachbearbeiter oder bei der Dame von der Service-Hotline. Gerade solche Personen sind aber beruflich auf Beschwerden gedrillt. Deswegen nehmen sie Beschwerden noch lange nicht mit größerer Freude entgegen, aber sie sind geschult und haben zahlreiche Mechanismen aufgebaut, um nicht jeder Forderung bei einer Beschwerde entgegenzukommen. Denn das Ziel einer Beschwerde ist ja einerseits, das Problem zu lösen, aber wer wirklich klug ist, versucht gleich noch etwas rauszuschlagen. Denn Unzufriedenheit muss kompensiert werden. Entweder durch eine kostenlose Zugabe, einen Preisnachlass oder einen Gutschein. Genau hier sind solche Profis zu Neinsagern geschult worden. Wie man mit notorischen Neinsagern umgeht, wissen wir ja bereits, aber bei einer erfolgreichen Beschwerde spielen noch weitere wichtige Faktoren mit.

Lösung: Deeskalation – emotionale Aufladung – Tür-ins-Gesicht-Methode

Bei einer erfolgreichen Beschwerde ist das richtige Auftreten entscheidend. Wild Ihrer Wut freien Lauf zu lassen, schadet Ihnen. Denken Sie immer daran, Mitarbeiter, die mit Beschwerden zu tun haben, sind für viele ein Blitzableiter. Sie haben entsprechend emotionale Mauern, die sofort nach oben gehen. Umso dankbarer und entgegenkommender sind sie, wenn sie fair und höflich behandelt werden, und Sie können Ihr Anliegen leichter durchsetzen. Selbst wenn Sie noch so wütend sind, sollten Sie sich erst mal emotional deeskalieren. Bleiben Sie also höflich, aber dennoch bestimmt, in dem, was Sie wollen.

Wir wissen ja, dass sachliche Argumente weniger wirken als emotionale. Zwar haben Sie nun erst mal die negativen Emotionen rausgenommen, als Nächstes sollten Sie aber eine positive emotionale Ebene schaffen. Bei der erfolgreichen Kundenbeschwerde haben wir gesehen, wie wichtig es ist, dass Sie als Beschwerdeempfänger die Gefühle des Kunden verstehen. Das funktioniert auch anders. Wenn Sie sich selbst beschweren und Ihr Gegenüber emotional erreichen, wird es viel eher bemüht sein, Ihr Problem zu lösen.

Schildern Sie nicht nur das Problem, sondern auch die persönlichen Auswirkungen für Sie. Dadurch schaffen Sie eine emotionale Bindung. Wenn Sie zum Beispiel durch Probleme beim Telefonanschluss Ihre Mutter nicht mehr anrufen können und sich Sorgen machen, wiegt das schwerer als »nur« eine defekte Telefonleitung. Wenn der Mitarbeiter des Telefonanbieters Ihr Problem mitfühlt, steigert das nachweislich sein Engagement, das Problem für Sie zu lösen. Sie können auch an Hilfe appellieren. Kürzlich hatten wir eine neue Waschmaschine bestellt. Die Anlieferung wurde mehrfach versäumt. Die Spedition schob es auf das Versandhaus und das Versandhaus auf die Spedition. Also startete ich einen neuen Versuch.

Ich rief wieder das Versandhaus an und begann wie folgt: »*Ich bin total verzweifelt und hoffe, dass Sie mir helfen können. Sie sind quasi meine letzte Hoffnung. Meinen Sie, Sie können mir weiterhelfen?*« Die Antwort kam wie erwartet: »*Ich werde mein Bestes versuchen.*« Wer würde nicht einem verzweifelten Menschen, für den man die letzte Hoffnung ist, zu helfen versuchen. Meine Ansprechpartnerin stand nun in einer emotionalen Verantwortung. Diese lud ich weiter emotional auf. »*Wir haben drei Kinder. Unsere Waschmaschine ist defekt. Die Wäsche stapelt sich. Meine Frau weiß nicht weiter und schrubbt schon per Hand, und das nur, weil die Waschmaschine nicht angeliefert wird.*« Nun war ich nicht mehr einfach ein anonymer Kunde, sondern hatte dem Leiden ein Gesicht gegeben. Wer nicht komplett kaltherzig ist, wird nun alles daransetzen zu helfen. Genauso kam es. Sie telefoniert eifrig herum und nach zehn Minuten kam der Anruf und das Problem war gelöst. Emotionale Verbindungen sind wirksamer als jedes Sachargument.

Nun war damit die Angelegenheit für mich erledigt. Wenn Sie in einer solchen Situation auch noch einen Nachlass oder einen Gutschein rausschlagen wollen, dann müssen Sie dies wieder mundgerecht servieren. Zwar haben Unternehmen meist vorgefertigte Lösungen für gewisse Probleme, wie Gutscheine oder Nachlässe. Aber in ungewöhnlichen Fällen oder wenn solche Vorgaben nicht vorhanden sind, muss Ihr Ansprechpartner sich selbst erst eine Lösung überlegen. Das fällt vielen Menschen schwer und oft bekommen Sie Vorschläge, die Ihnen gar nicht zusagen. Übernehmen Sie deswegen die Initiative.

Überlegen Sie sich immer genau, was Sie mit Ihrer Beschwerde erreichen wollen. Sich wild bei der Reiseleitung über den zu kleinen Swimmingpool zu beschweren, bringt nichts. Der Reiseleiter wird kaum das Schwimmbecken über Nacht umbauen können. Aber um einen Gutschein für einen Ausflug oder ein kostenloses Abendessen zu bitten, ist eine klare Lösung.

Bereiten Sie mindestens zwei konkrete Lösungsmöglichkeiten vor. Nutzen Sie hier mal wieder die Optionsverschiebung zusammen mit der Tür-ins-Gesicht-Methode. Als Erstes bieten Sie die größere Lösung an, also zum Beispiel einen erheblichen Preisnachlass. Falls die Person nicht darauf eingehen kann oder will, holen Sie die kleinere Lösung aus der Tasche. Da die erste Variante abgelehnt wurde, ist nun die Wahrscheinlichkeit größer, dass Sie ein Ja bekommen. Achten Sie aber darauf, dass Sie nicht zu tief stapeln. Erkundigen Sie sich im Vorfeld, was als Kompensation üblich ist, und setzen Sie Ihre Forderung dann deutlich höher an. Nur so bekommen Sie mehr raus bei einer Beschwerde als andere.

Es lohnt sich übrigens auch, den richtigen Zeitpunkt abzupassen, wenn Sie die Möglichkeit haben, dies einzuschätzen. So können Sie Ihr Anliegen leichter durchsetzen. Wenn unser Verstand die Dauer einer zu erbringenden Leistung abschätzen kann, schwächeln wir nach dem ersten und nach dem zweiten Drittel der Zeit. An einem Neunstundentag haben wir deswegen unser erstes Tief nach drei und das zweite nach circa sechs Stunden. Genau diesen Zeitpunkt des geringsten Widerstands sollten Sie für sich nutzen. Wollen Sie sich zum Beispiel über ein Lieferproblem beschweren und wissen, dass der Sachbearbeiter einen normalen Arbeitstag hat, dann wäre der richtige Zeitpunkt gegen elf Uhr oder gegen 15 Uhr. Und selbst wenn man nicht die Arbeitszeiten kennt, kann man mit ein wenig Kreativität den Zeitpunkt des geringsten Widerstands abpassen. Wollen Sie sich zum Beispiel an einem Flugschalter beschweren und Sie haben ein wenig Zeit, dann warten Sie, bis ein richtig anstrengender Gast dran war, Sie werden dann leichtes Spiel haben. Oder reihen Sie sich im ersten Drittel einer Schlange ein, um sich zu beschweren.

Nun haben Sie vielleicht eine Zusage, aber das heißt noch lange nicht, dass diese auch eingehalten wird. Wenn Sie eine Vereinbarung getroffen haben oder man Sie wegen der Klärung noch mal kontaktieren möchte, sollten Sie subtil Druck aufbauen. Lassen Sie sich immer den Namen und nach Möglichkeit auch die Telefonnummer der Person geben, mit der Sie sprechen. Denn so vermitteln Sie das Gefühl, dass Sie wieder anrufen werden oder, noch schlimmer, in einem Beschwerdeschreiben den Namen der Person negativ erwähnen könnten. Vereinbaren Sie auch unbedingt einen Termin, bis zu dem Sie eine Rückmeldung bekommen. Das verschafft Ihrer Vereinbarung Verbindlichkeit und steigert die Chance, dass auch wirklich gemacht wird, was Sie wollen.

Mit diesen Kniffen werden Sie leichtes Spiel haben bei jeder Beschwerde. Ihr Gegenüber wird Ihnen sogar dankbar sein, denn bei den vielen wutentbrannten Diskussionen ist ein Kunde, der höflich, aber bestimmt weiß, was er will, eine willkommene Abwechslung. Ihr Gegenüber freut sich, einem netten Menschen geholfen zu haben, und Sie haben das erreicht, was Sie wollten.

4. Beziehungen und Partner – Nervige Freizeitsituationen meistern

Wir haben nun bereits viele Möglichkeiten aus dem Arbeitsalltag kennengelernt, dafür zu sorgen, dass Menschen auf unser geistiges Kommando hören. Diese können Sie natürlich auch wundervoll im Privatleben anwenden, darüber hinaus gibt es aber noch weitere einfache Methoden, mit denen Sie im Privatleben ganz gezielt alltägliche Situationen zu Ihren Gunsten auflösen können. Aber Vorsicht! Hier gilt das Gleiche wie im Beruflichen. Es geht nicht darum, unsere Lieben und Freunde zu manipulieren, sondern für ein reibungsloseres Zusammenleben zu sorgen, von dem alle profitieren.

Beginnen wir aber nun mit einem einfachen Fall, nämlich damit, einen uns Fremden zu beeinflussen, bevor wir uns um Partnerschaft und Freunde kümmern.

Wie Sie spielend leicht Sonderbehandlungen in Hotel und Restaurant bekommen

Wenn Sie einen anderen Tisch im Restaurant, ein anderes Hotelzimmer oder sonst einen Sonderwunsch haben, den Sie durchsetzen wollen, dann geht das meist viel einfacher und weniger umständlich, als man denkt. Ich zeige Ihnen hier eine Universalmethode, mit der Sie Bauchflattern, Zweifel und Unsicherheit besiegen und Menschen dazu bringen, liebend gerne Ihren Wunsch zu erfüllen.

Die Sicht des anderen

Wir haben ja bereits bei den Kollegen gesehen, dass unser erlerntes Sozialverhalten uns dazu bringt, eine Bitte zu erfüllen, jedoch nur solange es nicht zu viel Arbeit bedeutet. Denn das verstößt gegen das Motiv der Bequemlichkeit. So kämpft unsere gute Erziehung gegen die Bequemlichkeit, und um die Sache noch komplizierter zu machen, mischt sich oft auch noch die Gier mit ein, weil man vielleicht auf Trinkgeld oder einen anderen Vorteil in der Zukunft hofft. In welcher Konstellation auch immer, es findet binnen dem Bruchteil einer Sekunde ein Machtkampf der Motive statt, und wenn Sie Pech haben, geht er zu Ihren Ungunsten aus und Ihre Bitte bleibt unerfüllt.

Lösung: Doppelleitplanken-Methode

Am einfachsten lösen Sie dieses Problem, indem Sie dieses Motivgerangel erst gar nicht zulassen. Wer keine Möglichkeit zum Nachdenken hat, der tut schneller, was Sie sagen. Am besten lässt sich die Doppelleitplanken-Methode in der Praxis veranschaulichen. Nehmen wir als Erstes eine einfache Bitte um einen Gefallen:

»*Wir hätten bitte gern einen anderen Tisch. Ich sehe, dass der Tisch da hinten zwar reserviert ist, aber da zieht es nicht so. Könnten wir den nehmen?*« Bei solch einer Frage sind Sie nun vollkommen dem guten Willen des Kellners ausgeliefert. Je nach seiner Laune und ob er Lust hat, alles umzudecken, kommen Sie zum Zuge oder nicht.

Anders schaut es bei der Doppelleitplanken-Methode aus. Natürlich sind Sie auch hier freundlich. Sie setzen nur klare emotionale Leitplanken, innerhalb deren sich der andere in die von Ihnen gewünschte Richtung bewegt. Schauen wir uns das mal in der Praxis an. Sie wollen wieder einen anderen Tisch, gehen aber wie folgt vor:

»Sie haben wie immer einen erstklassigen Service in diesem Haus. Ich bin sicher, dass Sie mir auch hier weiterhelfen können. Würden Sie für uns bitte den Tisch tauschen, weil es hier zieht und ich Probleme mit dem Rücken habe. Umso angenehmer ist der Abend für uns. Das wäre sehr nett. Danke!«

Es sind nur wenige Sätze, aber diese lassen ein Entkommen kaum zu. Sie haben es vielleicht erkannt. Man startet mit einer Variante der Heldenmethode, indem der erstklassige Service gelobt wird, dadurch ist zugleich die Erwartung gesetzt, dass der Kellner diesem Anspruch gerecht wird. Seine Ohren sind jetzt gespitzt. Er wartet nur noch auf das Stöckchen, nach dem er springen muss.

Nun kommt eine klare Bitte, formuliert im höflichen Konjunktiv: *»Würden Sie für uns bitte den Tisch tauschen …«* Jetzt würden die meisten aufhören und auf eine Antwort warten. Das ist aber der Fehler, denn wieso auf eine Antwort warten, wenn man gar keine Frage gestellt hat? Aber der Kellner beginnt sich nun insgeheim eine Frage zu stellen, nämlich wieso er Ihren Wunsch erfüllen sollte. Sicher, sein Unterbewusstsein möchte dem Heldenstatus gerecht werden, dennoch fehlt etwas und zwar der Grund, also das mächtige Wörtchen *weil*. Legen Sie entsprechend gleich nach, bevor sich irgendwelche unsinnigen Gedanken bei dem Kellner breitmachen. Geben Sie ihm einen Grund zu handeln. Verhaltenspsychologisch ist eine dreifache Begründung um 60 Prozent wirksamer als eine einfache. Sie besteht aus den Wörtern *weil*, *und*, *umso*. In unserem Fall lautete das so: *» … weil es hier zieht und ich Probleme mit dem Rücken habe. Umso angenehmer ist der Abend für uns.«*

Mein Tipp an Sie: Diese dreifache Begründung ist so wirksam, dass ich sie nach Möglichkeit in allen Situationen verwende. Mit ein wenig Übung haben Sie ganz schnell den Kniff raus, sich immer drei Gründe auszusuchen. Diese können auch sehr ähnlich sein. Aber drei wiegt einfach mehr als eins. Wichtig ist, dass natürlich mindestens einer der Gründe, aber am besten alle drei auch dem Kellner etwas bringen. Entweder weil Sie seinem Ego schmeicheln, das Sie durch die Heldenmethode in die richtige Richtung gesetzt haben, oder weil Sie ihm einfach weiterhelfen. Wir hätten in unserem Fall auch sagen können: »*Umso schneller sind wir wieder weg und der nächste Tisch ist frei.*«

Hier mal eine kleine Übung für Sie. Fügen Sie zu jedem Thema drei Gründe unter den genannten Gesichtspunkten ein:

Sie möchten beim Arzt vorgelassen werden:

weil _____ und _____. Umso _____

Sie wollen ein größeres Hotelzimmer:

weil _____ und _____. Umso _____

Sie wollen, dass Ihr Partner ein größeres Auto kauft:

weil _____ und _____. Umso _____

Sie wollen früher Feierabend machen:

weil _____ und _____. Umso _____

Und, merken Sie, wie schnell es von der Hand geht, wenn man sich einmal reingedacht hat? Wenn Sie diese Technik ein paar Tage konsequent anwenden, wird sie ganz natürlich, ohne dass Sie groß nachdenken müssen.

Kommen wir aber noch zum charmantesten Befehlswort, das es gibt. Ist es Ihnen in unserem Beispiel aufgefallen? Es ist das Wort *Danke*! Danke hat zwei Bedeutungen. Einmal ist es genau das, was es scheint. Wir bedanken uns für etwas. Stellen wir es aber unmittelbar hinter unsere Bitte, also ohne eine abwartende Pause, dann ist es ein charmanter Befehl. Deswegen sollten Sie nicht schroff werden. Sie können es weiterhin höflich, aber bestimmt verwenden. Sie haben sich dann schon bedankt für etwas, was noch passieren wird. Es ist so was wie eine emotionale Vorkasse. Üben Sie mal, dieses Danke direkt in einen Satz einzubinden. Sie dürfen wie gesagt keine Pause machen beim Antworten, denn diese Pause bietet die Möglichkeit, Nein zu sagen. Wenn Sie sich aber bereits bedankt haben, ist der Deal besiegelt. Wie gesagt gilt auch hier, wie bei allen Methoden, Übung macht den Meister.

So reagiert Ihr Partner nicht enttäuscht, wenn Sie enttäuschende Nachrichten übermitteln

Partnerschaften und Ehen sind eine Aneinanderreihung von Kompromissen und jeder Kompromiss ist auch immer eine kleine Enttäuschung. Umso schwieriger ist es, wenn man die Erwartungen seines Partners noch mehr enttäuschen muss, als man es ohnehin schon öfters getan hat. Selbstverständlich gibt es einige No-Gos. Den Jahrestag sausen zu lassen, weil man lieber zur Grillparty mit den Kumpels geht, gehört ebenso dazu, wie einen versprochenen sexuellen Liebesabend nicht einzuhalten, weil man doch lieber Rosamunde Pilcher sehen möchte. Wenn Sie so etwas vorhaben, dann muss ich SIE enttäuschen, denn das können Sie selbst mit der besten Beeinflussungstechnik nicht kitten. Es gibt aber sehr wirksame Techniken, um die anderen größeren Enttäuschungen des Alltags, die nicht im No-Go-Bereich liegen, deutlich kleiner und harmloser wirken zu lassen. Zum Beispiel, weil man mehr Überstunden machen muss als geplant oder weil man das ruhige Wochenende dadurch versaut, dass die lieben Eltern sich angekündigt haben.

Die Sicht Ihres Partners

Was ist eigentlich Enttäuschung in der Partnerschaft? Ich mag den Begriff eigentlich nicht, denn er suggeriert, dass man eine Täuschung wegnimmt, also »ent-täuscht«. Außerdem kratzt dieser Begriff zu sehr an der Oberfläche. Eigentlich sollten das Gefühl und die Sicht des anderen so einfach zu verstehen sein, weil wir selbst oft genug enttäuscht wurden. Die Ursache der meisten Beziehungskonflikte liegt jedoch darin, dass wir bei positiven Erlebnissen gerne von uns auf den anderen schließen. Also glauben wir, was uns gefällt, müsse auch dem anderen gefallen, aber bei negativen Erlebnissen tun wir das umgekehrt nicht! Wenn uns also etwas Schlechtes vom Partner widerfährt, zum Beispiel eine Enttäuschung, dann leiden wir, aber wir sind nicht in der Lage, gleichermaßen die Schmerzen des Partners in umgekehrter Situation nachzuempfinden.

Lassen Sie uns mal wieder eine kleine Übung machen:

Schließen Sie gleich mal die Augen und denken Sie für ein paar Sekunden an das letzte Mal, als Ihr Partner oder Ihre Partnerin Sie hat hängen lassen, also wirklich enttäuscht hat. Und wie hat sich das angefühlt? Spüren Sie, was Sie gefühlt haben? Wie es Ihnen ging? Können Sie sich noch an das Gefühl erinnern, nicht geschätzt zu werden, sich ungerecht behandelt zu fühlen? Wie einsam und unverstanden Sie sich fühlten und wie langsam die Wut in Ihnen hochkroch?

Und nun denken Sie genau über das letzte Mal nach, als Sie Ihren Partner oder Ihre Partnerin vor den Kopf gestoßen haben. Haben Sie sich vorher wirklich in ihn oder sie hineingefühlt? Wirklich empfunden, was Ihr Partner in dem Moment empfinden würde? Eigentlich hätten Sie es genau wissen können, da Sie ja solche Situationen selbst erlebt haben, aber dennoch machen wir uns oft zu wenig Gedanken darüber, wie der andere leidet, obwohl wir das Leid selbst kennen. Übertragen Sie mal das Gefühl der Enttäuschung und der

Wut auf das, was Ihr Partner gefühlt hat. Und genau das ist Empathie! Leider nimmt Empathie ab, je näher oder vertrauter uns jemand ist, weil wir uns einfach weniger Gedanken machen, weil der andere einfach wie selbstverständlich da ist. Aber dessen Gefühle sind ein kostbares Gut. Und wessen Gefühle nicht geachtet werden, der fühlt sich nicht geschätzt. Dieses Kapitel dient also nicht als Entschuldigung, seinen Partner zu verletzen. Wer meint, hier die ideale Anweisung zu finden, seinen Partner beliebig enttäuschen zu können, wie es ihm in den Kram passt, der sollte nicht über Beeinflussungstechniken, sondern über seine Beziehung insgesamt nachdenken. Die nachfolgende Methode soll jedoch helfen, den Schmerz zu mindern, wenn eine Enttäuschung unvermeidbar ist.

Lösung: Rahmungseffekt – Begründungsmethode

Nun, nachdem wir das geklärt haben, können wir schauen, wie wir ein moralisch vertretbares Dilemma lösen.

Das Handwerkszeug kennen Sie im Grunde schon. Einerseits sollten Sie die schlechte Nachricht rahmen, damit sie als das geringere Übel erscheint. Eine Rahmung kann ganz einfach sein. So könnte es sein, dass Sie die kommende Woche an vier Tagen Überstunden machen müssten und erst jeweils um zehn Uhr nach Hause kommen würden. Da Sie aber keine Lust haben, an vier Tagen bis fast in die Nacht hinein zu schuften, und dies auch nicht Ihrer Familie antun würden, haben Sie sich entschlossen, nur an zwei Tagen länger zu arbeiten. Wenn Sie nun zu Hause Ihrem Partner erklären, dass Sie an zwei Tagen Überstunden machen müssen, dann erwarten Sie keine Jubelschreie. (Wenn doch, sollten Sie mal prüfen, was Ihr Partner sonst so macht, wenn Sie nicht da sind.) Meist ist die Enttäuschung groß und schlimmstenfalls werden Ihnen noch Vorwürfe gemacht – und das, obwohl Sie sich sogar bemüht haben, nur an zwei Tagen länger zu arbeiten.

Das Problem liegt darin, dass Sie die enttäuschende Nachricht nicht gerahmt haben. Wie wirksam die Rahmung ist, haben wir ja schon gesehen, und diese sollten Sie genauso gezielt im Privaten anwenden. Denken Sie sich einfach, Sie sind ein Kfz-Mechaniker. Sie könnten nun dem Kunden knallhart sagen, dass die Reparatur 2.000 Euro kosten würde, und ihn damit vollends schocken. Oder Sie würden erst von unglaublich hohen Kosten reden, von seltenen Ersatzteilen, die zu beschaffen seien, und mindestens 8.000 Euro Reparaturkosten, um dann zum Schluss freudestrahlend zu offenbaren, dass die Kosten nun nur 2.000 Euro betragen würden. Der Kunde würde nicht mehr geschockt sein, sondern Ihnen dankbar um den Hals fallen.

Erklären Sie also Ihrem Partner zähneknirschend, dass Sie an vier Tagen Überstunden machen müssen. Lassen Sie die schlechte Nachricht ein paar Sekunden sacken und ihre Wirkung entfalten. Dann legen Sie nach und erklären Sie, dass Sie dies aber nicht für gut hielten, weil Sie auch gerne für Ihren Partner da sein möchten, und dass Sie deswegen nach einer langen, internen Diskussion plus Umorganisation nun doch nur an zwei Tagen Überstunden machen müssten. Die Wirkung ist gleich eine ganz andere. Nicht selten werden Sie erleben, dass Ihr Partner sie sogar ermutigt, doch an vier Tagen länger zu arbeiten. Denn Sie sind ihm oder ihr entgegengekommen, der Reziprokaleffekt führt nun dazu, dass er oder sie Ihnen entgegenkommt.

Um eins klarzustellen. Es geht nicht darum, dem Partner Lügengeschichten aufzutischen, sondern darum, den schlimmstmöglichen Fall zu skizzieren. Einer der größten Fehler in Beziehungen ist es, schlechte Nachrichten oder Enttäuschungen nach der Fuß-in-die-Tür-Methode zu vermitteln, also erst mit einer kleinen schlechten Nachricht, um dann diese Schritt für Schritt größer werden zu lassen. Dies ist aber hier der absolut falsche Weg. Beginnen Sie mit dem Horrorszenario. Das ist ungewohnt und braucht Mut, macht aber Ihr Leben viel leichter und die Enttäuschung viel kleiner. Selbst wenn

Sie beide diese Methode kennen, wie das bei mir und meiner Frau der Fall ist, funktioniert es dennoch.

Abrunden sollten sie enttäuschende Nachrichten natürlich immer mit einer Begründung. Der Enttäuschte sucht unbewusst nach einem versöhnlichen Abschluss, der dem Leiden einen Sinn gibt. Eine solche Begründung muss also etwas Positives für den Enttäuschten enthalten und nicht nur für Sie. »*Ich muss Überstunden machen, damit wir dann ungestört in den Urlaub fahren können.*« Oder: »*Damit ich die Beförderung bekomme und wir uns mehr leisten können …* « Begründungen helfen zwar, den Schmerz zu lindern, sind aber nur die halbe Miete. Sie sollten auch Hoffnung machen auf eine bessere Situation. Natürlich wäre es völlig unsinnig zu behaupten, dass es dann nie wieder vorkommen würde. Aber Sie können die Hoffnung auf einen bestimmten, realistischen Zeitraum eingrenzen. »*Dafür werde ich die nächsten vier Wochen dann deutlich weniger Überstunden machen müssen.*« Das ist nicht nur ehrlicher, sondern dadurch auch wirksamer.

Sorgen Sie dafür, dass Ihr Partner Sie weniger enttäuscht

Schauen wir uns jetzt doch mal an, wie Sie im Umkehrschluss dafür sorgen können, dass Ihr Partner Sie weniger enttäuscht, egal ob er oder sie es bewusst oder unbewusst tut.

Die Sicht Ihres Partners

In den meisten Fällen gibt es gar kein wirkliches Unrechtsbewusstsein. Zwar war der Abend ganz anders geplant, aber es kann ja mal was dazwischenkommen, was ist schon dabei. Wenn man nun emotional reagiert und seiner Enttäuschung und dem Frust freien Lauf lässt, dann baut man emotionale Barrieren auf. Der Partner muss sich rechtfertigen. Und wir wissen, dass die Schuld immer bei den anderen oder den äußeren Umständen liegt. Sie können sich sicher sein, dass das hier nicht anders ist. Am Ende fühlen sich beide unverstanden und Ihr Partner fühlt sich obendrein noch ungerecht behandelt – und Sie sind der oder die Dumme.

SCHATZ, ICH HABE EINE GUTE NACHRICHT: DU KANNST JETZT JEDES
WOCHENENDE DIE SPORTSCHAU GUCKEN

Lösung: Trojanische Methode – emotionaler Seitenwechsel

Statt zu emotionalisieren, sollten Sie rationalisieren. Nur so können Sie Barrieren vermeiden und Ihren Partner empathisch wirken lassen. Zugegeben, Empathie durch Rationalisierung hört sich widersprüchlich an, aber schauen wir uns mal an, wie das in der Praxis ausschaut. Am besten verwenden wir die Trojanische Methode, die wir bereits kennen, wenn wir Kollegen kritisieren. In beiden Fällen müssen Sie nämlich die natürlichen Abwehrmechanismen überwinden, um an den Kern des Problems heranzukommen.

Anstatt loszupoltern, drücken Sie also lediglich sachlich Ihre Enttäuschung aus: »*Das ist ja schade, ich habe mich schon so auf heute Abend gefreut.*« Nun werden Sie entweder so etwas hören wie dass man das ja demnächst nachholen könne oder aber auch die üblichen Begründungen und Ausflüchte, dass etwas unerwartet dazwischengekommen sei, dass man das vorher nicht gewusst habe et cetera. Haken Sie mit Verständnis nach. »*O.k., das ist natürlich ungünstig.*« Oder: »*Wäre natürlich besser, wenn man es dir vorher gesagt hätte.*« So senken Sie weiter die Abwehrmechanismen, bis Sie in den emotionalen Seitenwechsel gehen. Wie gesagt fällt es uns schwer, eigene negative Gefühle auf andere zu übertragen, also uns bei Enttäuschungen in den anderen hineinzuversetzen. Deswegen müssen Sie nachhelfen. Erinnern Sie an eine andere Situation, wo Sie selbst mal Ihren Partner enttäuscht haben. Natürlich nicht solche Dinge, die fast zu einem Bruch der Beziehung geführt haben, Sie wollen ja nicht wieder schmerzhafte Wunden aufdecken. Aber erinnern Sie an etwas, was sich auf emotional vergleichbarer Ebene abspielte. »*Weißt du noch, als wir deinen Geburtstag nicht gefeiert hatten, und wie du dich da gefühlt hast? So ungefähr fühle ich mich gerade.*« Sie machen keine Vorwürfe, sondern nehmen Ihren eigenen Fehler als Beispiel und holen diese Gefühlswelt hervor. Durch diesen emotionalen Seitenwechsel schaffen Sie es, dass Ihr Partner nachempfindet, was Sie empfinden. Hinzu kommt noch der Vorteil, dass Sie nicht konfrontieren, sondern selbst einen eigenen Fehler aufgreifen, das macht es viel einfacher, darauf einzusteigen.

Dabei muss man nicht befürchten, dass der Partner nun schlussfolgert, Auge um Auge, Zahn um Zahn, wir sind ja quitt. Legen Sie gleich nach und erklären Sie, wieso Sie so enttäuscht sind, aber nicht, *wie sehr* enttäuscht Sie sind. Das ist ein kleiner, aber wichtiger Unterschied. *Wie sehr* würde bedeuten, dass man auf einem Thema rumreitet: »*Ich bin wahnsinnig enttäuscht. Du kannst dir gar nicht vorstellen, wie mich das trifft. Ich weiß gar nicht, was ich sagen soll.*« Das mag ja alles sein, aber das bringt die Situation nicht weiter. Empathie heißt nicht, den Enttäuschungsgrad zu messen, sondern diesen zu verstehen. Es ist im Grunde das mächtige Wort *weil*, das Sie hier in einem anderen Zusammenhang im übertragenen Sinn einsetzen. Sie sind enttäuscht, weil Sie sich so darauf gefreut haben, weil Sie extra den Freunden abgesagt hatten, damit Sie den Abend freihaben, weil Sie extra schon gekocht hatten. Dies sollten Sie aber nicht in einem vorwurfsvollen Ton machen, sondern lediglich erklären. Wenn Sie Ihrem Partner nicht völlig egal sind, dann wird er spätestens jetzt nachempfinden und verstehen können, dass er oder sie wirklich in einen riesengroßen Fettnapf getreten ist.

Lassen Sie es aber nicht dabei bewenden, denn nun sollten Sie an der Besserung arbeiten und zumindest einiges an Entschädigung rausschlagen. Das hat nichts mit Egoismus zu tun, sondern Sie bieten Ihrem Partner die Chance, die Sache wiedergutzumachen, und das sollten Sie lieber jetzt tun, wenn Sie ihn an der Angel haben, als in ein paar Tagen. Denn Sie wissen ja, Zeit heilt alle Wunden, leider die des anderen meist schneller als die eigenen. Also schlagen Sie vielleicht gleich ein ganzes Wellness-Wochenende raus. Machen Sie aber sofort ganz konkrete Absprachen. Wie das genau geht, wissen Sie ja, verwenden Sie einfach die Tür-ins-Gesicht-Methode, dies ist die beste Gelegenheit.

Steigern Sie die Spenden für den Verein, die Hochzeit und die Taufe

Spenden unter Bekannten und Vereinsmitgliedern zu sammeln, sollte eigentlich eine leichte Übung sein. Unsere soziale Erziehung sorgt dafür, dass wir für einen guten Zweck bereit sind zu geben. Aber nicht immer wird so viel gegeben, wie wir es uns wünschen, und trotz sozialer Normen versuchen wir instinktiv, uns diesen wiederum zu entziehen, wenn wir die Möglichkeit haben. Mit der nachfolgenden Methode werden Sie nicht nur die Spendenbereitschaft erhöhen, sondern auch die Spendenhöhe pro Kopf deutlich steigern, egal ob für die nächste Hochzeit im Bekanntenkreis, die Schulfeier oder im Verein.

Die Sicht der Spender

Soziale Normen funktionieren nur, wenn man beobachtet wird. Das ist, wie bei Rot über die Ampel zu gehen. Stehen drei Leute an der Ampel, halten wir die sozialen Normen (und natürlich auch damit das Gesetz) ein. Kaum befinden wir uns allein an der Ampel, schauen wir links und rechts und schon geht es los. Hinzu kommt das Problem, dass wir oft nicht wissen, was angemessen ist. Bei einem Obdachlosen, der uns anspricht, wissen wir es. Er setzt ja auch die Erwartungen an uns. »Haben Sie mal einen Euro?« Da bekommt er nur in den seltensten Fällen zwei Euro. Wir bekommen einen Anker, also die uns bereits bekannte Rahmung, und können uns entsprechend orientieren. Würde er den Betrag gar nicht nennen, bekäme er wahrscheinlich nur ein paar Cent.

Lösung: Herdentrieb – Tür-ins-Gesicht-Methode – emotionale Aufladung

Damit haben wir bereits die Lösung an der Hand. Sorgen Sie dafür, dass der Spender sich nicht in die anonyme Masse zurückziehen kann, und setzen Sie die Rahmung richtig. Bieten Sie den Spendern Hilfe, sich zu orientieren. Wie das hervorragend funktioniert, zeigt das Beispiel eines Bekannten, mit dem ich die Weihnachtsspendenaktion in seinem Fußballverein optimierte. Im Jahr davor waren die

Mitglieder schriftlich stets um eine 5-Euro-Spende gebeten worden. Mein Bekannter hatte im Prinzip die Methode des Obdachlosen eingesetzt und bekam genauso bestenfalls das, was er forderte. Andererseits versteckte sich ein großer Teil der Mitglieder in der Anonymität, sie taten einfach nichts und es passierte auch nichts. Also optimierten wir nun für die nächste Aktion und schickten folgendes Anschreiben raus:

Wie jedes Jahr bitten wir auch diesmal wieder um Spenden, damit wir unseren Kindern ein schönes Fußballjahr ermöglichen können. Wir wissen, dass jeder unterschiedlich viel Geld spenden kann. Damit es für unsere Abrechnung leichter ist, bieten wir Euch eine Auswahl an, wie viel Ihr spenden wollt. Ich bitte um Eure Antwort bis zum 12. Dezember:

1. *Ich spende 50 Euro*
2. *Ich spende 20 Euro*
3. *Ich spende 10 Euro*
4. *Ich spende gar nichts*

Ist es Ihnen aufgefallen? Von fünf Euro war gar nicht mehr die Rede. Wir haben eine Rahmung gesetzt. Das Minimum waren zehn Euro. Weniger spenden war gar keine Option mehr, dann blieb nur noch die Möglichkeit, gar nichts zu spenden. Warum wurde die Option, gar nicht zu spenden, mit angeboten? Weil wir damit die Mitglieder mit einer sozial nicht erwünschten Möglichkeit konfrontierten. Sie mussten bekennen, dass sie nicht spenden wollten, und wurden somit aus der Anonymität geholt. Denken Sie an unsere Neigung, nicht über eine rote Ampel zu gehen, wenn viele zuschauen. Wir haben hier eine Möglichkeit des sozialen Fehlverhaltens gegeben, man musste sich nur dazu bekennen. Natürlich gab es noch einen Anteil an Mitgliedern, die das Schreiben nicht beantworteten. Diese wurden dann höflich angerufen. Es ging ja nicht darum, um Spenden zu betteln, sondern nur darum, daran zu erinnern, das Schreiben zu beantworten. Das machte solche Anrufe zusätzlich gleich viel leichter.

Die zusätzlichen Optionen weit über zehn Euro dienten lediglich dazu, die zehn Euro kleiner erscheinen zu lassen. Wir boten also Leitplanken an durch eine völlig überdimensionierte Option und eine moralisch verwerfliche Option. Nun hatten die Mitglieder die Chance, sich innerhalb der Leitplanken zu orientieren. Dadurch steigerten wir die Spenden um 364 Prozent.

Aber selbst das ließe sich noch optimieren. Studien unter Obdachlosen haben gezeigt, dass Menschen eher und mehr bereit sind zu spenden, wenn sie einen konkreten Verwendungsgrund sehen. Wir wissen ja, dass wir einen Sinn hinter allem sehen wollen. So waren die Spenden eines Obdachlosen, der auf sein Schild schrieb: »*Bitte um Geld für Essen*«, deutlich höher als bei jenem, der nur um Geld bat. Noch höher waren die Spenden, wenn ein strategischer, also dauerhaft angelegter Sinn dahinterstand. Die beste Wirkung erzielten Schilder wie »*Bitte um Geld, damit ich eine Wohnung finden kann*« oder »*Bitte um Geld, damit ich mir bessere Kleidung kaufen kann, damit ich einen Job bekomme*«. Je konkreter das Ziel, umso höher eben die Spendenbereitschaft. Geben Sie also Ihrem Vorhaben ein solches nachhaltiges und nachvollziehbares Ziel. Zum Beispiel eine Hochzeitsreise oder ein Familienauto für das Brautpaar, für den Verein eine neue Torwand oder für den Kindergarten die Renovierung eines neuen Spielraums. Erklären Sie auch den Nutzen! Eine Hochzeitreise für ein traumhaftes Erlebnis, an das sich das Paar ein Leben lang erinnert. Oder eine Torwand, damit die Kinder besser trainieren und fitter werden.

Dabei ist es viel wirksamer, auf Emotionen und Bilder als auf sachliche Fakten zu setzen. Bei Hochzeiten fällt das sehr leicht, denn da gibt es meist ein sehr emotionales Geschenk, aber selbst dort habe ich schon spendentechnische Argumentationskatastrophen erlebt. »*Wir brauchen nun insgesamt 4.000 Euro, damit wir die Hochzeitsreise nach Australien schenken können.*« Da lag der Fokus auf 4.000 Euro – aber nicht auf den wundervollen Emotionen einer traumhaften

Hochzeitsreise. Noch schlimmer wird es bei Vereinsspenden. »*Wir müssen den Schimmel in unseren Vereinsräumen beseitigen, dafür benötigen wir 7.000 Euro.*« Gefühlloser kann man einen Spendenzweck kaum vermitteln.

Wie wirksam Bilder und Emotionen sind, zeigt der Versuch der Psychologen Small, Slovic und Loewenstein aus dem Jahr 2007. In einer reellen Spendenaktion für hungerleidende Kinder in Afrika wurden einem Teil der Spender Fakten und Zahlen zu den Kosten der Ernährung und Bildung eines afrikanischen Kindes gezeigt. Diese spendeten durchschnittlich 1,14 US-Dollar. Eine andere Gruppe, der man jedoch statt nüchterner Zahlen und Fakten das Bild eines namentlich genannten Kindes zeigte und dessen Geschichte erzählte, spendete hingegen im Schnitt 2,38 US-Dollar, also mehr als doppelt so viel! Sehr geschickt wird inzwischen von Spendenorganisationen die Rahmung mit Emotionen verknüpft. Es werden Hoffnung und Leiden eines Kindes erzählt und dann vermittelt, dass mit nur 15 Euro im Monat für dieses Kind einen Monat lang für Essen und Schule gesorgt sei. Was sind 15 Euro im Monat? Das ist weniger als ein Restaurantbesuch für uns. Die emotionale Aufladung wurde durch die Rahmung geschickt unterstützt. Sollten Sie also zum Beispiel für einen Fußballverein Spenden sammeln wollen, dann geben Sie dem Nutzen ein Gesicht. Zum Beispiel wird ein Kind des Fußballvereins vorgestellt und es berichtet, wie viel ihm der Fußball im Verein bedeutet.

Emotionale Aufladung heißt immer, ein Anliegen mit Menschen und Gesichtern zu versehen. Das wissen Hilfsorganisationen am besten. Als im April 2015 vor Lampedusa 700 Flüchtlinge in einem Boot kenterten und ertranken, wurde der Leiter einer Hilfsorganisation gefragt, ob dies nicht zu einer maßgeblich größeren Anteilnahme der Deutschen an dem Schicksal von Flüchtlingen führen würde. Der Leiter der Hilfsorganisation schüttelte nur bedauernd den Kopf. Das Gegenteil sei der Fall, antwortete er. Wenn acht Flüchtlinge ertrinken, können wir Menschen das emotional noch erfassen. Dann sind es acht menschliche Schicksale. Bei 700 Flüchtlingen wird aus den Menschen eine Zahl und Zahlen berühren uns emotional einfach nicht. So tragisch es auch ist.

Selbst wenn Anliegen emotional aufgeladen werden und ein Gesicht bekommen, werden noch Fehler gemacht. Gerade bei gemeinschaftlichen Spendenaktionen während Veranstaltungen wird gleich mitten in der Spendenaktion stolz verkündet, wenn jemand überdurchschnittlich viel gegeben hat: »*Herr Schulz hat sogar 50 Euro gespendet. Daran sollten sich alle mal ein Beispiel nehmen. Danke, Herr Schulz.*« Man versucht an den Herdentrieb zu appellieren. Herr Schulz ist aber keine Herde! Tatsächlich hat sich in Untersuchungen gezeigt, dass sich einige wenige von den 50 Euro anstecken lassen, aber bei der Mehrheit dann der Effekt des sozialen Faulenzens einsetzt. »*Wenn Herr Schulz schon so viel gespendet hat und die anderen dann bestimmt auch, dann kann ich ja weniger spenden*«, denkt dann die Mehrheit und das Spendenvolumen geht in den Keller.

Sie können aber durchaus den öffentlichen Druck aktivieren, er kann überaus wirksam sein, aber da sollten Sie anders vorgehen. Wenn Sie also eine Vereinsversammlung haben, dann sollten Sie dafür sorgen, dass Sie maximale Transparenz bei jedem Spender reinbringen. Als Erstes sollten Sie eine durchsichtige Spendenbox verwenden. Ich verstehe bis heute nicht, wieso diese bei persönlichen Spendensammlungen immer undurchsichtig sind. Denn so bekommen die Menschen ja kaum ein Gefühl, was die übliche Spendenhöhe ist, an der sie sich orientieren können.

Wenn Sie nun den Spendenreigen eröffnen, bitten Sie jene Spender, von denen Sie wissen, dass sie überdurchschnittliche Spenden geben werden, als Erstes um ihren Beitrag. Sie können dies auch mit den Personen absprechen, so dass sie die Scheine auch deutlich sichtbar für alle reinwerfen. Durch die transparente Spendenbox sieht nun jeder, was reingeworfen wird. Dies setzt die Rahmung für alle anderen und kaum jemand wird dann deutlich unter dem Betrag sein wollen, denn jeder andere würde wiederum sehen, dass er knausrig ist.

Nach einer Spendenaktion ist immer vor einer Spendenaktion. Die erzielten Beträge eignen sich hervorragend als Rahmung für das nächste Mal. Verweisen Sie darauf, wie viel bei der letzten Weihnachtsfeier oder bei der Hochzeit eines anderen Paares erzielt worden war, und setzen Sie den sportlichen Anreiz, das zu übertreffen. Damit haben Sie die Latte schön hoch gesetzt und die Spender haben auch ein persönliches Ziel, besser zu sein als andere oder besser zu sein als beim letzten Mal. Sie wissen ja, wir messen Erfolge immer relativ und selten absolut.

Bringen Sie Sünder und Lügner dazu zu gestehen

Niemand ist frei von kleinen Sünden und Lügen. Psychologen haben herausgefunden, dass wir im Schnitt 2,9-mal am Tag bewusst lügen. Es fällt uns selbst nicht nur schwer, das einzugestehen. Wir vergessen auch unsere kleineren Verfehlungen wieder sehr schnell, bemerken sie oft gar nicht. Wenn wir jede Sünde, jede kleine Lüge, die wir am Tag begehen, wirklich in Erinnerung behalten würden, dann würden wir nach wenigen Wochen entweder emotional daran zugrunde gehen. Oder wir würden, um die Selbstvorwürfe überstehen zu können, selbst absolut skrupellos werden, damit wir das mental aushalten. Psychologen gehen davon aus, dass unser gesellschaftliches Zusammenleben sogar die kleinen Sünden und Lügen braucht. Es ist so etwas wie der Kitt, der die kleinen Fehlbarkeiten überdeckt und unseren Zusammenhalt stärkt.

Deswegen bleiben die meisten Lügen unbeachtet. Vielleicht bemerken wir sie sogar, achten aber nicht weiter darauf. Aber manchmal gibt es eben die Situationen, in denen wir wollen, dass jemand zugibt, dass er gelogen hat oder dass er etwas falsch gemacht hat. Und das geht meist mit Konfrontationen einher und am Ende gewinnt dabei niemand.

Die Sicht des Beschuldigten

Menschen lügen, weil sie ihr Gesicht wahren wollen. Sie haben etwas getan, was gesellschaftlich nicht akzeptiert ist, und wollen dies verdecken. Die Lüge ist ein Selbstschutz. Je größer der Lügner die Schande empfindet, umso stärker wird seine Mauer der Lüge sein. Einem ersten Impuls folgend, konfrontieren wir den vermeintlichen Lügner mit seiner Lüge oder zweifeln konkret seine Aussagen an: »*Du hast gesagt, du warst gestern um zehn Uhr zu Hause, wieso lügst du?*« Damit ist der drohende Gesichtsverlust nun doppelt so groß. Einmal ist es die eigentliche Tat, die er durch die Lüge zu überdecken versucht, andererseits droht nun die nächste Schande dadurch, dass er zugeben muss, ein Lügner zu sein. Durch eine direkte Konfrontation erreichen Sie rein gar nichts, außer dass die Fallhöhe der Schande größer wird und Ihr Gegenüber nun umso vehementer an seinem Lügengebäude festhalten muss. Und selbst wenn es dann aufgrund von Druck zusammenbricht, ist das Verhältnis zwischen Ihnen dauerhaft gestört. Es kann also nur Verlierer geben. Umso erstaunlicher ist es, bei Polizeidokumentationen zu sehen, wie stark Polizisten, die es ja besser wissen müssten, Beschuldigte mit deren Lügen konfrontieren und sich dann wundern, dass selbst wenn die Lüge absolut offensichtlich ist, die Beschuldigten an ihrer Geschichte festhalten und das sogar, wenn es um solche Kleinigkeiten geht wie falsches Parken oder eine Geschwindigkeitsüberschreitung.

Lösung: Optionsverschiebung – Scheinwissen – Verständnisfalle

Als Erstes sollten Sie sich klar sein, was Sie erreichen wollen. Wir sind ja nicht bei der Polizei und brauchen deswegen nicht unter allen Umständen ein Geständnis zu erzwingen. Sie wollen aber vielleicht die Wahrheit erfahren und dafür muss sich Ihr Gegenüber nicht unbedingt als Lügner offenbaren. Im Grunde haben Sie schon ein ganz gutes Gefühl für die Wahrheit. Sie brauchen kein Buch für Körpersprache und CIA-Techniken, denn Ihr gesunder Menschenverstand signalisiert Ihnen bereits, dass Sie jemand belügt, denn immerhin sind Sie misstrauisch geworden. Sie wollen nun die Wahrheit oder dass die Person jenes Verhalten ändert, das sie leugnet. Der wirklich Kluge braucht also gar nicht das knallharte Geständnis mit Schuldanerkennung und Reue. Viele Menschen, denen ich das in meinen Coachings sage, erwidern dann: »*Ich brauche aber Gewissheit.*« Oder: »*Ich möchte, dass sie zugibt, mich angelogen zu haben.*« Das ist verständlich. Aber was bringt es Ihnen, außer einem emotionalen Scherbenhaufen? Konzentrieren wir uns also darauf, die Wahrheit zu erfahren oder ein Verhalten zu ändern, ohne dass sich der Sünder in Selbstgeißelung üben muss.

Es gibt zwei Arten von Lügen, die unausgesprochene Lüge und die ausgesprochene Lüge. Bei der unausgesprochenen Lüge hat sich diese im Kopf des Beschuldigten gebildet, er selbst ist sich oft nicht bewusst darüber, sie ist aber noch nicht ausgesprochen, weil noch keine Notwendigkeit bestand. Wird er nun mit seiner Verfehlung konfrontiert, schießt er seine Lüge mehr oder weniger gekonnt raus. Ihr Gegenüber befindet sich also derzeit »nur« im Sünderstatus, ist also in diesem Fall noch kein Lügner im klassischen Sinn. Wenn Sie es aber mit seiner Verfehlung konfrontieren, dann schießt die Lüge raus und Sie müssen nun zwei Mauern einreißen. Am elegantesten ist es also, wenn Sie in diesem Fall nicht mit Konfrontation arbeiten und dem Beschuldigten eine Brücke bauen und ihm helfen, dass er erst gar nicht in die Versuchung kommt, lügen zu müssen, um sich zu verteidigen.

Am einfachsten gelingt dies wieder mit der Optionsverschiebung. Anstatt jemandem die Wahl zwischen Wahrheit und Lüge zu lassen, sollten Sie die Optionen verschieben, so dass er die Wahl zwischen der großen und der kleinen Wahrheit hat. Fragen Sie also nicht Ihren Partner: »*Hast du heute schon wieder geraucht?*« Dann bleibt lediglich die Wahl zwischen Wahrheit und Lüge. Sondern fragen Sie: »*Hast du heute mehr oder weniger als zehn Zigaretten geraucht?*« Selbst wenn er nun behauptet, dass er weniger als zehn Zigaretten durchgezogen hat, obwohl es deutlich mehr waren, so ist dies doch immerhin noch eine kleine Wahrheit. Sicher, die Grenzen zwischen kleiner Wahrheit und einer kleinen Lüge sind fließend, aber ich denke, das Prinzip ist verständlich.

Aber manchmal verrennt der Beschuldigte sich doch versehentlich in einer Lüge, und trotz der Brücke, die Sie ihm gebaut haben, streitet er ab, geraucht zu haben. Nun lassen Sie sich bloß nicht verleiten, in die Konfrontation zu gehen, nach dem Motto: »*Erzähl mir doch nichts, du lügst doch.*« Sondern sagen Sie eher beiläufig: »*Na ja, ein bis zwei Zigaretten hast du doch geraucht, das ist ja fast nichts.*« Damit bauen Sie die nächste Brücke und er kann sich wieder aus der Lüge bewegen, ohne zugeben zu müssen, gelogen zu haben.

Diese Methode funktioniert auch bei extremeren Situationen. Wenn Sie das Gefühl haben, ein Vereinsmitglied hat sich aus der Vereinskasse bedient, werden Sie ihm kaum mit Polizeiverhörmethoden beikommen. Sie wollen ja nur das Geld wiederhaben. Erwähnen Sie ganz beiläufig, dass Sie irgendwie das Gefühl haben, dass zu wenig Geld in der Kasse sei. Nun bringen Sie Scheinwissen an. Ergänzen Sie, dass Sie in der nächsten Woche mal mit einem anderen Mitglied eine Kassenprüfung machen müssten. Sie deuten also an, dass die Wahrheit ohnehin bald rauskommen wird. Selbst wenn es Ihnen nicht wirklich möglich ist, den Sachverhalt zu prüfen, geschweige denn herauszube-kommen, wer der Schuldige ist, gaukeln Sie Scheinwissen vor. Er wird nun alles tun, den Fehlbetrag wieder heimlich in die Kasse zu legen. Dadurch haben Sie nicht nur das Problem gelöst, sondern gleich auch den Beweis bekommen, dass er tatsächlich Geld entwendet hatte.

Sie können aber dem Verdächtigen auch eine Brücke bauen, indem Sie ihm einen gesichtswahrenden Ausweg anbieten: *»Könntest du noch mal die Kasse nachrechnen? Ich glaube, da hast du dich irgendwie verrechnet oder vielleicht ist noch Geld in einem Umschlag bei der Vereinsfeier geblieben.«* Diese Lösung funktioniert in nahezu allen Situationen, sowohl bei harmlosen wie auch bei härteren Vergehen des Alltags.

Kommen wir nun zur bereits ausgesprochenen Lüge, denn da ist es schon etwas schwieriger. Wie gesagt müssen Sie die Lüge als solche entlarven und dann noch das eigentliche Vergehen. Das bedeutet doppelten Gesichtsverlust und somit doppelte Widerstände. In einem Experiment haben wir prüfen lassen, wie stark das Festhalten an einer Lüge ist.

Hierfür luden wir wildfremde Menschen zu einem Versuch ein. Sie bekamen 50 Euro dafür, dass Sie ein Gerät testen sollten, mit dem Erwachsene, die einen Schlaganfall erlitten hatten, wieder ihre Bewegungsfähigkeit trainieren. Tatsächlich handelte es sich um ein von ein paar Studenten zusammengebautes Labyrinth, das aus halboffenen Röhren bestand, die sich kreuz und quer durch einen rund 40 Quadratmeter großen Raum zogen. Wir baten nun jeden Teilnehmer, einen kleinen Pingpongball durch das Labyrinth zu steuern, indem er ihm immer wieder mit einem kleinen Stab einen Stups gab, um das Gerät zu testen. Die ganze Angelegenheit war sehr mühselig und dauerte je Runde fast zehn Minuten. Der Versuchsleiter führte jeden Teilnehmer einzeln in den Raum und gab ihm 60 Minuten Zeit. Dann ließ der Versuchsleiter den Teilnehmer allein, erwähnte aber noch, dass man die Übung mit der Videokamera an der Decke aufzeichnen würde. Nach zehn Minuten, also als der erste Parcours durch war, stürmte der Versuchsleiter aufgeregt herein, fluchte über die defekte Kamera, nahm sie von der Decke und sagte, dass der Versuch dann eben unbeobachtet weiterlaufen müsste. Tatsächlich hatten wir eine nicht sichtbare zweite Kamera eingebaut. Spätestens nach dem dritten Parcours legten die meisten den Stab beiseite und rollten den Ball mit den Händen durch. Viele setzten sich auch einfach hin und drehten Däumchen, um dann ganz beschäftigt wieder aufzuspringen, als der Versuchsleiter an der Tür klopfte. 41 von 48 Teilnehmern haben diese sehr stupide Aufgabe nicht korrekt durchgeführt, als sie unbeobachtet waren. Offen gesagt hätte ich wahrscheinlich auch nicht anders gehandelt, denn die Aufgaben waren schon arg dämlich.

Anschließend versammelten wir dann die Hälfte der Teilnehmer in einem Raum und mischten einen unserer Studenten unter die Gruppe. Der Studienleiter fragte nun alle Teilnehmer, ob sie wirklich und ehrlich die Aufgabe so durchgeführt hätten, wie es gefordert war, er hätte es ja wegen der defekten Videokamera nicht beobachten können. Alle bejahten. Lediglich unser Scheinteilnehmer erklärte, dass er geschummelt habe. Daraufhin wurde er höflich von dem Studienleiter aus dem Raum gebeten. Der Studienleiter fragte nun die Gruppe, wie man mit diesem Studenten verfahren solle. Solle man ihm die 50 Euro dennoch zahlen? Solle man ihm die Hälfte zahlen oder gar nichts. Diejenigen, die die Aufgabe exakt durchgeführt hatten, plädierten für eine Aufwandsentschädigung in Höhe von 40 Euro. Alle anderen entpuppten sich jedoch plötzlich als radikale Verfechter der Wahrheit! Die Harmlosesten forderten, dass man ihm 25 Euro auszahle. Die meisten wollten, dass er gar nichts bekäme, und zwölf Teilnehmer forderten, dass er verklagt werden müsse und Schadensersatz zahlen müsse, immerhin gehe es hier um eine Forschung für Behinderte – und er habe betrogen! Wohlgemerkt, das waren alles Teilnehmer, die selbst betrogen und gelogen hatten. Ich nenne das den Steuerbetrügereffekt.

Leute, die selbst mal gerne das Finanzamt beschummeln, empören sich am lautesten, wenn es der Nachbar tut. Wir sehen darin nicht nur die Doppelmoral, sondern auch, wie schwierig es ist, Menschen von ihrer Lüge wegzubringen. Das Bild, das wir durch eine Lüge nach außen hin aufbauen, ist uns so wichtig, dass wir davon nicht abrücken wollen und alle anderen verdammen, die selbst lügen.

Anders schaute es aber aus, als wir die Lüge verharmlosten. Denn mit der zweiten Hälfte der Teilnehmer gingen wir anders vor. Auch hier gestand der Scheinteilnehmer seine Lüge, nachdem alle anderen behauptet hatten, die Aufgabe zuverlässig durchgeführt zu haben, und verließ den Raum. Der Studienleiter kommentierte dies jedoch mit folgenden Worten: »*Ehrlich gesagt war das auch schwierig, und mal ehrlich, wir alle haben schon mal eine Abkürzung genommen.*«

Die Reaktionen waren nun ganz anders. Nahezu alle forderten die volle Bezahlung für den Studenten. Die meisten gestanden dann sogar selbst ein, nicht ganz korrekt vorgegangen zu sein, und plauderten bald über ihre kleinen Sünden und lachten darüber.

Was war geschehen? Der Studienleiter hatte die Lüge verharmlost. Damit hatte er die zweite Mauer quasi eingerissen und die Befragten öffneten sich und gestanden dann auch die eigentliche Tat ein, die sie vorher mit der Lüge zu decken versucht hatten.

Verharmlosen Sie also die Lüge! Wenn Ihr Kind Ihnen eine falsche Note vorgaukelt, dann regen Sie sich nicht auf. Zwinkern Sie lieber und erwähnen Sie beiläufig: »*O.k., ich habe auch nicht immer bei meinen Eltern mit der richtigen Note rausgerückt. Mal unter uns, was hast du wirklich bekommen?*«

Da wir alle eine Rechtfertigung für eine Lüge brauchen, ist eine weitere Methode, sich selbst die Schuld für die Lüge des anderen zu geben. Kommt Ihr Partner oft spätabends nach Hause und behauptet, noch gearbeitet zu haben, aber sein alkoholgeschwängerter Atem sagt etwas anderes, dann können Sie wie folgt die Wahrheit raus-kriegen: *»Ich weiß, du hast total viel Druck und so wie ich dir auf den Geist gehe, würde ich wahrscheinlich auch nicht mit der Wahrheit raus-rücken. Das tut mir wirklich leid. Das ist meine Schuld. Du kannst in Zukunft offen sagen, wenn du mit deinen Kollegen weggehst. Wie war es denn heute Abend?«*

Diese Methode kommt Ihnen merkwürdig vor? Versuchen Sie es einfach! Sie werden überrascht sein. Ich habe diese Methode selbst erfolgreich einer Bekannten empfohlen, die vermutete, dass ihr Freund fremdging. Beim Fremdgehen ist es wie bei jeder anderen Sünde und Lüge. Schuld sind ohnehin die anderen. *»Du bist ja nie für mich da.«* Oder: *»Wenn du mehr auf meine Sehnsüchte eingegangen wärst, wäre das nie passiert!«*

Sie hatte durch diesen Kniff ganz schnell die Wahrheit erfahren. Nachvollziehbarerweise war es dann aber mit dem Verständnis ih-rerseits vorbei.

Andererseits bedeutet jede Lüge erheblichen emotionalen Stress und Druck. Die meisten Täter gestehen bei der Polizei nicht we-gen des äußeren Drucks, sondern wegen des inneren. Wenn sie sich selbst die Schuld geben und dem anderen noch einen bequemen Ausweg anbieten, dann nimmt er diesen gerne und sie haben gewon-nen. Vorwürfe können sie später immer noch machen.

Eine weitere Möglichkeit ist es übrigens, die Lüge komplett zu ig-norieren. Sie verwenden wie bei der nicht ausgesprochenen Lüge das Scheinwissen. Wenn zum Beispiel Ihr Partner behauptet, er ha-be die Einladungskarte an die Schwiegermutter abgeschickt, und Ihr Bauchgefühl sagt, dass das nicht stimmt, dann kommen Sie auf das Thema nach ein bis zwei Tagen wieder zu sprechen. Erwähnen Sie, dass Sie Ihre Mutter in vier Tagen anrufen werden. *»Steckst du bitte noch die Karte für meine Mutter ein. Ich will meine Mutter in vier Tagen anrufen. Ich weiß gar nicht mehr, ob ich dich daran erinnert habe.«* Nun hat Ihr Partner wieder die Chance, sein Verhalten zu korrigieren. Im Zweifel kann er für den verspäteten Eingang die Post verantwortlich machen. Sollte Ihr pubertierendes Kind Ihnen vorgegaukelt haben, eine Zwei in Deutsch geschrieben zu haben, dann haken Sie nach ein paar Tagen nach. *»Hast du eigentlich deine Deutscharbeit wieder-bekommen? Was war eigentlich die Note, nur damit ich Bescheid weiß, wenn ich mich mit deinem Lehrer nächste Woche treffe.«* Nun kann Ihr Sohn oder Ihre Tochter noch mal kurz nachdenken und schnell die Lüge ohne Schande korrigieren.

Ob Beziehung, Freunde oder Autokauf – handeln Sie das Beste raus

Wir verhandeln täglich, oft merken wir es gar nicht, denn Verhandlungen sind oft gar nicht so offensichtlich. Wer fährt die Kinder zur Geburtstagsfeier? Wer übernimmt welche Arbeit im Büro? Welche Kleidung kauft man zu welchem Preis? Was macht man gemeinsam am Wochenende oder macht man gar nichts gemeinsam? All das wird verhandelt, manches kann mehrere Stunden dauern, anderes weniger als eine Minute. Viele verschenken dabei Möglichkeiten, das Beste für sich rauszuholen, weil sie einfach zu ungeduldig sind oder das Einmaleins des Verhandelns nicht beherrschen.

Die Sicht des anderen

Um eins klarzustellen. Sie sollten natürlich das Beste für sich herausholen, das heißt aber nicht, dass Sie Menschen, die Ihnen am Herzen liegen, ausnutzen sollten. Wie weit Sie bei einer Verhandlung gehen, sollten Sie also auch immer davon abhängig machen, welches Verhältnis Sie mit Ihrem Verhandlungspartner auch in Zukunft pflegen wollen. Dies ist übrigens ein Tipp, den ich ebenso den Einkäufern von Großkonzernen gebe. Sie können natürlich ein Unternehmen bis auf den letzten Cent drücken. Aber wie wird dieses mit Ihnen umspringen, wenn es mal Probleme gibt? Wie viel Leidenschaft und Pflichtbewusstsein wird das Unternehmen dann tatsächlich in die Auftragserfüllung stecken? Fairness hat sich immer als wertvoller erwiesen als das Durchdrücken der eigenen Positionen unter allen Umständen. Schauen wir uns aber mal an, wonach wir und unser Verhandlungspartner Erfolg und Misserfolg messen.

Der von mir hochgeschätzte Wirtschaftspsychologe George Loewenstein, dessen Arbeit die Verhandlungsführung in Politik und Wirtschaft maßgeblich beeinflusst hat, entdeckte ein sehr interessantes Phänomen. Er untersuchte das Verhandlungsverhalten von Gewerkschaftern und Unternehmen und stellte dabei fest, dass diese ihren Verhandlungserfolg nicht absolut, sondern relativ bewerteten.

So legten die Verhandlungspartner nicht Wert darauf, möglichst viel herauszuhandeln, sondern möglichst genauso viel oder wenig zu bekommen wie der Verhandlungsgegner. So wählten Unternehmen lieber eine Option, die zum Beispiel 30 Millionen Euro kostete, solange der Verhandlungspartner ebenfalls in etwa gleicher Höhe bluten musste – statt einer anderen Verhandlungslösung, bei der ihnen lediglich Kosten von 20 Millionen Euro entstanden wären, die andere Partei jedoch mit einem Plus von zehn Millionen Euro profitiert hätte. Rational würde man sagen, was interessiert mich der Gewinn oder Verlust der anderen Partei, solange für mich das Optimum rausgesprungen ist? Nur misst unser Verstand den Erfolg oder Misserfolg daran, ob wir genauso viel gewinnen oder verlieren wie der andere. Selbst wenn es nüchtern betrachtet zu unseren eigenen Lasten geht. Dies führt zu solch absurden Konstellationen, dass Gewerkschaften auf Teufel komm raus streiken, obwohl sie bereits absolut betrachtet sehr viel gewonnen haben. Sie sehen aber nur die Punkte, an denen sie Zugeständnisse machen mussten, und solange die Gegenpartei weniger Zugeständnisse macht, fühlen sie sich als Verlierer. Sie können also Ihrem Verhandlungspartner noch so sehr schmackhaft machen, dass er oder sie etwas gewonnen hat, solange Sie vermeintlich mehr gewinnen, wird es keinen Kompromiss geben.

Lösung: Tür-ins-Gesicht-Methode – reziproke Verhandlungstechnik

Mit den nachfolgenden Techniken können Sie diesen Effekt der relativen Gewinnbetrachtung für sich nutzen. Natürlich sind nicht alle Verhandlungen lang genug, um die Techniken in voller Blüte anzuwenden. Aber selbst bei kleinen Gesprächen, die nur eine Minute dauern, können Sie die nachfolgenden Techniken abgekürzt instinktiv anwenden, sobald Sie diese einmal verinnerlicht haben.

Jede längere Verhandlung besteht aus drei Phasen. Als Erstes beginnt die seichte Phase, das Abtasten. Hier sollte man über schnell zu klärende Punkte mit geringer beziehungsweise mittelmäßiger Wichtigkeit sprechen beziehungsweise über solche Dinge, die ohnehin von beiden Parteien akzeptiert sind oder sich nicht ändern lassen. Dadurch bekommen Sie ein Gefühl für Ihren Verhandlungspartner und dessen Stimmung. Selbst wenn Sie mit Ihrem Lebenspartner oder einem Freund beziehungsweise einer Freundin verhandeln, hat diese Phase für Sie den Vorteil, dass Sie eine positive Grundstimmung schaffen. Außerdem geht es darum, einen gewissen Fluss zu entwickeln. Sobald sich der Rhythmus des Verhandlungstangos, also des permanenten Gebens und Nehmens, einstellt, gehen die Dinge leichter von der Hand. Unterbewusst weiß Ihr Verhandlungspartner dann, sobald Sie ein Zugeständnis gemacht haben, dass nun er dran ist, und er wird eher bereit sein nachzugeben. Auch wenn in dieser

Phase Selbstverständlichkeiten verhandelt werden, sollten Sie niemals etwas hergeben, bevor Sie aufgefordert werden. Verschenken Sie also nichts. Zwar funktioniert der Reziprokaleffekt sonst sehr gut. Eine Verhandlungssituation ist jedoch etwas Besonderes. Hier geht es nicht um Geschenke, sondern um Zugeständnisse, die als Geschenk empfunden werden sollen. Dies ist ein kleiner, aber sehr wichtiger Unterschied!

Ich habe es oft erlebt, dass Leute gleich zu Beginn von sich aus ein Zugeständnis gemacht haben, ohne dass sie darum gebeten wurden. Sie wollten eine positive Stimmung erzeugen und hofften, dass der gezeigte gute Wille belohnt wird. Leider sind Menschen in Verhandlungen sehr vergesslich. Allenfalls wird ihnen das unbewusst als Schwäche ausgelegt. Im Gegenteil sollten Sie im Zweifel eher die Tür-ins-Gesicht-Methode anwenden, also möglichst hoch einsteigen. Natürlich müssen Sie das nicht gleich am Anfang machen, denn die erste Phase dient ja einem Einstieg. Aber spätestens in der zweiten Phase sollten Sie die Messlatte sehr hoch ansetzen.

Eine wichtige Lektion bei Verhandlungen hat uns Loewenstein ja gelehrt. Sie sollten also bei jedem Schritt den Eindruck erwecken, dass Sie und Ihr Partner gleich viel bekommen beziehungsweise nachgegeben haben. Aber wie lässt sich das wirklich aufwiegen? Viele Dinge lassen sich eben nicht finanziell oder durch andere Zahlen aufrechnen und genau hier liegt Ihre Chance. Ich mache ein Zugeständnis – und ich bekomme ein Zugeständnis. Das ist die Mathematik, die das normale Gehirn schafft. Um mehr rauszubekommen als der andere, und zwar ohne dass er es merkt, sollten Sie also zwei Zugeständnisse des anderen zu einem verbinden und aus einem Zugeständnis von Ihnen zwei machen. Wenn Sie zum Beispiel mit Ihrem Partner die Haushaltsarbeit verhandeln und er beziehungsweise sie fortan die Wäsche waschen und bügeln soll, während Sie den Müll wegbringen, formulieren Sie dies entsprechend zum Vorteil des anderen:

»O.k., du würdest also die Wäsche waschen und bügeln, also dich im Prinzip einfach um die Wäsche kümmern.« – Aus zwei wurde eins gemacht!

»Während ich mich also um den Müll kümmere, das heißt konkret, den Müll montags und freitags runterbringen und dafür sorgen, dass der Müll auch richtig getrennt ist.« – Aus eins wurden drei gemacht!

Der Partner hat so das Gefühl, mehr bekommen zu haben als Sie. Deswegen ist es so wichtig, nach jedem Verhandlungsschritt zu wiederholen, worin beide profitiert haben, und den anderen als Gewinner erscheinen zu lassen.

Nachdem die schnell zu klärenden Dinge erledigt sind (heben Sie sich unbedingt einige noch für den Schluss auf), beginnt nun allmählich die zweite, harte Verhandlungsphase. Denn hier kommen all die Dinge auf den Tisch, die den größten Reibungspunkt bieten. Hier empfehle ich immer einen sehr wirksamen Kniff. Starten Sie die zweite Verhandlungsphase mit etwas, was Ihnen eigentlich sehr unwichtig ist; also wenn Sie dort nachgeben müssen, Ihnen das eigentlich vollkommen egal ist und Sie allenfalls die Schulter zucken. Machen Sie dies aber zum wichtigsten Thema überhaupt. Diskutieren und verhandeln Sie, was das Zeug hält. Stellen Sie sich vermeintlich stur bei diesem Thema. Sagen wir, Sie wollen einen neuen Pkw kaufen und sind eigentlich ganz zufrieden mit der Klimaanlage, dann fordern Sie die beste und teuerste Klimaanlage als kostenlose Beigabe. Fordern Sie etwas, von dem Sie wissen, dass der andere es Ihnen gar nicht geben kann. Machen Sie dies aber zur Bedingung für ein Zustandekommen einer Einigung. Wieso das alles? Ganz einfach – Sie müssen zeigen, dass Sie bei etwas für Sie scheinbar sehr Wichtigem letztlich dann doch nachgegeben haben. Nun ist der andere im Verhandlungstango dran. Wenn es jetzt um das geht, was ihm sehr wichtig ist, haben Sie die Wahrscheinlichkeit deutlich gesteigert, dass er im Gegenzug auch bereit ist nachzugeben oder zumindest deutlich kompromissbereiter ist. Außerdem hat dieser Scheinkampf einen weiteren positiven Effekt. Sie ermüden Ihren Verhandlungspartner bei unwichtigen Themen und können nun in der harten zweiten Verhandlungsphase, also bei den wichtigen Themen, in die Vollen gehen.

Sie sind also optimal in die harte Phase gegangen. Dennoch kann es passieren, dass Sie dort stecken bleiben. Das ist aber gar kein Problem. Wenn Sie wirklich das Gefühl haben, dass sich rein gar nichts mehr bewegt, dann unterteilen Sie das Thema in seine Bestandteile. Machen Sie daraus eine Unterverhandlung und strukturieren Sie diese wie in der ersten Phase: zunächst die schnell zu lösenden Teilaspekte, dann der harte Kern und schließlich wieder ein paar leichte Themen in der letzten, dritten Phase. Wie bei einer Zwiebel schält man sich so an den eigentlichen Kern des Problems vor und oft ist dieser dann viel kleiner als er zuerst wirkte.

Nachdem die zweite Phase erfolgreich bewältigt wurde, kommen wir in die dritte Phase. Diese hat zwei Funktionen. Einerseits brauchen Sie nach dem schwierigen mittleren Teil einen versöhnlichen Ausklang. Andererseits lässt sich hier noch ganz einfach ein weiteres Zugeständnis, quasi also Bonus, rausholen. Wenn Sie in der Schlussphase der Verhandlungen für einen Autokauf sind, dann hängen Sie einfach noch etwas dran:

»Gut, dann sind wir ja einig und dann können Sie ja gleich noch neue Fußmatten dazugeben.«

Da Sie gerade ein versöhnliches Ende gefunden haben, wird Ihnen der Verkäufer nun die Fußmatten nicht verweigern. Dieser letzte Satz ist meines Erachtens nach eine der am meisten vernachlässigten Chancen in Verhandlungen. Denn gerade jetzt ist der andere entspannt und schon aus dem Verhandlungsmodus ausgestiegen. Es ist sträflich, diese perfekte Chance nicht zu nutzen.

So leihen Ihnen Menschen, was sie Ihnen sonst niemals leihen würden

Es ist ein faszinierendes Phänomen, dass in Wohlstandsgesellschaften die Bereitschaft, etwas unter Privatpersonen zu verleihen, deutlich geringer ist als in Notstandsgesellschaften. Als ich für ein paar Jahre in Russland lebte oder in Indien, halfen sich Menschen viel bereitwilliger aus als in Deutschland. Nun möchte ich keine Gesellschaften miteinander vergleichen, aber bezeichnend ist: Je geringer die soziale Sicherheit, umso größer ist die Neigung, einander zu unterstützen. Das ist durchaus nicht selbstlos, sondern insgeheim baut man eine private Solidaritätsgemeinschaft auf. In Ländern, wo Solidarität verstaatlicht ist, spielt die gegenseitige Unterstützung eine geringere Rolle. Dennoch können Sie auch in gesättigten Gesellschaften Ihre Mitmenschen dazu bringen, Ihnen einen Gefallen zu tun.

Die Sicht der anderen

Ich habe diese Sätze nicht vorausgeschickt, um Gesellschaftskritik zu üben, sondern um darauf aufmerksam zu machen, was uns in unserer Gesellschaft daran hindert, um einen Gefallen zu bitten. Einerseits fühlt man sich als Bittsteller, andererseits sind unsere sozialen Konventionen noch lange nicht so ausgehebelt, dass unsere Mitmenschen nicht ein inneres Bedürfnis haben, der Bitte um einen Gefallen nachzugeben. Aber schön wäre doch, wenn es ein geringerer Gefallen wäre, denken sich die meisten. Denn in einer Wohlstandsgesellschaft funktioniert das soziale Geben und Nehmen deutlich weniger und man selbst erliegt dem Glauben, niemals einen gegenseitigen Gefallen einfordern zu müssen. Entsprechend gering ist die Bereitschaft, sofort zuzustimmen.

Lösung: Tür-ins-Gesicht-Methode und Begründungsmethode

Deswegen sollten Sie, wenn Sie sich etwas leihen wollen, schweres Geschütz auffahren und dafür eignet sich ja am besten die Tür-ins-Gesicht-Methode.

Fordern Sie als Erstes eine unwahrscheinliche Leihgabe, um dann eine geringere Leihgabe zu bekommen. Denn auf den Reziprokaleffekt können Sie nicht setzen. Wenn Sie also 500 Euro benötigen, dann bitten Sie den anderen um 1.000 Euro.

Gesellschaftlich gelernt wird Ihr Gegenüber das erste Angebot in Höhe von 1.000 Euro ablehnen. Dann beginnt die soziale Verpflichtung reinzuspielen und wenn Sie dann um 500 Euro bitten, werden Sie das Geld bekommen.

Ich beobachtete diesen Kniff bei Bettlern im Bahnhof. Sie fragen stets erst nach einem Euro, und wenn sie dann eine Ablehnung bekommen haben, nach zehn Cent oder einer Zigarette. Einmal wies ich einen älteren Herrn darauf hin, dass er unbewusst eine psychologische Methode verwendet, er aber diese perfektionieren sollte. Ich empfahl ihm, als Erstes um einen Euro zu bitten, wenn er eine Abfuhr kassierte, nach 50 Cent zu fragen und für den Fall, dass er wieder auf Ablehnung stieß, wenigstens um einige Cent zu bitten. Diese sind immer noch mehr wert als eine Zigarette. Als ich ihn einige Monate später zufällig wieder traf, erkannte er mich gleich und erzählte mir freudestrahlend, dass sich seine Einkünfte fast verdoppelt hätten! Psychologische Methoden helfen eben in allen Lebenslagen.

Andererseits liegt genau hier das Problem. Bettler haben gezwungenermaßen eine geringere Scheu, nach etwas zu fragen. In »normalen« Situationen haben wir aber eine anerzogene Scheu. Gerade weil es uns so schwerfällt, stapeln wir lieber zu tief als zu hoch, denn wir wollen unter allen Umständen eine Abfuhr vermeiden. Dabei sollten Sie sich immer vor Augen führen, sobald Sie jemanden bitten, Ihnen etwas zu leihen, haben Sie ja schon offenbart, dass sie Hilfe benötigen, und gehen die »Chance« ein, eine Ablehnung zu kassieren. Wenn Sie also schon diesen Schritt gehen, dann gehen Sie ihn lieber gleich konsequent, damit Sie auch wirklich das bekommen, was Sie wollen, und stapeln Sie entsprechend hoch, ohne unverschämt zu wirken.

Wecken Sie Sehnsüchte, die andere noch gar nicht haben

Manchmal lohnt es sich, Sehnsüchte zu wecken, von denen Ihr Gegenüber noch gar nicht wusste, dass sie oder er sie hat. Sie können sogar Wünsche im Verstand anderer Menschen einpflanzen, die dort überhaupt nicht bestanden. Hierbei handelt es sich um die Königsdisziplin der Menschenbeeinflussung, die dennoch jeder lernen kann.

Die Sicht der anderen

Im Grunde gibt es hier gar keine Sicht der anderen Person, denn diese hat ja die Wünsche noch gar nicht, die Sie einpflanzen wollen. Es gibt aber durchaus Effekte der Bildung von Wünschen und Sehnsüchten und diese können wir uns zunutze machen. Haben Sie sich jemals überlegt, wie Sehnsüchte entstehen? Sie sind wohl kaum eines Tages aufgewacht und hatten aus heiterem Himmel plötzlich Sehnsucht nach etwas, außer auf die Toilette zu gehen, nach Mohnbrötchen oder Ihrem Partner. Aber auch das sind eigentlich keine Wünsche, die plötzlich vom Himmel gefallen sind, sondern sie bestehen bereits unterschwellig und brechen dann plötzlich aus. Andererseits gibt es Wünsche, die unterbewusst schlummern, weil Impulse über eine längere Zeit unterschwellig zu einer Sehnsucht verarbeitet werden – bis man eines Tages aufwacht und sich danach sehnt. Zum Beispiel, wenn man aufwacht und plötzlich kein Verlangen nach Mohnbrötchen, sondern nach einem afrikanischen Maniok-Omelett hat. Genau diesen Prozess können Sie unmittelbar beeinflussen. Sie können Wünsche säen, von denen die andere Person noch gar nicht wusste, dass sie sie hat.

Lösung: Unbewusste Konditionierung – bewusste Erwartungssetzung

Unser Gehirn ist wie ein Eisberg und damit meine ich nicht die emotionale Kälte. Wir sehen nur einen Teil an der Oberfläche, aber das wirklich Spannende findet unterhalb der Oberfläche statt, also dort, wo wir nicht hinblicken können. Genau dort können Sie mit der unbewussten Konditionierung ansetzen. Diese funktioniert recht simpel, indem man Wörter scheinbar zusammenhanglos streut, und durch diese Wörter wird im Gehirn unseres Gegenübers mental stückweise ein Wunsch eingeimpft.

Wie das konkret funktioniert, zeigt ein spannendes Experiment. Hierfür präsentierten wir 110 Studenten zwei Untersuchungen zum Maschinenbaumarkt. Während die erste Gruppe eine Studie der Firma Klaus Meier Technologies präsentiert bekam, erhielt die nächste Gruppe eine Studie der ebenso fiktiven Firma Palm Constructions. Im Anschluss an diese Studie, die eher aus trockenen Zahlen bestand, befragten wir nach einer einstündigen Pause die Studenten nach deren bevorzugtem Reiseziel. Die Gruppe, die sich mit den Zahlen der Palm Constructions auseinandersetzen musste, hatte eine rund 25 Prozent höhere Präferenz, ein Urlaubsziel im Süden mit Strand auszuwählen, als jene, die mit der Firma Klaus Meier Technologies zu tun gehabt hatte. Allein das Wort

Palm in dem Firmennamen sorgte für eine unterbewusste Konditionierung. Die Befragten waren sich übrigens dessen gar nicht bewusst, sondern erklärten, dass ein Strandurlaub schon immer ihr Traum gewesen sei. Diesen Effekt nutzen auch Mentalmagier. Sie zeigen bei einer Aufführung ihren Bühnenkandidaten zum Beispiel ein *Fahrrad* und die Zahl *Drei*. Später bitten sie dann um einen *Rat* und erzählen, dass sie bereits in der Stadt *drei* Auftritte gehabt hätten. Wenn sie dann ihre Kandidaten bitten, an ein *Kinderspielzeug* zu denken, was ist es dann? Richtig! Ein *Dreirad*! Das ist unterbewusste Konditionierung!

Es ist fast überflüssig zu erwähnen, dass die unbewusste Konditionierung fast noch stärker wirkt, wenn sie visuell erfolgt. Blendet man ein paar Bilder von Bier in einer Geschäftspräsentation ein, um zum Beispiel anhand des Biermarktes gewisse Markttendenzen zu veranschaulichen, steigt der anschließende Bierkonsum. Wenn Sie den Weinkonsum steigern wollen, verwenden Sie einfach Bilder von Wein.

In allen vorher beschriebenen Fällen wecken Sie Sehnsüchte, die andere noch gar nicht hatten. Wenn Sie also Ihren Partner für einen Zirkusbesuch begeistern wollen, dann lassen Sie Zeitschriften mit Zirkusclowns liegen, summen Sie lieber mal den berühmten Elefantenmarsch und lassen Sie öfters die Wörter Pferd, Trapez, Clown und Zelt fallen. Möglichst bis zu einer Stunde vor Ihrem eigentlichen Anliegen. Nicht selten wird man überrascht, und der Partner kommt von sich aus auf den Vorschlag, den Zirkus zu besuchen.

Wie Sie beim Umzug, bei Gartenpartys und Kindergeburtstagen wirklich Hilfe bekommen

Die Größe seines Freundeskreises erkennt man meist dann, wenn man umzieht. Und ich meine nicht dann, wenn man um Hilfe beim Umzug bittet, sondern an dem Tag, wenn der Umzug wirklich ansteht. Erst dann merkt man, wie verschwindend klein der Freundeskreis ist, und das im wahrsten Sinne des Wortes. Überstunden, Schwiegermutterbesuche und ominöse Krankheiten steigen faszinierenderweise im Bekanntenkreis immer am Tag vor dem eigentlichen Umzug sprunghaft an. Aber auch hier können Sie sehr wirksam entgegenwirken.

Die Sicht der Freunde

Wenn Sie um Hilfe für einen Umzug bitten, werden Sie viele Zusagen bekommen. Nicht wenige bieten auch ihre Hilfe von sich aus an. Hier wirkt wieder die soziale Erwünschtheit. Wir verhalten uns instinktiv so, wie wir glauben, dass es sozial erwünscht ist. Nur wirkt dies eben stärker, wenn es darum geht, etwas zu sagen, und verliert drastisch an Wirkung, wenn es um die handfeste Tat geht. Dann verliert man doch plötzlich die Lust. Das ist gar nicht mal böse gemeint. Dass zwischen Wort und Tat ein großer Unterschied besteht, sieht man selbst bei all den guten Neujahrsvorsätzen oder wenn man sich vornimmt, ins Fitnessstudio gehen zu wollen. Der Wille ist da, aber dann gibt es im Alltag so viele Dinge, die einen davon abhalten. Wenn man sich selbst gegenüber ehrlich ist, muss man sich eingestehen, dass all die Gründe, wieso man keine Zeit hatte, Sport zu treiben, tatsächlich gar nicht so schwerwiegend waren, sondern einfach eine willkommene Entschuldigung. Hinzu kommt bei Aufgaben wie einem Umzug oder sonstigen Freundschaftsdiensten noch das uns bekannte Phänomen des sozialen Faulenzens. Da man ja nicht der Einzige ist, der beim Umzug helfen soll, ist es nicht so schlimm, wenn man doch noch absagt. Man verteilt die Verantwortung leichtfertig auf andere Schultern. Erschwerend kommt noch ein beliebter Fehler hinzu. Gerne erzählt man freudig seinen Bekannten, dass so viele sich bereit erklärt hätten zu helfen. Wer hier insgeheim auf den Herdentrieb tippt, liegt falsch, denn tatsächlich stärkt man noch das soziale Faulenzen und erleichtert das Gewissen des Einzelnen, wenn er absagt.

Lösung: Heldenmethode – Tür-ins-Gesicht-Methode

Nun kann man mit einigen kleinen Kniffen dem sozialen Faulenzen ganz einfach entgegenwirken. Aber eins vorweg: Viele machen in solchen Situationen den Fehler, die Fuß-in-die-Tür-Methode anzuwenden. Also erst mal um einen kleinen Gefallen zu bitten, um dann einen großen nachzuschieben. Auch wenn diese Methode oft sehr hilfreich ist, hier ist sie absolut kontraproduktiv. Denn wenn Sie jedem Bekannten sagen, es wäre nur ein bis zwei Stunden zu helfen, um dann, wenn sie einmal da sind, ein paar Stunden dranzuhängen, kann es passieren, dass diese sich auch wirklich nach den besagten zwei Stunden verdrücken. Denn die Fuß-in-die-Tür-Methode hat ja immer das Risiko, dass jemand eine Steigerung der Bitte ablehnt. Dann stehen Sie nämlich schlimmstenfalls mit einem halbfertigen Umzug da.

Wenn Sie Ihren Bekanntenkreis abklappern und erste Zusagen einsammeln, sollten Sie also gleich mit offenen Karten spielen. Bitten Sie dann noch mal um eine ganz klare Zusage: »*Kann ich mich darauf verlassen? Dann würde ich dich entsprechend einteilen.*« Dann sollten Sie sich ranmachen und weit vor dem eigentlichen Umzug konkrete Aufgaben zuordnen. Wer ist für das Schleppen von Kartons zuständig, wer für Ein- und Auspacken, wer für die Möbelmontage et cetera Machen Sie nicht den Fehler, die eigentliche Aufgabenverteilung erst beim Umzug vorzunehmen. Dadurch haben Sie nämlich gar keine persönliche Verantwortung geschaffen und genau diese ist es ja, die das soziale Faulenzen aushebelt. Übrigens sollten Sie die konkrete Aufgabe nicht bereits nennen, wenn Sie sich die Zusage einholen. Denn einerseits verkompliziert das Ihre Planung – Sie können ja nur die Ressourcen planen, die Sie haben –, andererseits schreckt eine konkrete Aufgabenstellung eher ab. Wer das Übel nicht kennt, lässt sich eher darauf ein. Wenn Sie aber bereits die Zusage in der Tasche haben, dient die konkrete Aufgabenstellung dazu, das Verantwortungsbewusstsein zu festigen. Betonen Sie ruhig, dass Sie auf die Person zählen, da Sie sonst niemanden oder zu wenig Leute hätten, um diese spezielle Aufgabe durchzuführen. *»Nur du und Markus können wirklich Möbel montieren und zwei Mann werden benötigt. Wenn du ausfällst, dann stehe ich da. Kann ich mich auf dich verlassen?«* Damit schaffen Sie einerseits eine konkrete Verantwortung, Ihr Bekannter kann sich so nicht mehr aus der Affäre ziehen, weil er weiß, dass damit Ihr gesamter Umzug gefährdet ist. Zusätzlich haben Sie noch ganz elegant die Heldenmethode wirken lassen. Ist es Ihnen aufgefallen?

Da wir ja wissen, dass das gesprochene Wort nicht lange hält, sollten Sie sich unbedingt alles noch mal per E-Mail bestätigen. Das kann völlig formlos gehen. Schicken Sie einfach noch mal Uhrzeit und Adresse zu und bedanken sich vorab für die Hilfe beim Aufbau der Möbel. So steht einem erfolgreichen Umzug nichts im Wege

Bringen Sie Ihre Lieben (und sich selbst) dazu, weniger auf Pump zu kaufen

Über unser schuldenbasiertes Wirtschaftssystem zu wettern, ist gerade ziemlich en vogue. Wir schimpfen über die Staatsverschuldungen, die Europäische Zentralbank, Griechenland und das Bankensystem. Gleichzeitig war der Anteil der Privathaushalte, die sich verschulden, noch nie so hoch wie heute. Das Problem sind nicht Immobiliendarlehen. Denn da schafft man wenigstens einen Wert. Schlimmer sind Konsumentenkredite, denn Sie kaufen etwas, das in dem Moment, wo es in ihren Besitz übergeht, sofort mindestens die Hälfte an Wert verliert. Haben Sie schon mal versucht, ein drei Monate altes Sofa zu verkaufen? Die Preise, die Sie da bestenfalls erzielen, treiben Ihnen Tränen der Verzweiflung in die Augen. Wenn Sie nun einen lieben Menschen oder sich selbst davon abbringen wollen, weitere Konsumentenkredite aufzunehmen, dann kann die nachfolgende Methode sehr wirksam sein. Selbst wenn Sie das aber gar nicht als Problem ansehen, weil Sie Ihre Darlehen immer gut bedienen und bis jetzt gut gelebt haben, sollten Sie die nächsten Seiten trotzdem unbedingt lesen. Denn dann werden Sie sehen, wie sehr Sie emotional betrogen werden.

Die Sicht des Käufers

Auch beim Kauf auf Pump spielen die Kernmotive eine tragende Rolle. Unser Ego will ein schickes Auto haben, um dem Nachbarn zu zeigen, wie erfolgreich man ist, unsere Gier bringt uns dazu, jetzt gleich etwas haben zu wollen, anstatt zu warten, bis wir es uns leisten können. Oder wir sind einfach zu bequem, um etwas anzusparen. Manchmal kann es auch Angst sein, dass ein tolles Produkt in ein paar Monaten nicht mehr verfügbar ist. Dann schlagen wir lieber jetzt zu. Kauf ist maximaler Lustgewinn. Vielleicht entschädigen wir uns auch für Frust oder wir belohnen uns – jedoch belohnen wir uns beim Kauf auf Pump für Leistungen, die wir noch gar nicht erbracht haben, sondern in der Zukunft erst erbringen müssen. Deswegen ist der Kauf auf Pump so wichtig für unser Wirtschaftssystem. Wer auf Pump kauft, bleibt leistungsorientiert. Er muss ja seine Schulden zurückzahlen und kann es sich nicht leisten mal einen Gang zurückzuschalten. Dies ist einer der wichtigsten Motoren des Kapitalismus. Deswegen ist es so absurd, wenn

Leute einerseits über den Kapitalismus fluchen und gleichzeitig auf Pump kaufen; das ähnelt dem Mafioso, der über die zunehmende Kriminalität schimpft. Dieser Erkenntnis steht aber die Sehnsucht nach dem Glücksmoment gegenüber. Unser Gehirn stößt bei einem Kauf sofort Glückshormone aus und genau das wollen wir. Da hilft es selbst nicht, wenn man denjenigen darauf hinweist, dass er ja seine Arbeit verlieren könnte. Denken Sie an den Fehler der Selbstüberschätzung, dem wir alle erliegen! *Das kann mir doch nicht passieren. Und selbst wenn, finde ich jederzeit wieder Arbeit.* Wer dennoch diesbezüglich Sorgen hat, für den wurde ja die Kreditrisikoversicherung erfunden. Falls unser Motiv der Angst uns vom Ratenkauf abhalten will, wird mit der Versicherung gewunken, und wir bezahlen gleich noch etwas drauf, um unser Gewissen zu beruhigen.

Lösung: Emotionale Gewinn-und-Verlust-Rechnung

Um sich selbst und andere von solchen Unsinnigkeiten abzuhalten, hilft es, Gefühle zu rationalisieren, also eine emotionale Gewinn-und-Verlust-Rechnung aufzustellen.

Als Erstes geben Sie Ihrem Gegenüber einen Crashkurs über drei wichtige emotionale Effekte, indem Sie diese durch ein paar starke Bilder visualisieren. (Sie wissen ja, Geschichten und Bilder überzeugen am meisten.) Stellen Sie folgende Frage:

»Stell Dir vor, du verlierst 100 Euro aus dem Portemonnaie oder würdest 100 Euro auf der Straße finden. Was wiegt schwerer? Der Verlust oder der Gewinn?« Bei jedem Menschen tut der Verlust mehr weh, als der Gewinn emotional bringt.

Nun pflanzen Sie das zweite emotionale Bild:

»Was ist schöner? Die Zeit vor Weihnachten oder die Tage danach?«
Vorfreude ist immer die schönste Freude, also ist es die Zeit davor.
Wenn Sie mit einem Weihnachtshasser sprechen oder selbst einer
sind, wird die Antwort natürlich umgekehrt ausfallen. Dann wäh-
len Sie einfach ein anderes Bild, zum Beispiel den Geburtstag, die
Hochzeit, einen Urlaub, die Fußball-WM. Auf alle Fälle visualisieren
Sie damit, dass Vorfreude am schönsten ist.

Und nun kommt das dritte Bild: *»Als du das letzte Mal etwas Wundervolles gekauft oder bekommen hast. Wie lange hast du dich darüber
genauso gefreut wie am ersten Tag?«* Im Schnitt geht die Freude nach
wenigen Wochen, bei großen Anschaffungen nach wenigen Monaten deutlich zurück. Wir gewöhnen uns an Dinge, die wir haben,
empfinden sie als normal und sehnen uns nach dem, was wir nicht
haben – ein weiterer Treiber des Kapitalismus. Meine lieben Kapita-
lismuskritiker, wenn ihr das aus eurer eigenen menschlichen Natur
ausgemerzt bekommt, dann gehört der Kapitalismus wirklich der
Vergangenheit an, dabei muss man aber erst mal bei sich selbst anfangen. Wie auch immer, Sie haben nun drei starke Bilder gepflanzt.
Nun geht es an die Ernte.

Machen Sie jetzt eine emotionale Gewinn-und-Verlust-Rechnung auf.
Zeichnen Sie zur weiteren Visualisierung die nachfolgende Skizze.

Die mittlere waagerechte Linie ist der emotionale neutrale Punkt.
Alles darüber ist Freude, alles darunter ist Schmerz oder Trauer. Die
mittlere senkrechte Linie hingegen ist der Zeitpunkt des Kaufs. Da
ist die Freude am größten. Wenn man nun auf Pump kauft, passiert
Folgendes: Man hat überhaupt keine oder wenn nur eine sehr kurze
Zeit der Vorfreude.

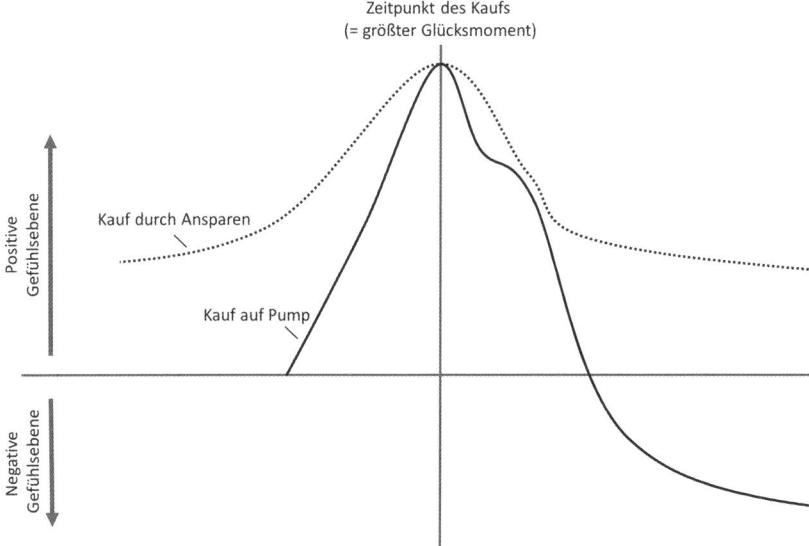

Dann springt die Freude zum Zeitpunkt des Kaufs drastisch nach oben. Kurz danach beginnt die Freude über den Kauf zu sinken, da der Gewöhnungseffekt einsetzt. Dann beginnen die Abbuchungen vom Konto. Da Verlust immer schwerer wiegt als Gewinn, spüren wir den Schmerz regelmäßig und stark. Für die emotionale Gewinn-und-Verlust-Rechnung heißt das, ein kurzer Moment des Gewinns und teils mehrere Jahre Schmerz, denn jeden Monat wird etwas weggenommen. Das ist wie eine super Party, bei der man es hat richtig krachen lassen, man aber jahrelang an den Folgen leidet, weil einem alle Freunde jedes Mal vorhalten, wie sehr man sich danebenbenommen hat. Das war der kurze Spaß nicht wert.

Anders schaut die Kurve aus, wenn man anspart, um etwas zu kaufen. Bereits Monate vorher sorgt die Vorfreude für positive Gefühle und nach dem Kauf kommt es zwar zum Gewöhnungseffekt, aber wir spüren keinen Schmerz, sind also emotional immer noch im positiven Bereich.

Wenn Sie das erklärt haben, runden Sie die Sache ab – Sie wissen ja, schuld sind immer die anderen. *»Nur weil ein paar große Firmen Kohle scheffeln wollen, fügen die dir jahrelang Schmerz zu. Lass dir das nicht bieten! Du bist stärker und schlauer als die!«*

Und, wirkt es schon bei Ihnen? Wie denken Sie jetzt über Konsumentenkredite? Ich versichere Ihnen, dass Sie mit dieser schnellen Methode viele Ihrer Mitmenschen zum Umdenken bringen werden!

So bringen Sie eine Freundin oder einen Freund von einem unsinnigen Plan ab

Manchmal ist es so offensichtlich, dass man schier verzweifeln könnte. Eine gute Freundin oder ein guter Freund hat eine absolut »brillante« Idee! Er oder sie ist völlig begeistert von diesem sensationellen Plan und lässt sich gar nicht mehr davon abbringen. Dabei ist es für jeden offensichtlich, dass derjenige sich selbst ins Unglück stürzt. Wenn Sie nun Ihrer freundschaftlichen Pflicht nachkommen wollen, dann sollten Sie nicht gegen die Mauer der Begeisterung rennen, sondern einen eleganten Schlenker machen.

Die Sicht des anderen

Nicht nur Liebe macht blind, sondern auch die Begeisterung für die eigenen Ideen. Man hat sich im Kopf bereits alles so wundervoll ausgemalt, schwelgt in Gedanken und das allein ist schon das größte Glücksgefühl. Wenn Sie nun gut gemeint warnen, dass diese Idee eben nicht der Jahrhundertwurf sei, sondern vielmehr eine Schnapsidee, dann werden Sie leider nicht als Freund wahrgenommen. Denn ein Freund würde niemals diesen Traum zerstören. Ein Freund würde einem gönnen, dass dieser Traum in Erfüllung geht. Und so sind Sie der Feind, obwohl Sie es gut meinen. Damit können Sie gar nicht gewinnen. Sie müssen Teil der Schnapsidee werden und diese dann von innen heraus zum Platzen bringen.

Um das noch mal klarzustellen. Wenn jemand eine gute Idee hat, dann gibt es meist mehr Kritiker als Befürworter. Wenn Sie also nur allgemein skeptisch sind, dann lassen Sie dem anderen seine Träume. Manch einer wurde schon positiv überrascht. Wenn Sie aber überzeugt sind, dass Ihr Freund oder Ihre Freundin sich ins Unglück stürzt und ruiniert, dann sollten Sie handeln.

Lösung: Therapeutenmethode – Janus-Fragen – Saat des Zweifels

Wir wissen ja nun, dass direkte Kritik nur dafür sorgt, dass die Abwehrmechanismen hochgehen. Je kritischer Sie sind, umso vehementer wird Ihr Freund oder Ihre Freundin die eigene Idee verteidigen und sich weiter hineinsteigern. Nutzen Sie also die gleiche Methode wie bei einem aufgebrachten Kunden. Zwar ist Ihr Freund nicht aufgebracht, aber er ist auch gewissermaßen in einem Angriffsmodus, er oder sie will das Ziel erreichen. Zeigen Sie sich ehrlich interessiert. Stellen Sie keine kritischen, sondern wohlwollend offene Fragen, die ihn zum Reden bringen. Also nicht: *»Wie willst du das denn hinkriegen?«* Oder: *»Hast du das wirklich gründlich durchdacht?«* Das sind keine Fragen, sondern versteckte Vorwürfe. Stellen Sie interessierte Fragen wie: *»Hast du schon einen Zeitplan, wann du was umsetzen würdest? Das fände ich spannend.«* Oder: *»Welche Hilfe brauchst du, damit du das schneller umsetzen kannst?«* Diese Fragen zeigen ehrliches Interesse, aber Sie bereiten bereits den Weg vor, denn diese Fragen können auch zu schwierigem Terrain führen, also zu Hindernissen, die Ihr Freund nicht bedacht hat. Es wird ihm viel leichter fallen, diese offen zuzugeben, wenn er sich erst mal geöffnet hat, und dies wiederum wird nur passieren, wenn Sie ehrliches Interesse zeigen. Im Prinzip ist es recht einfach, denn je verrückter die Idee ist, umso größer ist die Ablehnung, die Ihr Freund oder Ihre Freundin aus dem Bekanntenkreis erfährt. Wenn Sie dann offene und interessierte Fragen stellen, sind Sie endlich jemand, der die Vision ernst nimmt. Wichtig ist, dass Sie jedoch Fragen stellen, die sowohl positiv rüberkommen als auch zu einer negativen Erkenntnis führen können. Janus-Fragen also, benannt nach dem Gott in der römischen Mythologie. Janus ist der doppelköpfige Gott, der gleichzeitig für Anfang und Ende steht oder für Eingang und Ausgang. Mit Janus-Fragen schaffen Sie einen Eingang, um den Ausgang einzuleiten. Solche Janus-Fragen sind zum Beispiel:

»So gut, wie du vorbereitet bist, hast du bestimmt eine Kostenrechnung erstellt. Wie schaut die denn genau aus?«

»Ich weiß, du bist ja jemand, der immer auf Nummer sicher geht. Wie schaut denn dein Plan B aus, wenn wider Erwarten sich die Sache etwas länger hinzieht?«

»Du bist ja bei solchen Sachen immer sehr gut vorbereitet. Wie sieht es denn mit dem Wettbewerb aus? Welche Gewinne machen die denn und wie sehr können die dir das Leben schwermachen?«

Janus-Fragen bestehen also immer aus einem positiven Einstieg, meist in Form der Heldenmethode, und führen dann auf einen Punkt, der recht komplex ist und wo Sie ideal Zweifel streuen können.

Sobald Ihr Gegenüber sich öffnet, lassen sich diese Zweifel recht einfach säen. Stellen Sie Fragen, und wenn Sie merken, dass er oder sie ins Stocken gerät, sind Sie bereits fast am Ziel. Zum Beispiel gibt es sehr viel Wettbewerb: Dann erwähnen Sie, dass dies die Sache für jemanden, der noch überhaupt nicht im Markt bekannt ist, schwierig machen könnte und man sich da etwas überlegen müsse. Gibt es wenig oder gar keinen Wettbewerb, dann geben Sie zu bedenken, dass wo keine Fische sind, kein Futter ist, und man mal der Sache auf den Grund gehen müsse. Sie beginnen also, Zweifel zu impfen. Die Kunst liegt darin, dass Sie niemals die Schlussfolgerung bereits selbst ziehen. Sie sollen ja keine Bedenken äußern, sondern Zweifel säen. Wer Bedenken äußert, rennt wieder gegen Mauern an. Ihr Gegenüber muss selbst erkennen, wo der Plan Schwachpunkte hat. Der Zweifelvirus braucht ein wenig Inkubationszeit, aber dann verbreitet er sich rasant.

Diese Methode wirkt deshalb so gut, weil die meisten Menschen selbst einen Janus in sich tragen. Auch wenn der Träumer dominiert, es gibt dennoch den inneren Zweifler. Wenn Sie Letzterem Nahrung geben, wird er erstarken und irgendwann gewinnen.

Wenn Sie spüren, dass der Zweifelvirus zu wirken beginnt, können Sie ein wenig nachhelfen. Tatsächlich können Sie dann die Meinung über den »Kanal« ändern, über den sie entstanden ist.

Nehmen wir als Beispiel, Sie wollen einen neuen Herd kaufen, dann spielen sachliche Argumente eine Rolle. Wenn Sie aber einen Safari-Urlaub machen wollen, dann haben Sie diese Entscheidung emotional getroffen. Natürlich können Sie diese rational begründen, dies ist aber ein sehr typisches Phänomen. Wir versachlichen emotional getroffene Entscheidungen, um uns und der Umwelt zu zeigen, dass wir vernünftig handeln. Wenn zum Beispiel jemand Ihre Idee, einen Safari-Urlaub zu machen, hinterfragt, werden Sie vielleicht noch ein wenig an einer emotionalen Begründung festhalten, wie zum Beispiel, dass dies ein Kindheitstraum sei, nur um dann recht zügig rationale Argumente vorzuschieben. »*Schließlich bin ich noch jung. Wer weiß, ob ich das in zehn Jahren noch machen kann.*« Oder: »*Die Safari war gerade zu einem absolut günstigen Schnäppchen zu bekommen.*« Oder: »*Wer weiß, wie die politische Situation in fünf Jahren dort aussieht. Da sollte man die Gelegenheit jetzt nutzen.*« Lauter rationale Gründe für eine irrational getroffene Entscheidung

In der Praxis heißt das, Sie sollten überlegen, wie Ihr Gegenüber zu einer Entscheidung gekommen ist. Wenn es eine rationale Entscheidung ist, dann versuchen Sie, nachdem Sie das Vertrauen gewonnen haben, durch rationale Gegenargumente vorsichtig Zweifel zu streuen. Sollte er oder sie jedoch aus emotionalen Gründen zu der Entscheidung gekommen sein, dann sollten Sie erst ein emotionales Gegengewicht zu schaffen. Bei einer Safari könnten Sie das Bild eines wundervollen Urlaubs auf einem Traumschiff als Gegenbild zeichnen. Sie sollten also niemals einen emotionalen Traum zerstören, sondern einen neuen Traum dagegenstellen. Nur so wird eine Meinungsänderung klappen. Wenn es dann noch eines Schubs bedarf, beginnen Sie wie in unserem vorherigen Beispiel durch eine rationale Analyse den Traum gemeinsam auf seine Einzelteile zu reduzieren. Dies funktioniert jetzt, da Sie ja einen neuen Traum als Alternative mitgegeben haben.

Natürlich kann dennoch auch eine einmal emotional getroffene Entscheidung entemotionalisiert werden. Das ist nur ein wenig aufwendiger. Wenn Sie in einer Beziehung stecken, dann überlegen Sie sich mal, wie glücklich Ihre Beziehung auf einer Skala von eins bis zehn ist – wobei zehn himmelhoch jauchzend und eins zu Tode betrübt ist. Wenn Sie derzeit in keiner Beziehung sind, dann fragen Sie einfach mal einen Bekannten, wie es um seine Beziehung steht. Ich muss Sie jedoch warnen! Diese Übung kann Beziehungen sprengen! Nachdem Sie eine Antwort gefunden haben, fragen Sie mal, wie zufrieden Sie oder die andere Person ist mit den jeweiligen Einzelaspekten wie:

der romantischen Ader des Partners, der trauten Zweisamkeit, Vertrauen und Ehrlichkeit, Verständnis für Sorgen und Nöte, Einfühlsamkeit, Rücksichtnahme, Zeit füreinander, gemeinsamen Träumen, dem Gefühl, begehrt zu werden, dem Liebesleben et cetera

Und jetzt stellen Sie noch mal die Frage, wie glücklich auf einer Skala von eins bis zehn Sie oder der Bekannte mit der Beziehung ist?

Das Ergebnis wird deutlich schlechter ausfallen. Sie haben mit einigen Kniffen eine Entscheidung entemotionalisiert.

AUF EINER SKALA VON EINS BIS SECHS, WIE SICHER SIND SIE, DASS IHR PARTNER SIE IMMER LIEBEN WIRD, IMMER TREU SEIN WIRD, SIE IMMER RESPEKTIERT, NIE VERNACHLÄSSIGT ...

Eignet sich auch:

➤ Wenn Ihr Kollege oder Chef mit einer seltsamen Idee um die Ecke kommt, die mit hoher Wahrscheinlichkeit das Unternehmen in den Ruin stürzt.

➤ Wenn Ihr erwachsenes Kind plötzlich eine In-Kneipe aufmachen will oder einen Surfladen auf Mallorca.

➤ Wenn Ihre Schwiegereltern mit Ihnen gemeinsam vier Wochen auf Kreuzfahrt gehen wollen.

So macht Ihr Partner den Traumurlaub und die Freizeitaktivitäten, die Sie wollen

Urlaubsplanung und Freizeitaktivitäten sind mit die größten Belastungsproben in einer Beziehung. Freizeit kommt ja eigentlich von Freiheit und ist die Zeit, in der ich frei bin – nämlich das zu tun, was ich will. Gemeinsame Aktivitäten schränken jeden dann ein, wenn er Dinge tun muss, die er oder sie gar nicht will. Auch wenn man es dem anderen zuliebe macht, fühlt man sich unterschwellig unfrei. Deswegen ist es so wichtig, dass Ihr Partner oder Ihre Partnerin aus voller Überzeugung mitmacht, wenn nicht sogar aus Begeisterung. Dies lässt sich recht elegant bewerkstelligen.

Die Sicht Ihres Partners

Natürlich sollten Sie auch hier den richtigen Zeitpunkt wählen. Zwischen Küchentisch und Kinderstress einen Vorschlag zu machen, ist kontraproduktiv. Wer gestresst ist, befindet sich in einem natürlichen Abwehrmodus. Jeder zusätzliche Aufwand wird vertagt oder abgelehnt. Vor allem dann, wenn er gegen die eigenen Bedürfnisse geht. Wenn Sie in solch einer ungünstigen Situation Ihr Vorhaben ansprechen, werden Sie nicht nur Ablehnung erfahren, sondern sind auch für die Zukunft bei diesem Thema auf ein Nein konditioniert. Deswegen ist der richtige Zeitpunkt entscheidend. Ein weiterer Fehler ist der berühmte Satz: »*Ich möchte später mal mit dir über … reden.*« Da schrillen die Alarmglocken. Selbst wenn man nicht mal im Detail weiß, worum es geht, gehen die internen Abwehrmechanismen hoch. Wenn Sie dann beisammensitzen, haben Sie schon wieder eine mentale Mauer, gegen die Sie ankämpfen müssen.

Wenn Sie dann dazu übergehen, Ihren Vorschlag zu unterbreiten und Argumente aufzuführen, rennen Sie übrigens gegen ein weiteres Hindernis an. Wie gesagt geht es ja um Freizeit. Sie können noch so rational argumentieren und betteln, im Grunde drängen Sie Ihren Partner dazu, seine Freiheit gegen etwas anderes einzutauschen. Gegen was eigentlich? Im Grunde können Sie das oft selbst nicht sagen und genau deswegen kommt man nicht zum Erfolg. Ein weiterer sehr verbreiteter Fehler ist es, seinen Partner oder seine Partnerin gar emotional unter Druck zu setzen, nach dem Motto: »*Wenn du mich liebst, dann fährst du mit mir in die Berge.*« Dies geht meist nach hinten los. Denn unterbewusst fühlt der Partner, dass er erpresst wurde, er fühlt sich in seiner Entscheidung nicht frei. Spätestens wenn man dann gemeinsam unterwegs ist, entlädt sich der Frust und aus dem vermeintlichen Traumurlaub oder dem gemeinsamen Freizeitspaß wird eine Katastrophe.

Besser ist es also, so vorzugehen, dass Ihr Partner oder Ihre Partnerin von sich aus findet, dass es eine gute Idee ist, und gerne und aus tiefster Überzeugung das macht, was Sie wollen.

Lösung: Heldenmethode – Optionsverschiebung

Die Vorbereitung

Sie sollten bereits einige Tage zuvor mit der Vorbereitung starten. Nutzen Sie die Heldenmethode, um Ihren Partner auf die richtige Spur zu bringen. Erzählen Sie ihm oder ihr, wie glücklich Sie seien, dass Sie jemanden an der Seite haben, der die gemeinsamen Interessen teilt. Nutzen Sie ruhig den Kniff, einen Dritten als scheinbaren Zeugen hinzuziehen. Indem Sie zum Beispiel gegenüber einem Freund oder einer Freundin erwähnen, was für einen wundervollen Partner Sie haben, mit dem oder der Sie immer gemeinsame Sachen machen können und der beziehungsweise die nicht so verstockt ist wie andere – sondern dem das gemeinsame Glück am Herzen liegt und der Interesse daran hat, dass immer beide glücklich sind. Dadurch haben Sie Ihren Partner konditioniert. Er will der Erwartungshaltung weiterhin gerecht werden.

Außerdem sollten Sie sich auch wieder zwei Optionen zurechtlegen. Einmal den von Ihnen präferierten Vorschlag und dann einen zweiten Kompromissvorschlag. Bei diesem Plan B geht es nicht um einen komplett anderen Plan, sondern nur um eine Variante. Sie nutzen wieder die Optionsverschiebung.

Der richtige Zeitpunkt
Natürlich sollten Sie nicht am gleichen Tag mit Ihrem Anliegen rausrücken. Sonst kann die Heldenmethode auffliegen und sie wirkt wie ein plumper Manipulationsversuch. Aber allzu viel Zeit sollten Sie auch nicht ins Land streichen lassen, weil sonst die Wirkung der Konditionierung verloren geht. Ein bis drei Tage sind optimal. Wählen Sie einen ruhigen und schönen Zeitpunkt. Schaffen Sie eine angenehme Atmosphäre. Gemeint ist nicht dass, was Sie als schön empfinden, sondern was Ihr Partner mag. Ein Candle-Light-Dinner oder ein gemeinsamer Filmeabend. Gerne auch etwas, was sich Ihr Partner mit Ihnen immer schon gewünscht hat, wozu Sie aber keine Lust hatten. Denken Sie an den Reziprokaleffekt. Sie geben, also steigern Sie die Wahrscheinlichkeit, dass Sie bekommen. Vor allem sollten Sie aber eine Gelegenheit nutzen, wo sie beide frei von Ablenkungen sind.

Die Überzeugung
Bringen Sie nun Ihre Idee vor. Langweilen Sie Ihren Partner nicht. Aber schmücken Sie ruhig aus, wie schön es für Sie beide wäre. Also nicht nur für Sie. Wenn Sie wissen, dass Ablehnung kommt, dann greifen Sie dieser vor. Denken Sie daran, Negatives, das wir selbst aussprechen, verfestigt sich in unserem Gehirn. Also sprechen Sie das Negative aus, damit es sich nicht bei Ihrem Partner verfestigt, und bringen Sie gleich eine Lösung, mit der Sie vermitteln, dass

Ihnen auch das Interesse Ihres Partners am Herzen liegt. »*Ich weiß, dass du die Berge nicht so sehr magst, weil du lieber schwimmen gehst. Deswegen habe ich ein wundervolles Hotel gefunden, mit einem großen Spaßbad. Dann hätten wir beide etwas davon.*«

Selbstverständlich wollen Sie etwas von Ihrem Partner, aber Sie vermitteln das Gefühl, dass Sie ihm oder ihr etwas geben, wenn nicht gar schenken. »*Ich habe extra ein solches Hotel für dich ausgesucht, weil ich weiß, dass es dir gefällt.*« Auch wenn Sie etwas haben wollen, haben Sie sich nun auf die Seite des Gebenden gebracht. Sie haben Ihrem Partner bereits einen Gefallen getan. Nun wirkt der Reziprokaleffekt – Ihr Partner ist in der Bringschuld.

Es wäre zu schön, wenn damit das Problem bereits gelöst wäre. In vielen Fällen reicht das auch schon, aber oft bleiben dennoch Widerstände. Dann müssen Sie dafür sorgen, dass Ihr Partner sich selbst überzeugt, wie gut die Idee ist. Nutzen Sie hierfür die positive Bestätigung. Bitten Sie ihn oder sie, nur Ihnen zuliebe mal zu erwähnen, was denn an diesem Urlaub schön wäre. Was ihm oder ihr wirklich gefallen würde, natürlich nur hypothetisch. Lassen Sie sich nicht mit einer platten Antwort – »*Ich finde nichts daran gut*« – abspeisen. Nicht sofort abwimmeln lassen! Haken Sie ruhig mehrmals nach! Früher oder später wird er oder sie ins Plaudern kommen. Steigen Sie dann darauf ein. Beginnen Sie gemeinsam zu schwärmen. Aber Vorsicht! Wenn das Gespräch abzugleiten droht auf den Traumurlaub Ihres Partners, weil er anfängt zu vergleichen, dann führen Sie den Fokus charmant zurück. »*Lass uns doch erst mal über die positiven Dinge an diesem Urlaub reden.*« Unterstützen Sie ruhig wieder durch die Heldenmethode, die Sie ja einige Tage zuvor bereits eingeleitet hatten: »*Du bist doch sonst jemand, der in der Lage ist, auch mal auf mich einzugehen.*« Ihr Partner wird Ihnen schnell wieder auf Ihrer Route folgen. Achten Sie darauf, dass Ihr Partner die positiven Dinge ausschmückt. Halten Sie sich zurück, denn wenn Sie es tun und schwärmen, dann bauen Sie nur wieder eine Mauer auf. Wenn er oder sie es tut, dann bestärkt er sich selbst in seiner positiven Meinung und plötzlich wirkt das vermeintliche Übel ganz attraktiv.

Sollte Ihr Partner immer noch zögern, dann sollten Sie die Entscheidung zu Ihren Gunsten vereinfachen. Denn eigentlich schwankt er nun zwischen Ja und Nein. Nehmen Sie dieses Nein und ersetzen Sie es durch eine zweite Option. Deswegen haben Sie Ihren Plan B. So kann er immer noch eine Entscheidung fällen und fühlt, dass er das Heft des Handelns in der Hand hält, jedoch entscheidet er zwischen zwei Varianten, der von Ihnen präferierten Urlaubsoptionen. Damit haben Sie schon gewonnen.

Nur Mut, versuchen Sie diesen Ansatz. Er wird hervorragend funktionieren, aber seien Sie vorsichtig Jede Methode kann sich auch mal abnutzen. Deswegen setzen Sie diese Taktik dann ein, wenn es sich wirklich lohnt und Ihnen wichtig ist, und nicht für jede Banalität.

Optimieren Sie Ihre Partnerschaft und Ihr Leben mit einem ganz einfachen Kniff

Auch wenn das Buch heißt *Alles hört auf mein Kommando,* geht es ja gerade darum, andere dazu zu bringen, das zu tun, was Sie wollen – ohne dass Sie ein Kommando ausgeben müssen. Die meisten Konflikte in Beziehungen rühren daher, dass man von der Vernunft her weiß, was man will, vielleicht sogar einer Meinung ist, aber im Grunde dennoch das Gefühl hat, dass man selbst zu kurz kommt. Sätze wie »*Du engst mich ein!*«, »*Ich brauche mehr Freiheit.*«, »*Wir machen immer nur das, was du willst.*«, »*Nur weil du dich wohlfühlst, heißt das noch lange nicht, dass ich glücklich bin!*« gehören zu den Klassikern einer jeden Beziehung.

Optimieren Sie Ihre Partnerschaft und Ihr Leben mit einem ganz einfachen Kniff

Die Sicht Ihres Partners

Man redet über die Alltagsplanung, Kinder, wie man das Wochenende organisieren will, aber die eigenen Wünsche und die des Partners gehen in der Hektik komplett unter. So brodelt der Frust vor sich hin, bis es zur Eskalation kommt. Meist treffen Sie den anderen dann völlig unvorbereitet aus heiterem Himmel. Wie viel Zeit verbringen Sie mit der Planung einer Geburtstagsfeier? Wie detailliert planen Sie einen Autokauf? Wie viele Stunden nutzen Sie für die Planung Ihres gemeinsamen Urlaubs? Da kommen schnelle einige Stunden zusammen! Wie viel Zeit verwenden Sie aber auf die Lebensplanung mit Ihrem Partner, also das, was Sie möchten, was Sie nicht möchten, was Ihnen gefällt und was Sie ändern wollen? Bestimmt deutlich weniger, eigentlich viel zu wenig. Selbst wenn Sie Single sind oder wir mal Ihren Partner oder Ihre Partnerin ausblenden. Wie viel Zeit haben Sie in den letzten sechs Monaten damit verbracht, Ihr Leben zu planen? Wie viele Stunden haben Sie genau überlegt, wo Sie stehen, was Sie wollen, was Sie nicht wollen?

Genau das ist das Absurde. Wir wissen eigentlich gar nicht, was wir wollen, spüren aber, dass wir eingeengt werden und nicht das Leben führen, das wir wollen. Wir verwenden Zeit auf die kleinen Dinge, aber nicht auf das große Ganze, nämlich unser Leben zu planen.

Lösung: Karma-Liste

Nun ist dieses Buch kein Beziehungsratgeber, aber mit der Karma-Liste können Sie nicht nur viele Konflikte vermeiden, bevor Sie entstehen, sondern teilen Ihrem Partner mit, was Sie wollen, und zwar indem Sie rauskitzeln, was er oder sie will.

Nehmen Sie sich einen ruhigen Zeitpunkt und bitten Sie Ihren Partner, mal ein Gedankenexperiment zu machen. Wenn Sie über Pla-

247

nung sprechen oder den berühmten Satz »*Schatz, wir müssen reden*« sagen, gehen sofort die Warnlampen an und die Mauern hoch. Ein Experiment oder ein Spiel macht hingegen jeder gerne mit.

Nun zeichnen Sie die unten stehende Grafik auf ein Blatt Papier. Die Karma-Liste ist im Grunde ganz simpel. Im linken oberen Feld werden die Dinge eingetragen, die Sie derzeit machen, aber nicht mehr machen wollen. Rechts daneben wird das notiert, was Sie tun wollen und weiterhin machen möchten. Im rechten unteren Feld tragen Sie die Dinge ein, die Sie tun möchten, aber derzeit nicht machen. Und im linken unteren Feld notieren Sie das, was Sie nicht tun möchten und auch nicht machen. Dieses letzte Feld wird am Anfang recht leer sein.

<table>
<tr><td></td><td>Wollen Sie NICHT</td><td>Wollen Sie</td></tr>
<tr><td>Machen Sie derzeit</td><td>Was Sie machen, aber nicht mehr wollen</td><td>Was Sie machen wollen und bereits tun</td></tr>
<tr><td>Machen Sie derzeit NICHT</td><td>Was Sie nicht machen wollen und auch nicht tun</td><td>Was Sie wollen, aber (noch) nicht machen</td></tr>
</table>

Nun legen Sie los und bitten Ihren Partner, mal in jedem Feld etwas einzutragen. Wie gesagt nur als Gedankenexperiment. Gerne auch so konkret wie möglich. Diskutieren Sie die Punkte nicht! Es ist ein offener Austausch. Wenn Ihr Partner startet, dann geben Sie ihm etwas, Sie schenken ihm oder ihr Aufmerksamkeit, und Sie wissen ja, wer schenkt, bekommt doppelt zurück. Nun sind Sie dran. Tragen Sie in ein beliebiges Feld etwas ein. Und dann ist wieder Ihr Partner dran und so geht es hin und her. Beginnen Sie ruhig bei wenig konfliktreichen Themen und tasten Sie sich langsam vor. Nach kaum einer Viertelstunde haben Sie eine gefüllte Karma-Liste.

Jetzt denken Sie gemeinsam darüber nach, wie Sie die Themen aus dem oberen linken Feld in das untere linke Feld bringen können, also wie Sie Dinge nicht mehr tun, die Sie nicht tun möchten, und wie Sie die Themen aus dem rechten unteren Feld in das rechte obere Feld bringen, also die Dinge, die Sie derzeit nicht tun, aber tun möchten, in Zukunft machen werden.

Sie werden überrascht sein über die Dinge, die Sie über sich und Ihren Partner erfahren, und ganz anders Ihr Leben angehen. Viele Dinge, die Sie sonst einfordern müssen, erledigen sich so von selbst und da Ihr Partner versteht, dass Sie an seinen Zielen mitarbeiten, wird er oder sie ebenso an den Ihren mitarbeiten. Wiederholen Sie diese Karma-Liste einmal im Monat. Prüfen Sie, was Sie erreicht haben und was man noch besser machen kann. Zeigen Sie aber niemals mit dem Finger auf den anderen. Es ist Ihr gemeinsames Projekt. Das funktioniert nur miteinander, niemals gegeneinander! Sie werden sehen, wie viel klarer Ihr Leben sein wird, wie viel weniger Konflikte Sie haben und wie viel mehr Lebensqualität Sie gewinnen.

Und wie gesagt, selbst wenn Sie derzeit keinen Partner haben oder dies noch nicht mit ihm oder ihr machen wollen, dann wenden Sie die Technik bei sich selbst an. Sie werden feststellen, wie spielend leicht sich Ihr Leben verändert, wenn Sie sie konsequent anwenden.

Eignet sich auch:

➤ in Teammeetings, um ein gemeinsames Ziel zu erarbeiten

➤ beim Verein zur besseren Aufgabenteilung

➤ in Unternehmen zur Unternehmensneuausrichtung

Ein wichtiger Tipp zum Schluss

Sie haben nun zahlreiche Methoden kennengelernt, die Ihnen im Alltag weiterhelfen werden. Je öfter Sie diese nutzen, umso besser werden Sie darin, und Sie werden diese Methoden in Situationen anwenden, die hier gar nicht erwähnt wurden, weil dies sonst den Umfang des Buchs sprengen würde. Mein Anliegen ist es nicht nur, Ihr Leben leichter zu machen, sondern vor allem den Blick für die Menschen um uns herum zu öffnen. Wie ich bereits eingangs erwähnt hatte, Menschen beeinflussen zu können bedeutet, Menschen zu verstehen, zu akzeptieren und schätzen zu lernen, für das, was sie sind.

Im Alltag begegnen wir so vielen Menschen, wir nehmen sie kaum wahr. Aber jeder Mensch ist wie wir. Jeder Mensch hat Hoffnungen, Träume, aber auch Ängste und Sorgen. Ich würde mich freuen, wenn Sie dieses Buch auch als Anreiz nehmen würden, die Menschen kennen nen und schätzen zu lernen. Egal ob sie uns nahestehen oder nur flüchtig begegnen.

Wir alle hoffen auf eine bessere Welt, diese beginnt aber im Kleinen, in unserer Welt, die wir täglich erleben und beeinflussen können.

Wenn Sie also mal wieder einem Fremden begegnen – egal wer er ist, wie er aussieht oder woher er kommt –, überlegen Sie mal, wer er ist, was ihn bewegt. Ich bin überzeugt davon, allein dadurch würde unsere Gesellschaft und unsere Welt bunter und liebenswerter werden.

Da es mir eine persönliche Freude und Erfüllung ist, Menschen kennenzulernen, würde ich auch gerne Sie kennenlernen. Deswegen würde ich mich freuen, wenn Sie mir eine E-Mail schreiben und von Ihren Erlebnissen berichten (sekretariat@sridhar.de), oder mir auf Facebook folgen: *www.facebook.com/kishor.sridhar.autor*

Alles Gute

Ihr
Kishor Sridhar

Danksagung

Mein Dank gilt meiner bezaubernden Ehefrau, für ihre Inspiration, ihre Liebe und ihren Glauben an mich. Vor allem dafür, dass sie die Löwin ist, die unsere kleine, verrückte Familie zusammenhält und immer Lachen und Freude in unser Haus bringt. Ebenso danke ich meinen drei Kindern, von denen ich so viel lerne und unendlich viel Liebe erfahre.

Ferner gilt mein Dank all jenen, die mich beruflich und privat unterstützt haben und ohne die ich nie da stünde, wo ich jetzt bin. Würde ich Namen nennen, liefe ich Gefahr, jemanden versehentlich unerwähnt zu lassen und ihm somit Unrecht zu tun. Deswegen belasse ich es dabei, keine Namen zu nennen. Denen ich zu danken habe, sage ich es persönlich.

Über den Autor

Kishor Sridhar (Dipl.-Ing., MBA) ist Managementberater, Coach und Vortragsredner. Er begleitet Unternehmen bei der Lösung von Entwicklungsblockaden sowie der zielgerichteten Marktentwicklung und Umsatzsteigerung. In seiner Arbeit vertritt Kishor Sridhar den Grundsatz, dass der rational, sachlich und stets vernünftig handelnde Mensch ein Mythos ist. Gerade die menschlichen und vermeintlich unvernünftigen Handlungsweisen sind der wahre Antrieb für Spannendes und Neues.

Foto: Orhidea Briegel

Unter Verwendung der Erkenntnisse der Verhaltenspsychologie und der Behavioral Economics setzt er diese Philosophie seit fast zwei Jahrzehnten in seiner Arbeit erfolgreich im In- und Ausland um und ermöglicht es so Unternehmen und Mitarbeitern, verdeckte Potenziale zu entfachen.

Neben seinen Beratungstätigkeiten hat Kishor Sridhar Lehraufträge an diversen internationalen Hochschulen.

Im Redline Verlag sind von ihm bereits die Bücher *Krisen-Impfung* und *Wie Sie andere dazu bringen, das zu tun, was Sie wollen* erschienen.

www.sridhar.de

Literaturverzeichnis

Ariely, D. (2010). *Denken hilft zwar, nützt aber nichts.* München: Knaur TB.

Arkes, H. R., & Blumer, C. (Februar 1985). The Psychology of Sunk Cost. *Organizational Behavior and Human Decision Processes, Volume 35, Issue 1,* 124-140.

Arkes, H. R., Kung, Y.-H., & Hutzel, L. (März 2002). Regret, Valuation, and Inaction Inertia. *Organizational Behavior and Human Decision Processes, Volume 87, Issue 2,* 371-385.

Babcock, L. L. (1995). Biased judgments of fairness in bargaining. *The American Economic Review, 85,* 1337-1343.

Babcock, L. W. (1996). Choosing the wrong pond: Social comparisons that reflect a self-serving bias. *Quarterly Journal of Economics, 111,* 1-19.

Babcock, L., & Loewenstein, L. (1997). Explaining bargaining impasse: the role of self-serving biases. *Journal of Economic Perspectives, 11,* 109-126.

Bazerman, M. (1995). Perceptions of fairness in interpersonal and individual choice situations. *Current Directions in Psychological Science, 4,* 39-43.

Bazerman, M. H. (1983). I won the Auction but Don't Want the Prize. *The Journal of Conflict Resolution, Volume 27, No. 4,* 618-634.

Danziger, S., Levav , J., & Avnaim-Pesso, L. (April 2011). Extraneous factors in judicial decisions. *Proceedings of the National Academy of Sciences.*

De Mesquita, B. B. (2010). *The Predictioneer's Game.* New York, USA: Random House

Doppler, K., & Voigt, B. (2012). *Feel the Change.* Frankfurt: Campus Verlag.

Garland, H. (Dezember 1990). Throwing good money after bad: The effect of sunk costs on the decision to escalate commitment to an ongoing project. *Journal of Applied Psychology, Volume 75(6),* 728-731.

Güth, W., Schmittberger, W., & Schwarze, B. (Dezember 1982). An experimental analysis of ultimatum bargaining. *Journal of Economic Behavior & Organization, Volume 3, Issue 4,* 367-388.

Kahneman, D. (2011). *Thinking, Fast and Slow.* New York: Farrar Straus Giroux.

Kahneman, D., & Tversky, A. (März 1979). Prospect Theory: An Analysis of Decision under Risk. *Econometrica, 47 (2),* 263-291.

Kahneman, D., Knetsch, J. L., & Thaler, R. H. (Winter 1991). Anomalies: The Endowment Effect, Loss Aversion, and Status Quo Bias. *The Journal of Economic Perspectives, Volume 5, Issue 1*, 193-206.

Taylor, S. E., & Brown, J. D. (1988). Illusion and well-being: a social psychological perspective on mental health. *Psychological Bulletin, 103 (2)*, 193-210.

Thaler, R. H. (1999). Mental Accounting Matters. *Journal of Behavioral Decision Making*, 183-206.

Stichwortverzeichnis

Wie Sie andere dazu bringen, das zu tun, was Sie wollen

Immer wieder stoßen wir im Berufs-
leben auf den Widerstand anderer. Wir
sind auf unsere Kollegen, Kunden,
Partner und Freunde angewiesen, aber
gleichzeitig stellen sich diese oft auch
als die größten Hindernisse heraus,
wenn sie sich querstellen und selbst
vernünftige Argumente ignorieren. Kishor Sridhar zeigt in diesem Buch, wie
man durch die Verhaltenspsychologie
beziehungsweise mit den Erkenntnis-
sen der Behavioral Economics spielend leicht andere dazu bringt, das zu
tun, was man will. Anhand klarer und
überraschend einfacher Methoden sowie konkreter Praxisbeispiele belegt er,
wie man die schwierigsten Kandidaten
dazu bewegt, aus eigener Überzeugung
fremde Pläne umzusetzen.

240 Seiten
Broschur
17,99 € (D) |18,50 € (A)
ISBN 978-3-86881-553-5

www.redline-verlag.de

REDLINE | VERLAG